VICHY
1940-1944

DES MÊMES AUTEURS
en poche

JEAN-PIERRE AZÉMA

La France des années noires (en collaboration avec François Bédarida), vol. 1, *De la défaite à Vichy*, Paris, Seuil, Points Histoire n° 281, 2000.

La France des années noires (en collaboration avec François Bédarida), vol. 2, *De l'Occupation à la Libération*, Paris, Seuil, Points Histoire n° 282, 2000.

Jean Moulin face à l'Histoire, Paris, Flammarion, Champs n° 551, 2004.

OLIVIER WIEVIORKA

Méthode pour le commentaire et la dissertation historiques (en collaboration avec Vincent Millot), Paris, Nathan, collection 128, 2001.

Nouvelle histoire de la France (en collaboration avec Christophe Prochasson), vol. 20, *La France du XXe siècle*, *Documents d'histoire*, Paris, Seuil, Points Histoire n° 120, 2004.

collection tempus

JEAN-PIERRE AZÉMA
OLIVIER WIEVIORKA

VICHY
1940-1944

Perrin
www.editions-perrin.fr

© Éditions Perrin, 1997, 2000 et 2004 pour la présente édition
ISBN : 2-262-02229-1

tempus est une collection des éditions Perrin.

SOMMAIRE

CHAPITRE TROIS : GOUVERNER

CHAPITRE QUATRE : SUBIR

CHAPITRE CINQ : SOLDER

ENCAISSER

Un traumatisme indélébile

En sous-estimant le trauma causé par la déroute des
armées françaises et la très profonde crise d'identité nationale qui s'ensuivit dans l'été 40, on risquerait de ne rien
comprendre à ce qui a marqué les années noires de l'Occupation : la perte des repères politiques de la majorité des
Français, leur confiance quasi aveugle dans un premier
temps portée au « vainqueur de Verdun », leur acceptation
de sa stratégie hexagonale, et jusqu'à ce frileux repli sur
eux-mêmes. Vingt ans après, cet épouvantable été 40, avec
ses retombées multiples et souvent perverses, demeurait un
enjeu de mémoire primordial. Plus de cinquante ans après,
le souvenir en est encore très prégnant. Stanley Hoffmann [1]
se demandait à juste titre si ceux des Français qui, quel que
soit leur âge, avaient connu l'Occupation, s'étaient jamais
remis de ce choc.

Au commencement, il y eut l'incroyable leçon infligée par
les guerriers triomphants de la Wehrmacht à un haut
commandement français surclassé stratégiquement et tacti-
quement. Puis ce fut la grande peur de femmes et d'hommes
déferlant sur les routes de l'exode, mêlés à des soldats
débandés ; enfin, la déliquescence de la classe politique et
des notables se donnant à Philippe Pétain, comme à
l'unique recours, au seul bouclier de l'Hexagone.

Qu'un régime plus que sexagénaire pût être ébranlé
pareillement n'étonna guère ceux qui depuis une décennie

1. Stanley Hoffmann, « Le trauma de 1940 », in Jean-Pierre Azéma et François
Bédarida, *La France des années noires*, tome 1, Le Seuil, 1993.

mettaient en doute son efficacité. Mais que l'armée qui passait aux yeux du Français moyen pour la meilleure du monde, celle des glorieux poilus de la Grande Guerre, fût enfoncée, cul par-dessus tête, était incompréhensible à tout un chacun.

Comme il arrive souvent, la déroute militaire engendra une profonde crise de légitimité. Dans l'immédiat, ceux qui depuis l'entrée en vigueur, le 25 juin, d'une convention d'armistice aux clauses drastiques, étaient les nouveaux maîtres de l'heure, espérant sans doute faire oublier l'incurie du commandement, jetaient quelques responsabilités en pâture à l'opinion : espions de la cinquième colonne, dont certains — disait-on — se cachaient sous des habits de bonnes sœurs, comploteurs défaitistes du communisme international, Anglais lâchant prise au moment décisif en raison de leur égoïsme congénital. Mais la désignation de ces boucs émissaires n'était qu'un prélude. Les Français devaient entrer en pénitence, se convertir, participer à une authentique révolution culturelle, à un « redressement moral et intellectuel », baptisé Révolution nationale. Car si la nation française, qui avait été grande, connaissait pareille décadence, la responsabilité en incombait à l'« esprit de jouissance » véhiculé par la classe politique, exalté par les hommes du Front populaire, et au travail de sape de l'Anti-France, dont les communistes, les francs-maçons et évidemment les juifs étaient les artisans diaboliques. Mais, dans son grand malheur, un sauveur quasi miraculeux faisait le don de sa personne à la France : c'était le « vainqueur de Verdun ».

Le Maréchal, s'il avait consulté l'opinion, aurait certainement vu sa stratégie hexagonale plébiscitée. Mais il profita de ce climat de reconnaissance éperdue non seulement pour étrangler la République (qui fut, il est vrai, mal défendue), mais pour créer *motu proprio* un État français pour le moins singulier. Les Français, déjà contraints de subir un occupant auquel les clauses de l'armistice donnaient des droits exorbitants, allaient devoir vivre sous le régime le plus autoritaire qu'ait connu la France au XXe siècle.

Stanley Hoffmann comme Pierre Laborie[1] défendent la thèse que, pour expliquer cette crise d'identité nationale, il faut réserver une place de choix aux pesanteurs de la drôle de guerre qui avait prolongé le climat délétère de la crise de Munich. L'hypothèse mérite d'être envisagée. Pour notre part, nous préférons voir dans l'événement-déroute moins un catalyseur qu'un accélérateur décisif. Car, en 1939, la République paraissait s'être requinquée et le régime n'avait pas été fondamentalement remis en cause, même après neuf mois d'inertie ou de tergiversations.

Cette crise d'identité nationale exceptionnelle par son ampleur devait laisser dans les mémoires des cicatrices qui n'allaient pas — nous l'avons dit — se refermer totalement. De la longue liste des politiques réactives suscitées par l'effondrement de l'été 1940, on peut en souligner certaines.

Répétons que ce traumatisme avait justifié le dessein des idéologues de la Révolution nationale d'en finir avec l'« ancien régime ». Mais, corollairement, toute l'action du chef de la France libre a été sous-tendue par la volonté opiniâtre de faire oublier au monde la débâcle et de redonner son rang à la France légitime. Plus tard, le renouveau du nationalisme français et son exaspération dans les guerres de décolonisation prendra volontiers pour référence-repoussoir l'année 1940. Ajoutons que la faiblesse des mouvements pacifistes en France s'explique en partie par la mémoire de 40. Remarquons, enfin, que la Constitution qui nous régit est très largement conçue pour prévenir ce qui n'a jamais cessé de tarauder Charles de Gaulle la dilution de l'État telle qu'elle s'était produite en mai-juin 1940, inadmissible pour l'ancien chef de la France libre, puisque, dans le droit fil d'un armistice signé par des capitulards, par des nationalistes inconséquents avec eux-mêmes, elle avait provoqué une effroyable déroute politique et morale.

1. Pierre Laborie, *L'Opinion française sous Vichy*, Le Seuil, 1990.

Une déroute stupéfiante

Le 15 mai à l'aube, Reynaud télégraphiait à Churchill abasourdi : « La contre-attaque menée contre les Allemands à Sedan a échoué. La route de Paris est ouverte. La bataille est perdue. » Si la première affirmation était prématurée, la seconde était exacte. Il avait suffi de cinq jours de campagne aux forces allemandes pour transpercer un « front continu » que les stratèges français, forts des souvenirs de la Grande Guerre, jugeaient inviolable [1].

Assuré de disposer des quelques jours de beau temps indispensables à l'efficacité du couple blindés/avions, Hitler avait déclenché l'offensive sur le front ouest, le 10 mai au matin. Pendant l'hiver, il s'était laissé convaincre de porter l'effort principal, malgré l'obstacle de la Meuse, au centre du dispositif ennemi, dans un secteur du front mal défendu parce que les Français le tenaient pour « passif ». La Wehrmacht avait massé là 45 divisions (les Français en alignant moins de la moitié) dont 7 panzers (sur les 10 dont était dotée l'armée allemande) pour opérer la percée avant de pivoter sur la mer.

A une vitesse stupéfiante pour les augures français, des troupes d'élite traversaient sans être inquiétées les Ardennes belges avant d'établir, avec le soutien de la Luftwaffe, à soixante kilomètres de distance, à Dinant et à Sedan, deux têtes de pont. Au cinquième jour de l'attaque, les panzers et l'infanterie, tronçonnant deux armées françaises, avaient

---

1. On pourra prendre pour guide Jean-Louis Crémieux-Brilhac, *Les Français de l'an 40*, tome 1, Gallimard, 1990.

ouvert un véritable boulevard. Cette manœuvre, alliant la
détermination, la concentration des moyens et la vitesse
d'exécution, est encore commentée dans les écoles militaires
du monde entier.

Hitler put exécuter le « coup de la faucille » : en attei-
gnant la mer, la Wehrmacht enfermait dans une nasse les
forces belges qui refluaient, le gros du corps expéditionnaire
britannique et le corps de bataille français qui s'étaient
portés dans la Flandre belge avant de battre en retraite : au
bas mot, un million de combattants.

Pour sortir au moins les tommies d'un piège que la capitulation des forces belges, le 28 mai, sur l'ordre exprès du
roi Léopold III, rendait encore plus dramatique, l'Amirauté
britannique lança l'opération Dynamo[1] : pendant dix jours,
du mardi 26 mai au jeudi 4 juin, une quarantaine de des-
troyers et des centaines de petites embarcations civiles organisèrent, malgré les mines, les torpilles, l'aviation
allemandes, une sorte de noria entre le camp retranché de
Dunkerque et Douvres. Au total, 338 226 combattants (dont
123 095 soldats français progressivement évacués) évitèrent
la mort ou la captivité. Deux raisons peuvent expliquer ce
sauvetage inespéré : Hitler suspendit la progression des
panzers du 24 au 27 mai, moins pour ménager la Grande-
Bretagne — comme il l'a été dit à tort — que par crainte
d'une contre-attaque franco-anglaise[2]. L'étonnante organisation de l'opération Dynamo fit le reste.

Si les Anglais accueillirent les combattants de Dunkerque
en vainqueurs, Churchill prenait soin de déclarer devant la
Chambre des communes qui l'avait acclamé debout, le
4 juin : « Les guerres ne se gagnent pas avec des
évacuations. »

On ne pouvait mieux dire. Le lendemain, la Wehrmacht,
qui avait repris son souffle, repassait à l'attaque. Malgré leur
infériorité en hommes et encore plus en matériel, les troupes

1. L'ouvrage le mieux informé est celui de Walter Lord, *Le Miracle de Dunkerque*, Robert Laffont, 1983.
2. Voir Claude Paillat, *Le Désastre de 1940*, tome 3, Robert Laffont, 1985.

françaises s'arc-boutèrent pendant quarante-huit heures ;
mais le rapport des forces était par trop inégal. Le 10 juin,
le front était presque partout transpercé ; Brest était investi
le 17, date à laquelle les blindés de Guderian atteignaient la
frontière suisse, près de Pontarlier ; et, comme l'état-major
français avait tardé à donner l'ordre de repli aux troupes
massées derrière la ligne Maginot, plus de 400 000 hommes
se trouvaient cernés entre Toul et Épinal. Entre-temps, le
14 juin, les troupes allemandes avaient pénétré, l'arme à la
bretelle, dans Paris déclaré ville ouverte ; les avant-gardes
avaient dépassé Lyon et menaçaient Bordeaux.

La fin de la campagne, l'annonce de l'armistice aidant,
s'effectua presque partout dans un désordre incroyable. A
Rennes, un simple caporal fit prisonnier à lui seul l'état-
major de la Xe armée.

C'est cette débandade ultime qui allait donner de la campagne de France une image injustement dérisoire.

L'étrange défaite

« Nous venons de subir une défaite incroyable. A qui la faute ? Au régime parlementaire, à la troupe, aux Anglais, à la cinquième colonne, répondent nos généraux. A tout le monde, en somme, sauf à eux », écrivait déjà l'historien Marc Bloch, capitaine de réserve, de nouveau mobilisé en 1939, dans *L'Étrange Défaite*, l'essai qu'il a rédigé durant l'été 1940[1]. S'il posait fort judicieusement les termes du débat, on peut aujourd'hui, avec l'ouvrage remarquablement informé de Jean-Louis Crémieux-Brilhac[2], comprendre comment l'armée qui passait pour la meilleure du monde s'est effondrée en moins de six semaines.

Passons sur les rumeurs purement fantasmatiques concernant cette cinquième colonne qui aurait été omniprésente. Mais, dira-t-on, les Anglais ? Sans doute pouvait-on leur reprocher de n'avoir pas lancé dans la bataille de France la RAF tout entière ; mais les escadrilles ainsi sauvegardées allaient jouer un rôle décisif dans la future bataille d'Angleterre.

La faute au régime parlementaire ? Au grief récurrent que l'armée était brimée financièrement, s'ajoutait une accusation plus précise, abondamment reprise lors du procès de Riom : la France serait entrée en guerre désarmée par la faute de la Chambre du Front populaire. Robert Frank[3] a fait justice de ces allégations : les gouvernements successifs

1. Marc Bloch, *L'Étrange Défaite*, réédité par Gallimard en 1990.
2. Jean-Louis Crémieux-Brilhac, *op. cit.*
3. Robert Frank, *Le Prix du réarmement français*, Imprimerie nationale, 1980.

ont procédé à un réarmement tardif mais massif, et Blum a sacrifié la mise en œuvre de sa politique sociale à l'accroissement du potentiel militaire. La seule vulnérabilité de l'armée française était l'aviation, carence dont l'État-Major était largement responsable. Quant aux chars, sujet qui devait faire couler tellement d'encre, leur nombre s'équilibrait de part et d'autre.

Dans l'été 1940, la troupe était encore plus aisée à accuser et les grands chefs ne s'en privèrent pas : les réservistes, divisés, gangrenés par le défaitisme révolutionnaire (pourtant quasi inexistant comme l'ont démontré les historiens), auraient, en lâchant pied, permis à l'adversaire d'exploiter quelques succès initiaux locaux. Or, s'il est indiscutable que des régiments voire des divisions se sont débandés, ils le firent presque toujours parce que, en raison de la carence du commandement, ils étaient livrés à eux-mêmes, tout en affrontant des conditions de combat absolument nouvelles (les bombardements en piqué des stukas par exemple).

Reste qu'il faut souligner deux points trop souvent passés sous silence. Il faut rappeler en effet que la campagne de France fit 92 000 morts et plus de 200 000 blessés du côté français. Ajoutons — et Jean-Louis Crémieux-Brilhac y insiste à juste titre — que, fin mai et début juin, après la surprise initiale et avant la débandade ultime, les soldats français, pourtant en état de nette infériorité numérique et matérielle, mais conscients de défendre désormais le territoire national, livrèrent des combats acharnés. Et on oublie aussi que la Wehrmacht eut malgré tout à déplorer 27 000 tués et 18 000 disparus, soit près de la moitié des pertes françaises.

Il faut donc reprendre le constat que faisait le capitaine Marc Bloch : « Quoi que l'on pense des causes profondes du désastre, la cause directe qui demande elle-même à être expliquée fut l'incapacité du commandement. » En ajoutant que des généraux avaient failli à leur devoir puisque, « en déposant avant l'heure les armes ils ont assuré le succès d'une faction », il formulait, il est vrai, une accusation que les historiens n'ont pas retenue. Mais leurs analyses confirment sa conclusion : « Nos chefs, au milieu de beaucoup de contradictions, ont prétendu avant tout renouveler en 1940 la guerre de 1914-1918. » Et, de fait, nombre de généraux confondaient défensive et immobilisme, au moment où leurs adversaires pariaient, eux, sur la vitesse et le moteur. L'attaque surprise au centre du dispositif français frappa d'aboulie l'État-Major qui se fiait aux vertus du « colmatage », d'autant moins efficace qu'il avait opéré des prélèvements sur les réserves (pour monter une attaque vers les Pays-Bas) et dispersé dans des unités d'infanterie la moitié des chars disponibles.

Mais si un certain nombre de Français se refusèrent — comme les y incitaient Pétain ou Weygand — à blanchir les officiers d'active, la République fut malgré tout tenue pour responsable d'une déroute facile à caricaturer : « Neuf mois de belote, dix semaines de course à pied. » Le « vainqueur de Verdun » saura, lui, exploiter ce raccourci cruel.

L'exode : la grande pagaille

« Mon cher mari, mes chers enfants. Je ne sais où vous êtes. Dans des circonstances affreuses, je vous ai perdus. » *Paris Soir* du 23 juillet publiait la lettre éplorée d'Amélie Adde qui avait quitté sa maison en Haute-Marne pour échouer dans le Cantal, ayant égaré en route dix de ses onze enfants. Les journaux allaient recevoir des milliers de lettres comparables de celles et de ceux qui avaient emprunté les trains et plus encore les routes de l'exode et dont la détresse allait peser politiquement.

Cette migration gigantesque concerne surtout le nord d'une ligne Nantes-Genève, car l'amplitude des déplacements dans les régions plus méridionales a été très faible. Les civils, mêlés à des soldats débandés, cherchaient à fuir vers la mer, à gagner le Midi, et en tout cas à franchir la Loire ou le Rhône. Jusqu'au début de juin, l'évacuation de Belges puis de Français des zones situées à proximité directe des combats s'était faite sans trop de heurts, d'autant que les cheminots avaient consenti un gros effort pour acheminer vers le sud les plus inquiets.

La percée allemande de juin et surtout le départ du gouvernement vers la Touraine, en provoquant le déferlement sur les routes de la population de la région parisienne, donnèrent à l'exode l'image qu'allait conserver la mémoire collective, celle d'une monstrueuse pagaille : une cohue indescriptible de piétons, d'enfants transportés dans des brouettes, de cyclistes, de voitures à cheval ; la file des Juva-quatre, Rosalie, Peugeot 201, tractions avant, souvent surmontées d'édredons écarlates et de couvre-pieds canari, passant le long de celles qui, en panne d'essence, avaient été poussées dans le fossé. René Benjamin a été frappé, lui, par la « hiérarchie parfaite » qu'il ne s'attendait pas à trouver dans la panique : « D'abord on voit passer les riches ; grosses voitures, vitesse, ils fuient les premiers, ils ont une peur accélérée. [...] Leur passage dura environ deux jours. [...] Puis vinrent des véhicules médiocres, bourrés de matelas et de petites gens [...] puis des camionnettes dont le chargement était étrangement disparate [...] puis il y eut du calme, du vide [...] et apparurent les bicyclettes. »

Sans doute toute la France du Nord n'était-elle pas sur les routes : on oublie qu'au moins un quart des Parisiens avaient préféré demeurer sur place ; et Jean Vidalenc[1] dans son étude classique a mis en valeur l'exemple de Tichey et de Bousselange, deux villages voisins aux limites des départements de la Côte-d'Or et du Jura, dont les habitants eurent un comportement opposé : sur les 220 habitants de Tichey, une seule famille de quatre personnes prit la route ; les 150 habitants de Bousselange partirent tous, à l'exception d'une famille qui se réfugia dans un suicide collectif. Reste que globalement les habitants de la France du Nord ont imité ceux de Bousselange. Dans le Gâtinais, entre Étampes et les ponts de la Loire, Beaune-la-Rolande et Pithiviers passaient brusquement au rang de métropoles régionales. Plus au sud, les villes situées le long de la RN 20 étaient toutes submergées : 200 000 errants dormaient sur les trottoirs et dans les jardins de Limoges. En incluant Belges et Luxembourgeois, on peut évaluer le nombre des « évacués » (c'est la terminologie de l'époque) à un chiffre minimal de 8 millions, tandis que 10 à 12 millions de Françaises et de Français ont été en contact avec ces réfugiés.

Des témoins de bonne foi ont pu souligner qu'en fuyant l'ennemi, ils cherchaient avant tout à se mettre à la disposition des autorités françaises. Mais l'ampleur de cette migration s'explique surtout par l'accumulation de peurs diverses.

1. Jean Vidalenc, *L'Exode*, PUF, 1973.

C'est à bon droit qu'on a pu établir un parallèle entre l'exode et la Grande Peur, celle qui avait bouleversé les campagnes françaises en 1789. En 1940, à la crainte des « brigands » s'était substituée celle de la soldatesque allemande. L'effet de la propagande aidant, l'approche de l'ennemi héréditaire avait ravivé les images, datant de 1870, du « Teuton » brutalisant les populations, et encore plus celles de la guerre de 1914-1918, celles du « boche » qui aurait massacré des enfants, fusillé des otages, violé les femmes dans les territoires occupés des régions du Nord.

Ces craintes n'étaient pas tout à fait vaines : ainsi, des unités SS exécutaient 98 prisonniers britanniques à Lestrehem, massacraient 98 civils à Aubigny-en-Artois, 128 à Oignies et Courrières, et ce sont des officiers de la Wehrmacht proprement dite qui, dans la banlieue lyonnaise, ont donné l'ordre de jeter vivants, sous les chenilles des chars, des soldats sénégalais faits prisonniers. On fuyait aussi les bombardements qui prenaient désormais les civils pour cibles et chacun avait en mémoire les photos de Rotterdam embrasé, comme l'avaient été Madrid et Guernica.

Les « évacués » étaient d'autant plus enclins à fuir que, à la première rumeur de l'arrivée des Allemands, les commerçants avaient plié bagage, comme d'ailleurs les employés des services communaux et les fonctionnaires, ballottés entre ordres et contrordres donnés par des autorités dépassées par les événements. Jean Moulin qui demeura de bout en bout à son poste à Chartres (ce qui ne fut pas le cas de tous les préfets) a laissé dans un texte qui sera publié sous le titre *Premier Combat*[1] un témoignage remarquable sur la fuite des notables et de ses cadres administratifs : étaient partis les pompiers, le directeur du service des eaux (qui, dans sa précipitation, avait fait fermer les vannes de la ville), les gendarmes, les boulangers, presque tous les médecins, tous les conseillers municipaux sauf un, et même l'évêque pressé d'aller ordonner des prêtres... dans le Sud.

Certains gardèrent de la pagaille le souvenir de pages

---

1. Jean Moulin, *Premier Combat*, Éditions de Minuit, 1965.

insolites et hautes en couleur. Les anecdotes abondent, où le pittoresque le dispute au cocasse : l'un des 200 malades mentaux de l'asile de Semoy (dans le Loiret), qui avaient profité des événements pour prendre le large, s'était installé dans l'une des pharmacies d'Orléans et délivrait des médicaments que, dans un souci égalitaire et démocratique, il vendait au tarif uniforme de dix francs. Mais — la quasi-totalité des témoignages concordent — ces journées furent surtout éprouvantes. Le pire pouvait l'emporter : le 14 juin, quatre infirmières de l'hôpital d'Orsay avaient achevé sept des malades grabataires qu'elles avaient en garde, pour leur éviter de tomber vivants aux mains de l'ennemi.

Si pareille transgression des normes sociales fut exceptionnelle, s'il y eut des femmes et des hommes de cœur pour porter secours aux plus démunis, il est tout de même vrai que prédominèrent les adeptes du chacun-pour-soi. Dans une relation de sa propre équipée[1], Léon Werth décrit par exemple la patronne d'une ferme qui, après force courbettes devant les vainqueurs, fait main basse sur une cinquantaine de vélos abandonnés. Et, à Chartres, c'était des soldats débandés qui avaient défoncé une grille pour s'emparer du véhicule du préfet Jean Moulin.

Les retombées politiques furent incalculables. L'État-Major présenta l'exode des civils comme l'une des sources majeures de la désorganisation des armées, alors qu'il est clair que la défaite était consommée avant le déferlement de ce raz de marée. Mais le résultat le plus clair fut certainement l'instrumentalisation de l'exode par le clan de l'armistice. Comme allait l'écrire Alfred Fabre-Luce : « En courant les routes, des millions de déracinés prennent conscience du lien profond qui les attache à leur sol, à leur travail... La paix, l'ordre ; telle est la grande aspiration qui surgit du peuple des routes. L'affreux exode a posé le fondement moral de l'armistice. » Faisons sa part au maréchalisme dévot de l'auteur de ces lignes. Reste que Philippe Pétain a pu arguer que les Français avaient voté avec leurs pieds en

---

1. Léon Werth, *33 jours*, Éditions Viviane Hamy, 1992.

faveur de l'armistice et donc d'une solution hexagonale censée sauvegarder les intérêts de la France éternelle et de ses
fils déboussolés.

La déliquescence de la classe politique

A Vichy bien sûr, mais également à Londres, comme pour bon nombre de futurs résistants, l'image de la classe politique française était exécrable. Force est de reconnaître qu'elle ne fut pas à la hauteur des événements. Il est vrai que la partie allait se jouer entre moins de vingt-cinq personnes, plus ou moins représentatives, puisque les présidents des Chambres n'avaient jugé ni judicieux ni nécessaire de convoquer leurs collègues, redoutant vraisemblablement leur désarroi, voire leur défaitisme.

Le 19 mai, le gouvernement était allé prier à Notre-Dame le dieu des armées, quelques heures après que Reynaud eut démissionné le général Gamelin pour le remplacer par le généralissime Weygand, encore fringant malgré ses soixante-treize ans, mais qui allait considérablement le gêner. Le remaniement ministériel du 5 juin ne fut pas plus heureux : au lieu de s'entourer de politiques représentatifs et chevronnés, Reynaud promeut avant tout des hommes à lui, mais qui, à l'exception, notable il est vrai, de Charles de Gaulle, sous-secrétaire d'État à la Guerre et à la Défense nationale, lui feront défaut dans les moments décisif, tels Bouthillier et Baudouin.

Tout paraissait pourtant jusque-là avoir souri à Paul Reynaud, qui avait en mars 1940 succédé à Daladier comme président du Conseil, tant dans sa vie professionnelle que dans sa carrière politique[1]. Ses intuitions se révélèrent

---

1. Lire le portrait qu'en fait Emmanuel Berl dans *La Fin de la IIIᵉ République*, Gallimard, 1968.

justes : il ne se trompa pas sur la nature profonde du régime nazi et comprit que les puissances maritimes anglo-saxonnes finiraient par l'emporter. Mais sa pensée fut plus ferme que sa conduite : il tergiversa souvent, hésitant continûment à se débarrasser de ses adversaires pour finalement se laisser prendre à leurs manœuvres.

A partir du 10 juin, date à laquelle les ministres quittaient la capitale en catimini pour gagner dans une première étape la Touraine, la vie gouvernementale fut à proprement parler stupéfiante. Éparpillés dans des châteaux aux formes gracieuses mais démunis notamment de lignes téléphoniques efficaces, les membres du gouvernement étaient incapables de faire face à une situation de plus en plus mouvante. Le 14, ils gagnaient Bordeaux qui avait l'avantage d'être un port et de se trouver encore loin du « front », mais ils restèrent dispersés dans une ville déjà en pleine confusion.

Entre improvisation, panique et combinaisons, la crise politique allait se nouer le 13 juin sur les bords de la Loire et se dénouer le 16 juin en Gironde. Les débats devinrent confus, émaillés d'incidents hors de propos et de heurts de plus en plus violents (soulignons que dans leurs Mémoires respectifs, les protagonistes ont avant tout cherché à produire des plaidoyers *pro domo*, souvent contestables [1]). Les discussions proprement dites tournèrent autour des deux termes de l'alternative : armistice ou capitulation. Mais sur cet affrontement primordial vinrent se greffer des préoccupations politico-idéologiques significatives : d'abord l'obsession de l'ordre (au point que Weygand se permit d'annoncer, le 13 juin, que Thorez, donc le communisme, venait de s'installer à l'Élysée) ; puis le dessein de plus en plus affirmé par le clan Pétain de remodeler la France de fond en comble.

Reynaud allait s'épuiser dans des affrontements répétés avec Weygand, qui récusait avec une violence extrême la capitulation, confondant ce qu'il dénommait l'honneur de

---

1. Le lecteur pour s'y retrouver peut consulter Jean-Pierre Azéma, *1940 l'année terrible*, Le Seuil, 1990.

l'armée avec les destinées de la nation. Plus habile, Pétain sut porter politiquement l'estocade en prônant une stratégie hexagonale. Reynaud, qui demeurait partisan de la capitulation, se laissa prendre au piège d'une proposition formulée le 15 par Chautemps, politicien radical notoirement retors, et qui consistait à demander à quelles conditions le Reich accorderait l'armistice. Le 16 au soir, Reynaud démissionnait brusquement, sans dire un mot à ses partisans, alors que tous les pointages (on ne vote pas en Conseil des ministres) se recoupent : il était encore soutenu par la majorité d'entre eux.

Il est vraisemblable qu'il espérait que les conditions imposées par Hitler seraient telles que le clan défaitiste serait balayé politiquement. Mais, en se conduisant comme s'il s'agissait d'une vulgaire crise ministérielle et en se risquant à un jeu inutilement compliqué, il laissait la voie grande ouverte à Philippe Pétain qui était, lui, bien décidé à prendre et à garder le pouvoir.

Comment gérer la défaite ?

Dans sa grande majorité, la classe politique s'accordait, après le 10 juin, sur une évidence : la lutte n'était plus possible en métropole. Mais les uns considéraient que la guerre était finie, alors que d'autres estimaient que le combat pourrait continuer en dehors de l'Hexagone. Georges Mandel en faisait le constat : « Le Conseil est divisé, il y a ceux qui veulent se battre, il y a ceux qui ne le veulent pas[1]. »

Le choix entre armistice ou capitulation polarisa le débat gouvernemental. La capitulation — d'ordre strictement militaire — abandonne sans doute la population au bon vouloir du vainqueur, mais elle laisse toute latitude politique aux autorités légales pour continuer la lutte, comme elles le pourront. Elle impliquait que le gouvernement quittât le sol métropolitain. L'armistice, en revanche, convention politique liant un État à un autre État, offrait une plus grande protection aux ressortissants du pays vaincu ; mais il interdisait toute continuation de la guerre sous quelque forme que ce fût.

Pouvait-on éviter de signer l'armistice ? La question appelle au moins deux réponses, selon que l'on se place du point de vue politique ou stratégique. La majorité des Français, selon toute vraisemblance, ne percevaient pas l'intérêt de continuer la guerre à n'importe quel prix, y compris dans l'Empire. En ce sens, politiquement, l'armistice avait, sinon une justification, du moins une cohérence.

---

1. Pour s'y retrouver dans ces débats complexes à souhait, le meilleur guide est Jean-Louis Crémieux-Brilhac, *op. cit.*

Au plan stratégique, pouvait-on envisager de continuer le combat depuis l'Empire, notamment en Afrique du Nord ? Un débat oppose ceux qui, comme André Truchet[1] ou Albert Merglen, estiment que le pari était tenable, et d'autres, par exemple Christine Levisse-Touzé qui souligne combien le nombre non négligeable d'unités stationnant en Afrique du Nord manquaient de matériel et de pièces de rechange que les forces britanniques auraient eu du mal à fournir. Et si les gouverneurs et autres résidents envoyèrent des télégrammes de mise en garde contre la signature d'un armistice, par peur de voir renforcé le nationalisme des autochtones, ils rentrèrent vite dans le rang, par légalisme, d'autant que l'Empire n'était pas visé par les clauses de l'armistice. Bref, la partie était peut-être jouable mais difficile.

Cela dit, les tenants de l'armistice qui, en juin 40, n'accordaient dans leur géostratégie qu'une importance minime à l'Empire, ont voulu, à la Libération, justifier ce choix en affirmant qu'il avait rendu possible, deux ans plus tard, le débarquement anglo-saxon en Afrique du Nord. De leur point de vue, signer l'armistice avait non seulement été un moindre mal mais avait même préparé le salut. Cette reconstruction était parfaitement anachronique ; en outre, la signature de cet armistice rendait encore plus vulnérables les Anglais qui restaient seuls face à Hitler et ne pouvaient plus bénéficier du renfort de la flotte française pourtant invaincue.

La question du départ pour l'Afrique du Nord s'était, en tout cas, posée pendant quelques heures à l'ensemble de la classe politique, du fait que Hitler avait tardé à répondre à la demande d'armistice. Pétain fut alors en difficulté, mais ceux des ministres et des parlementaires qui redoutaient l'emprise nazie, soit qu'ils aient été abusés, soit qu'ils aient eu peur de l'insolite et *a fortiori* de l'aventure, choisirent de demeurer sur le sol métropolitain et la conclusion relativement rapide de l'armistice mit fin à cette période d'incertitude. Seule une petite trentaine de parlementaires, dont les

1. André Truchet, *L'Armistice de 1940 et l'Afrique du Nord*, PUF, 1955.

plus notables étaient Daladier, Mandel et Mendès France,
embarquèrent sur le *Massilia* pour rejoindre Casablanca ;
mais, sur l'ordre du général Noguès, commandant les forces
d'Afrique du Nord, ils furent consignés à bord, empêchés
surtout de rencontrer des émissaires du gouvernement
britannique [1].

Ainsi, l'Empire demeurant dans sa quasi-totalité légaliste,
c'est la variante de la continuation du combat à diriger de
Londres qui allait s'imposer, confortée dans l'immédiat par
le pari que fit Churchill de faire confiance à ce général de
Gaulle qui prétendait représenter la légitimité de la nation
française face à un armistice de trahison.

---

1. On lira la bonne mise au point de Christiane Rimbaud, *L'Affaire du « Massilia »*,
Le Seuil, 1984.

Une défaite payée au prix fort

Le 25 juin à 0 h 35, les hostilités cessaient sur tous les fronts français : l'armistice entrait officiellement en vigueur. La dernière scène du dernier acte s'était jouée avec les Italiens, à Rome, où les pourparlers avaient été menés de façon plus amène que les 21 et 22 juin, en clairière de Rethondes, entre les plénipotentiaires français et Keitel.

Hitler parvenait aux buts qu'il s'était fixés [1] : la France cesserait d'être une grande puissance militaire. Mais elle était pour le moment ménagée sur le plan politique : il fallait éviter que les autorités légales ne quittent le sol métropolitain, ce qui serait d'autant plus préjudiciable qu'elles pourraient alors ordonner le départ de la flotte — un enjeu militaire de première importance — vers les ports anglais. Un traitement politique par trop brutal aurait d'ailleurs risqué de renforcer le parti de l'intransigeance en Grande-Bretagne ; or, Hitler comptait amener les Britanniques à négocier pour se consacrer à la tâche qui lui paraissait désormais primordiale : la conquête de l'Union soviétique. Lors de sa rencontre à Munich, le 18 juin, avec Mussolini, il avait nettement freiné la boulimie du Duce pressé de dépecer le territoire des vaincus. Il lui avait tout de même enjoint de « poursuivre l'ennemi avec le maximum de mordant », pour prendre des gages et rester capable, en cas de besoin, de continuer le combat contre les Anglais.

C'est pourquoi la convention d'armistice, un texte bref

1. On lira à ce sujet l'ouvrage classique de Eberhard Jäckel, *La France dans l'Europe de Hitler*, Fayard, 1968.

de vingt-quatre articles[1], n'incluait aucune revendication
territoriale ni sur la métropole (même pas en Alsace-
Lorraine), ni sur l'Empire. Les clauses militaires étaient relativement classiques : les forces armées devaient être « démo-
bilisées » (à l'exception de celles qui étaient nécessaires au
maintien de l'ordre) ; le matériel de guerre serait livré en
bon état ; mais Keitel finissait par admettre que les avions
de combat soient seulement désarmés. Un soin tout particulier avait été apporté à la rédaction de l'article 8 concernant
la flotte de guerre, à l'égard de laquelle le Reich déclarait
« solennellement » ne nourrir aucune revendication : elle
devait être, elle aussi, désarmée, mais dans les ports d'attache du temps de paix, dont il faut dire qu'une partie était
dorénavant contrôlée par la Wehrmacht.

Restaient quatre clauses politiques plus préoccupantes,
destinées à devenir au fil des mois des armes redoutables
entre les mains de l'occupant :

1. Aux termes de l'article 20, les prisonniers de guerre
le resteraient « jusqu'à la conclusion de la paix », ce qui
transformait plus d'un million et demi de captifs en otages
politiques de fait.

2. L'article 18 stipulait : « Les frais d'entretien des
troupes d'occupation allemandes sur le territoire français
seront à la charge du gouvernement français », clause qui
deviendra par la suite la base juridique, ou prétendue telle,
d'un véritable tribut financier.

3. La Wehrmacht occupait — gage territorial important — les trois cinquièmes de la métropole : la ligne de
démarcation, frontière intérieure scindant la France entre
une zone « occupée » et une zone dite « libre », partait du
canton de Genève pour aboutir à la frontière espagnole, en
passant par Nantua, Chalon-sur-Saône, Moulins, Bourges,
Poitiers, Angoulême.

4. Si la souveraineté française demeurait — en théorie —
entière sur l'ensemble de l'Hexagone, l'article 3 stipulait

1. Jean-Baptiste Duroselle en fait une bonne analyse dans *L'Abîme 1939-1945*,
Imprimerie nationale, 1982.

que, dans la zone occupée, le Reich exercerait « tous les droits de la puissance occupante », ce qui impliquait notamment que l'administration française « collabore » avec elle « d'une manière correcte ».

Après la fin de la guerre, quelques historiens allemands, notamment Heinrich Böhme, reprocheront à Hitler d'avoir consenti à la France vaincue « un pont d'or », en ne prenant pas le contrôle de son Empire. Mais on peut plutôt estimer que Hitler avait choisi la solution la plus réaliste en regard de la carte stratégique de l'été 40. Les Français, quant à eux, allaient souffrir. Otto von Stülpnagel, *Militärbefehlshaber in Frankreich* (MbF), voyait dans la ligne de démarcation « un mors dans la bouche d'un cheval ». La comparaison pourrait sans nul doute s'appliquer à la quasi-totalité des clauses de l'armistice.

La prise du pouvoir par Philippe Pétain

Lors de son procès en Haute-Cour, en août 1945, le procureur Mornet retiendra dans un premier temps comme chef d'inculpation le fait que Philippe Pétain aurait fomenté un complot pour abattre la République. Ce grief commode permettait d'éluder les responsabilités de nombre d'acteurs qui avaient perdu pied en juin 1940, mais ne reposait sur rien de tangible. En revanche, c'est en devenant le chef fort actif du clan de l'armistice que le Maréchal réussit à installer son pouvoir, dressant l'acte de naissance de l'État français. Si le vote du 10 juillet permet à Philippe Pétain d'en finir officiellement avec la République, celle-ci était déjà moribonde depuis le 25 juin : après la signature de l'armistice, c'était bien un ordre nouveau qui commençait.

Pour réconforter les Français abasourdis par la percée de Sedan, Reynaud leur avait annoncé qu'il appelait à ses côtés comme vice-président du Conseil le « vainqueur de Verdun », en précisant que « mettant toute sa sagesse et toute sa force au service du pays, il y restera jusqu'à la victoire ». Reynaud croyait se doter d'une sorte de potiche glorieuse. Mais dès la fin mai, Pétain, persuadé que la bataille de France était perdue, pensait qu'il fallait conclure au plus vite un armistice et pesa de tout son poids dans ce sens. Le 13 juin, lors du Conseil des ministres de Cangé, il appuie Weygand contre Reynaud. A Bordeaux, il déploie une activité souterraine particulièrement efficace, réunissant autour de lui les partisans de l'armistice, retournant des hommes de poids, Darlan par exemple.

Son argumentaire, il l'avait exposé devant les ministres. L'armistice préserverait non seulement ce qui restait de l'armée française mais également les civils errant sur les routes. Il exclurait définitivement la solution que lui-même repoussait, à savoir le départ du gouvernement de l'Hexagone ; Pétain prescrivait enfin le vrai remède : « Le renouveau français, il faut l'attendre bien plus de l'âme de notre pays... plutôt que d'une reconquête de notre territoire par les canons alliés. »

Il est fort vraisemblable que la très grande majorité des Françaises et des Français l'approuvaient sur les deux premiers points, notamment sur la stratégie hexagonale clairement indiquée. Mais ils n'avaient peut-être pas envisagé que la dernière assertion annonçait la mise en œuvre d'une « Révolution nationale ».

Philippe Pétain, appelé par Lebrun, président de la République, devenait au soir du 16 juin le dernier président du Conseil de la Troisième République. Le nouveau gouvernement, composé dans une relative improvisation, pouvait apparaître comme un ministère d'union nationale qui rassemblait toutes les variantes de la droite, et incluait des radicaux et deux socialistes. Il faisait la part belle aux non-parlementaires (en particulier aux militaires). Et, surtout, Pétain laissait sans ambiguïté entendre que lui seul comptait et qu'il mènerait son gouvernement comme un état-major en campagne.

Le 16 au soir, Baudouin, le nouveau ministre des Affaires étrangères, s'adressait, par l'intermédiaire de l'Espagne, aux autorités du Reich « en vue de la cessation des hostilités », notamment pour connaître « les conditions de paix » ; le lendemain, Philippe Pétain prononçait à la radio les paroles historiques qui allaient marquer la mémoire du Français moyen : « C'est le cœur serré que je vous dis aujourd'hui qu'il faut cesser le combat. » Le 20, il conviait les Français à un « redressement intellectuel et moral ».

Jusqu'à la conclusion proprement dite de l'armistice, il n'était pas encore maître de toute la donne. Une partie de la classe politique était perplexe, sinon réticente, et on fut à deux doigts de voir s'établir un pouvoir bicéphale : il était question qu'une fraction du gouvernement gagne l'Afrique du Nord. Mais les hésitations des uns, le manque de lucidité ou de courage des autres permirent à la nouvelle équipe de gagner du temps. Dès qu'il se fut convaincu que les clauses de l'armistice n'étaient pas « contraires à l'honneur » (sous-entendu l'honneur militaire), Philippe Pétain pesa pour leur acceptation. Comme le secrétaire général du Quai d'Orsay, Charles-Roux, s'exclamait, le 21 au soir : « Si les conditions de l'Allemagne sont celles-là, mieux vaut partir pour l'Afrique », Pétain répondit d'un « Encore ! » qui coupait court à toute objection.

La route du pouvoir était alors totalement dégagée.

Le funeste drame de Mers el-Kébir

Le 3 juillet, à 17 h 55 BST (heure d'été britannique), l'amiral James Somerville, commandant la force H, faisait hisser sur le *Hood*, le croiseur de bataille le plus important de la Royal Navy, le pavillon ordonnant le tir sur la « force de raid » française commandée par l'amiral Gensoul et dont les navires étaient en cours de désarmement près d'Oran, en rade de Mers el-Kébir. En moins de vingt minutes, 36 salves de pièces de 380 faisaient 1 297 tués, dont près d'un millier ensevelis dans le cercueil d'acier du *Bretagne* qui, touché de plein fouet, coulait presque immédiatement[1]. C'était la première fois depuis cent vingt-cinq années que des navires de Sa Majesté ouvraient le feu sur les bateaux de la Royale, comme la dénommaient volontiers les officiers de la marine française.

En cherchant les raisons de cette canonnade, on se rappelle d'abord que, depuis le 10 mai, les différends entre Français et Anglais se multipliaient : repli précoce du corps expéditionnaire britannique, envoi jugé parcimonieux des escadrilles de la RAF, soldats français exclus dans un premier temps du sauvetage de Dunkerque. Mais l'alliance n'avait pas été rompue par ces malentendus, et c'est la conclusion de l'armistice qui allait provoquer le drame. Churchill avait acquiescé à l'ouverture de pourparlers franco-allemands, à la condition expresse (qui passa, il est vrai, inaperçue dans le désordre ambiant) que la flotte fran-

---

1. Anthony Heckstall-Smith, *La Flotte convoitée*, Presses de la Cité, 1964, fournit un bon récit factuel.

çaise soit immédiatement dirigée vers les ports britanniques. Or, l'article 8 de la convention d'armistice obligeait les navires français à regagner leurs ports d'attache du temps de paix. L'Amirauté britannique avait bien intercepté les consignes d'autosabordage données par Darlan en cas de coup de force « ennemi » (et également « étranger »), mais elle s'inquiétait de ce qu'il adviendrait après Darlan.

La Grande-Bretagne, qui jouait sa survie sur la maîtrise de la mer par la Royal Navy, serait gravement menacée si les forces de l'Axe mettaient la main sur la flotte française, la quatrième du monde par son tonnage, forte d'unités très modernes, montées par des équipages expérimentés. C'est contre ce danger majeur que fut décidée la neutralisation de la flotte française, malgré, il est vrai, les mises en garde de certains amiraux britanniques[1]. Sa logique était militaire. Charles de Gaulle ne s'y trompa pas : « Il vaut mieux qu'ils [les navires] aient été détruits dans une canonnade fratricide. » Et si Churchill la présenta à la Chambre des communes, puis dans ses Mémoires, comme une décision avant tout politique, elle ne pouvait guère représenter qu'un signe de la détermination anglaise, adressé aux pays neutres.

L'opération Catapult est déclenchée le 3 juillet. Dans les ports britanniques, les équipages français furent assaillis en plein sommeil. En rade d'Alexandrie, les deux amiraux Godfroy et Cunningham, qui s'appréciaient, rusant au besoin avec les instructions de leurs amirautés respectives, finirent par trouver un gentleman's agreement : les navires français seraient désarmés, mais ne pourraient être utilisés par les Britanniques, à moins d'une rupture de l'armistice.

Il en alla différemment à Mers el-Kébir. On peut trouver au drame trois causes directes. D'abord, les « Lords de la mer » avaient exclu, dans le cas précis, du moins dans un premier temps, le désarmement sur place. Ensuite, l'amiral Gensoul se montra, au nom de « l'honneur du pavillon »,

---

1. On peut lire l'analyse documentée — mais parfois contestable car systématiquement défavorable à Churchill — faite par Hervé Coutau-Bégarie et Claude Huan, *Mers el-Kébir*, Economica, 1994.

d'une extrême raideur, fournissant même à son propre état-major des informations tronquées. Enfin, l'amirauté française ayant donné l'ordre à des forces aéronavales d'aller soutenir la « force de raid », les négociations furent dramatiquement écourtées.

La conséquence politique la plus importante fut la rupture des relations diplomatiques, que suivit un bombardement de Gibraltar. Hitler prêta attention au combat, mais attendra septembre et l'affaire de Dakar pour assouplir les contraintes pesant sur la flotte et l'aviation. Quant à la vague d'anglophobie qui passe pour avoir déferlé sur la France, on en nuancera l'ampleur, sauf dans la Royale, car un bon nombre de Français espéraient que les Britanniques continueraient à tenir tête au Reich.

Reste que, avec des retombées concrètes somme toute relativement minces, le drame de Mers el-Kébir allait pendant longtemps hanter les mémoires.

La classe parlementaire se saborde

La journée du 10 juillet n'est pas politiquement parlant la coupure décisive : l'armistice, on le sait, avait déjà posé les fondations du nouveau régime. Mais la date du hara-kiri parlementaire n'en demeure pas moins symbolique. Pour promouvoir sa révolution culturelle, Pétain ne portait alors aux institutions qu'une attention médiocre, d'autant que sa fonction de président du Conseil lui conférait des pouvoirs étendus. Mais comme il exprimait le vœu d'être totalement libre à l'égard du Parlement, Laval, sans doute pour se rendre indispensable et en songeant à l'avenir (au sien en particulier), eut l'idée d'amener les Chambres à se saborder dans les règles. Pétain, d'abord sceptique, puis plus intéressé, laissa faire : si Laval ne réussissait pas, l'échec lui en incomberait ; s'il l'emportait, ce serait lui, le Maréchal, qui tirerait les marrons du feu.

En une petite semaine, se faisant — comme l'écrira Léon Blum — « complaisant, lénifiant, infatigable », alternant mensonges et discours pathétiques, menaces et promesses de prébendes, Laval gagnait son pari. Il faut dire qu'il sut utiliser l'hébétude, la résignation et même la veulerie de la classe politique. Les parlementaires, il est vrai, arrivaient tout juste de leurs départements, abasourdis par les événements, à la merci d'innombrables rumeurs, inquiets du présent et encore plus de l'avenir. La lettre de soutien de Pétain au projet Laval fit le reste.

La mise en œuvre fut rapide. Le 8 juillet, le texte du projet de loi était arrêté en Conseil des ministres ; le 9, la

Chambre des députés et le Sénat votaient à la quasi-unanimité qu'il y avait « lieu de réviser les lois constitutionnelles » ; le 10, dans l'après-midi, dans le décor insolite du théâtre du grand casino de Vichy, la seule salle en mesure de contenir les 672 députés et sénateurs présents réunis en « Assemblée nationale », avait lieu le sabordage parlementaire [1].

Sous l'impulsion d'une minorité décidée à étrangler « la gueuse », la séance fut menée à la hussarde, en dehors de tout « formalisme périmé ». Mais on aurait tort de parler d'escamotage et *a fortiori* d'un complot fomenté pour assassiner la République (thèses qui allaient faire florès après la Libération). Car la République a été moins attaquée que fort peu défendue, tant les parlementaires étaient disposés à accorder tous les pouvoirs — temporairement ou non — au « vainqueur de Verdun ». Les trois présidents n'eurent aucune influence : Lebrun était inexistant, Herriot se réfugia dans l'abstention lors du scrutin décisif, Jeanneney se cantonna dans sa fonction de magistrature morale. Quant aux caciques du régime, ou ils furent empêchés (Daladier et Mandel étaient maintenus au Maroc), ou ils se rallièrent (Flandin), ou ils se turent (Blum lui-même ne dit mot par peur d'un reniement public de la majorité de ses camarades).

On vota le texte suivant : « L'Assemblée nationale donne tous pouvoirs au gouvernement de la République, sous l'autorité et la signature du maréchal Pétain, à effet de promulguer par un ou plusieurs actes une nouvelle constitution de l'État français. [...] Elle sera ratifiée par la nation et appliquée par les assemblées qu'elle aura créées. » A la lettre, les parlementaires déléguaient seulement leurs pouvoirs constituants. Mais le rapporteur de la commission *ad hoc* avait bien précisé que, en attendant la mise au point de la nouvelle constitution, le gouvernement recevait les « pleins pouvoirs exécutif et législatif » (il lui était seulement interdit de

---

1. Emmanuel Berl en donne un bon compte rendu dans *La Fin de la IIIᵉ République*, *op. cit.*

déclarer la guerre). Philippe Pétain en profitera pour réaliser les 11 et 12 juillet sa propre révolution institutionnelle.

Ce texte était finalement voté par 569 députés et sénateurs, tandis que 20 s'abstenaient et que 80 (surtout des hommes de gauche) votaient contre. Ces quatre-vingts ont pu passer pour avoir sauvé l'honneur de la classe parlementaire.

On affirme régulièrement que la République a été bradée par la Chambre du Front populaire. Il faut apporter deux correctifs à cette assertion le plus souvent malveillante : tout comme les parlementaires du *Massilia*, les députés communistes étaient absents, exclus à la suite du pacte germano-soviétique ; et, surtout, l'« Assemblée nationale » comprenait les sénateurs qui, par deux fois, avaient fait tomber Blum.

Le compte rendu de cette séance du mercredi 10 juillet s'achève sur cet échange : « *M. Marcel Astier* — Vive la République quand même ! *Voix nombreuses* — Vive la France ! » Mais la France avait cessé d'être en république.

Rethondes : la cérémonie expiatoire

« Ici Huntziger ! Je vous téléphone du wagon [une légère hésitation] que vous connaissez bien. » Celui qui parlait ainsi, le chef de la délégation des plénipotentiaires français, avait enfin en ligne à Bordeaux le général Weygand, le nouveau ministre de la Défense nationale. Ce dernier, qui avait occupé auprès de Foch les fonctions de chef d'état-major, comprenait sur-le-champ l'allusion et répondait, compatissant : « Mon pauvre ami. »

La cérémonie expiatoire, qu'Hitler avait projeté de réaliser dans la clairière de Rethondes dès le 20 mai, avait déjà commencé. Le wagon 2419 D de la Compagnie internationale des wagons-lits, que Foch avait transformé en wagon-bureau pour y recevoir, le 8 novembre 1918, les émissaires allemands, avait été sorti de son hangar. Chaque détail du décor avait été revu : le monument portant l'aigle allemande avait été recouvert d'un grand drapeau à croix gammée, et on avait voilé la dalle sur laquelle avait été jadis gravée la formule désormais sacrilège : « Ici succomba le criminel orgueil de l'Empire allemand vaincu par les peuples libres qu'il voulait asservir. »

Dans l'après-midi du 21 juin, Hitler, entouré de Goering, Hess, Ribbentrop, du général Keitel, de l'amiral Raeder, et assisté de l'interprète-diplomate Schmidt, pouvait savourer sa vengeance en attendant la délégation française qui avait été limitée par les Allemands à quatre personnes : l'ambassadeur, Léon Noël[1], le vice-amiral Le Luc et le général d'aviation Bergeret accompagnaient le général Huntziger.

---

1. On peut lire les souvenirs, quelque peu enjolivés il est vrai, de Léon Noël, *Le Diktat de Rethondes et l'armistice franco-italien de juin 1940*, Paris, 1944.

La délégation française, qui avait eu du mal à rejoindre Tours, avait passé la nuit à Paris, avant de gagner la forêt de Compiègne pour prendre place dans *le* wagon. Il lui fallut d'abord subir de la part de Keitel un « préambule », en fait un réquisitoire, prononcé d'une voix rogue, récapitulant les rancunes accumulées durant vingt années : les Français, accusés notamment d'innombrables « violations de la parole donnée », s'étaient rendus coupables d'avoir déclaré la dernière guerre « sans raison ». Le Führer et sa suite quittèrent alors les lieux sans dire un mot, laissant Keitel détailler les clauses de la convention d'armistice.

Après quoi, les Français, relégués sous une tente en attendant de regagner Paris pour la nuit — pour revenir le lendemain —, durent batailler pour obtenir une liaison téléphonique avec Bordeaux. Et ce ne fut que dans la soirée qu'Huntziger put enfin téléphoner à Weygand, tandis que Schmidt interceptait leur conversation à partir de tables d'écoute branchées sur une ligne installée dans la cuisine du wagon, qui décidément servait à tout.

Tout au long de la journée du 22, les quatre Français s'employèrent à améliorer des conditions qui leur avaient été présentées comme « irrévocables ». Keitel menaçait les vaincus de poursuivre la lutte ; son second, Jodl, se montrait plus conciliant, n'excluant pas que tel ou tel point pût être modifié. Les deux jouaient sur du velours, puisqu'ils savaient avec précision comment réagissait le gouvernement de Bordeaux. Ils avaient en tout cas compris que Pétain était décidé à traiter coûte que coûte, dès lors que la flotte paraissait demeurer hors de portée de la Wehrmacht et que, de surcroît, Keitel avait fini par admettre que les avions fussent simplement désarmés et non pas livrés.

Finalement dans la soirée du 22 juin, à 18 h 50, heure allemande, comme Keitel avait lancé un véritable ultimatum, Huntziger recevait l'ordre exprès de signer le texte de la convention d'armistice franco-allemande. Les dés étaient jetés. Les Français ne savaient pas encore dans quel engrenage ils étaient pris ; Hitler, lui, pouvait savourer sa revanche sur l'humiliation de novembre 1918 et, quoi qu'aient pu en dire plus tard ses détracteurs, lui reprochant de ne s'être pas assuré le contrôle de l'Afrique du Nord, il avait su jouer finement.

Après la signature, Huntziger et Keitel échangèrent les paroles dont les officiers supérieurs raffolent en ce genre de circonstances. L'Allemand déclarait noblement : « Il est honorable pour un vainqueur d'honorer son vaincu. » Soit. Mais ledit vainqueur avait surtout su imposer au vaincu un diktat parfaitement conforme à sa stratégie dans une mise en scène à l'allure de cérémonie expiatoire.

COLLABORER

En attendant Godot

« Cette politique est la mienne [...] C'est moi seul que l'Histoire jugera », affirmait Pétain le 30 octobre 1940. Ce souci honore le vainqueur de Verdun. Car en exigeant, par des manœuvres douteuses, la conclusion de l'armistice et la remise des pleins pouvoirs, il engageait une politique dont la collaboration constituerait l'aboutissement naturel. Au rebours de la France, la Belgique et les Pays-Bas évitaient en capitulant d'enclencher un mécanisme de négociation conduisant à rechercher, quel qu'en soit le prix, la conclusion d'un traité de paix. De leur côté, en plaidant pour un alignement inconditionnel sur le Reich, les petites cohortes nazies, guidées par un Quisling — en Norvège — ou un Ante Pavelic — en Croatie —, se disqualifiaient, n'ayant qu'une modeste audience auprès de leur population. Héros de la Grande Guerre révéré par la population, Philippe Pétain, maréchal de France, s'engageait donc sur de dangereuses traverses. D'autant que l'Allemagne — contrairement à une légende vivace — n'a jamais exigé de la France qu'elle collaborât, se bornant à escompter sa neutralisation et à entreprendre son pillage.

La politique extérieure vichyste découlait ainsi d'une logique propre. Misant sur la victoire d'un Reich en apparence invincible, désireux de pérenniser un régime dont le tuteur allemand conditionnait la survie, l'État français amorçait un processus dont il avait certes l'initiative, mais en aucun cas la maîtrise. Le vainqueur, il est vrai, disposait de puissants arguments pour imposer ses vues. Aux divisions

allemandes cantonnées dans l'Hexagone s'ajoutaient d'efficaces moyens de pression — ligne de démarcation, frais
d'occupation, chantage aux prisonniers de guerre pour ne
citer que les plus notables. La marge de manœuvre laissée à
l'État français était donc pour le moins étroite. Mais, malgré
ce rapport de force défavorable, Vichy persista. Adoptant
en apparence une politique neutraliste qui visait à sortir la
France du conflit, il servit somme toute fidèlement son suze-
rain, apportant le concours de son économie et opposant
aux libérateurs anglo-saxons une résistance tenace, l'accueil
réservé au débarquement en Afrique du Nord le démontre
clairement.

La route qui conduisit de Montoire à Sigmaringen était-
elle dès lors toute tracée ? Et le régime, en tentant de négocier avec le Reich en 1940, devait-il nécessairement se soumettre pieds et poings liés au vainqueur, lui livrer
cyniquement juifs et ouvriers, lui offrir le concours de sa
police et de sa Milice, le suivre enfin jusque dans sa peu
glorieuse retraite ? Certes, l'histoire échappe aux détermi-
nismes. Et les inflexions de la diplomatie vichyste suggèrent
que le parcours suivi de 1940 à 1944 a été moins rectiligne
que ce que l'on pourrait abusivement prétendre. De Montoire (octobre 1940) à Saint-Florentin (décembre 1941),
l'État français disposait en effet de quelques atouts mon-
nayables. En offrant à Hitler le concours de son Empire,
de ses bases, voire de sa flotte, Vichy pouvait mener une
diplomatie offensive destinée à séduire le Führer. A partir
de 1942 en revanche, l'État français, privé de ses cartes, sera
réduit à la défensive. Satellisé par le Reich, il devra avaliser
successivement l'invasion de la zone libre (novembre 1942),
puis l'entrée au gouvernement des collaborationnistes parisiens (janvier 1944), et accepter une fascisation du régime
menant tout droit à la guerre civile. Deux versants de la
collaboration pourraient ainsi s'opposer, novembre 1942
constituant, pour reprendre une formule classique, la bissec-
trice de la guerre.

Cette opposition — réelle — ne doit cependant pas mas-

quer les profondes continuités qui régissent les quatre
années d'occupation. Sacrifiant à une approche gallocen-
trique située aux antipodes de la vision planétaire inspirant
le général de Gaulle, le maréchal Pétain voulait à tout prix
rechercher une entente avec le vainqueur pour préserver la
pérennité de son régime. Prétendant défendre une population des ravages de la guerre, il devait coûte que coûte rester
à ses côtés et ne pouvait dès lors gagner Alger en novembre 1942. Contraint, pour atténuer les souffrances des
Français, d'obtenir quelques adoucissements auprès de l'occupant, il devait nécessairement opter pour la négociation
— ce qui oblitérait une possible résistance.

Ces logiques contraignantes enserrèrent la diplomatie
vichyste et jouèrent pleinement de 1940 à 1944. Servi par
un rapport de force que l'État français essayait vainement
de contourner, le Reich pouvait donc à sa guise modeler le
destin de la France tout en faisant miroiter une hypothétique collaboration. De fait, comme Godot, le miraculeux
traité de paix que Vichy escomptait ne vint pas, alors que le
régime avait joué son âme sur ce coup de poker.

La donne géopolitique de l'an 40

Pour Adolf Hitler, la guerre contre la France ne constitue « qu'un moyen de donner ensuite à notre peuple, en un autre endroit, toute l'extension possible ». Certes, le Führer souhaite détruire le traité de Versailles pour laver l'affront subi en 1918 et restaurer l'Allemagne dans sa plénitude de grande puissance. Mais pour anéantir l'idéologie communiste et offrir au Reich l'espace vital nécessaire, la croisade contre l'Union soviétique s'impose. Après avoir réglé leur compte à la France et à la Grande-Bretagne, Hitler entend donc, dans un second temps, se concentrer sur son principal objectif et lancer toutes ses forces contre la citadelle bolchevique.

En défaisant son vieil ennemi en moins de six semaines, le Reich lève une lourde hypothèque. Mais la résistance anglaise nourrit la perplexité des dirigeants nazis. Sans haine à l'égard des Britanniques, Hitler au fond souhaite un *modus vivendi* avec la Grande-Bretagne, persuadé qu'elle acceptera l'hégémonie allemande en Europe s'il garantit l'intégrité de son Empire. Il pense surtout qu'un divorce sépare la classe politique, belliciste, et une population jugée — à tort — pacifiste. La détermination britannique dissipe ces chimères, mais suscite de nouvelles interrogations. Sachant que la défaite de la Grande-Bretagne doit désormais précéder l'inéluctable confrontation avec l'Union soviétique, à quelle stratégie le Reich doit-il recourir ? Faut-il couper les routes maritimes de l'archipel, l'invasion de la Grande-Bretagne n'intervenant que comme ultime recours ? Ou faut-il, après avoir brisé la défense de la Royal Air Force, préparer un débarquement ? La succession des ordres et des contrordres révèle la confusion des cercles dirigeants. A l'été 1940, Hitler ordonne ainsi de préparer l'invasion de la Grande-Bretagne (opération Otarie) et d'intensifier la guerre aérienne (Bataille d'Angleterre, août-septembre 1940). Mais dès le 14 septembre, il ajourne Otarie, et l'abandonne définitivement en octobre. Renonçant à un débarquement, le Reich envisage alors de briser le Royaume-Uni en contrôlant l'artère méditerranéenne. Dans cette optique, il resserre son alliance avec l'Italie et cherche à monnayer le concours espagnol pour conquérir Gibraltar, voire le Maroc. Cette stratégie intérimaire fait long feu. A Hendaye (23 octobre 1940), Franco refuse de s'engager. Et Hitler doute de la valeur militaire italienne — un doute que confirment les piteux échecs rencontrés en Grèce (1940). Cette donne morose l'incite alors à tourner les yeux vers l'est.

Au vrai, le pacte germano-soviétique avait présenté une réelle alternative. Resserrer l'alliance défensive avec Moscou avait permis à l'Allemagne de renforcer son potentiel économique grâce aux livraisons soviétiques. En abaissant sa garde à l'est, le Reich avait évité — hantise de l'État-Major — une guerre sur deux fronts. A l'inverse, la croisade contre le bolchevisme, en rompant l'étrange alliance du 23 août 1939, signait la fidélité des nazis à leurs convictions anticommunistes. Elle permettait de faire main basse sur les richesses soviétiques, les champs pétrolifères notamment. Surtout, la défaite soviétique acculerait la Grande-Bretagne à la reddition, Londres perdant dans la bataille l'unique carte européenne dont elle pouvait disposer. A l'automne 1940, ces arguments font pencher la balance en faveur de la guerre à l'est, une orientation que Hitler entérine en signant, le 18 décembre 1940, la directive Barbarossa.

La clarté des objectifs poursuivis par le Reich s'oppose à la confusion qui préside à leur réalisation. Guerre à l'est et stratégies antibritanniques, en réalité, s'excluaient et le Reich a un temps fluctué avant d'estimer que la défaite de l'Union soviétique pouvait conditionner la chute du Royaume-Uni. Mais l'ampleur de ces calculs révèle surtout la part mineure que la France occupe dans la réflexion stratégique allemande. Vitale dans le cadre d'une stratégie méditerranéenne, la France ne pesait guère dès lors que Hitler se lançait à l'assaut de la steppe russe.

* Se reporter, d'abord et avant tout, à Eberhard Jäckel, *op. cit*.

Quel sort pour la France ?

La sympathie que Hitler éprouve pour la France se borne à une admiration non déguisée pour l'urbanisme haussmannien. Au mépris qu'il éprouve pour les peuples latins — proches, par définition, de la dégénérescence — s'ajoutent dans son esprit les désagréables réminiscences d'une entre-deux-guerres placée sous le signe de l'intransigeance française. A la conférence de la paix, les Alliés avaient dû modérer le zèle vengeur d'un Clemenceau, et l'occupation de la Ruhr, en 1923, ne pouvait qu'attiser la fureur de l'ancien caporal. Mais construit-on une politique sur des souvenirs ? Après tout, la haine du bolchevisme n'avait pas empêché les nazis de conclure un pacte avec le diable soviétique. Une ligne pragmatique qu'Adolf Hitler adopte, en 1940, à l'égard de son pseudo « ennemi mortel ».

Loin, en effet, d'abattre la France en la dépouillant de tous ses atouts, le Führer accorde quelques concessions au pays vaincu. En se montrant magnanime, il souhaite surtout obtenir la neutralisation de la France — la première de ses priorités. Mais le pillage constitue à coup sûr la seconde. Pour soutenir l'effort de guerre allemand, Hitler est bien décidé à mettre le pays en coupe réglée. Certes, la lutte contre la Grande-Bretagne ouvre la possibilité d'une collaboration militaire. Et les concours que la France peut offrir, Empire et flotte obligent, sont envisagés favorablement. Mais ils ne doivent en aucun cas altérer le tribut que le vaincu doit au vainqueur et encore moins obliger l'Allemagne à renoncer à ses objectifs. L'immédiate annexion de l'Alsace-Lorraine démontre que le Führer n'entend pas sacrifier ses intérêts sur l'autel d'une hypothétique entente avec Vichy.

Certes, de hauts responsables allemands restent partagés. Pour maintenir l'ordre dans un pays désorganisé par la défaite, pour assurer une efficacité maximale au pillage économique, les chefs militaires, Otto von Stülpnagel par exemple, plaident pour une politique moins sévère à l'égard du vaincu. De même, une partie de l'état-major, de l'amiral Raeder, chef de la Marine, au général Warlimont, membre du haut commandement, souhaite prioritairement défaire la Grande-Bretagne et préconise une collaboration militaire. Grâce au concours vichyste, l'Allemagne pourrait entreprendre la reconquête des territoires passés à la dissidence gaulliste et, en contrôlant l'Afrique, verrouiller définitivement « la porte de derrière ». Le ministre des Affaires étrangères, Joachim von Ribbentrop, partage cette conception qui détournerait Hitler d'une guerre contre l'Union soviétique — une hypothèse que rejette une part du personnel politique nazi. L'échec des entretiens Ribbentrop-Molotov (novembre 1940) obligera, dès l'hiver, à écarter cette éventualité.

Pour sa part, Otto Abetz milite activement pour un rapprochement franco-allemand. Sentimentalement favorable à une entente entre les deux pays et désireux, par pacifisme, de construire une nouvelle Europe, l'ambassadeur allemand veut desserrer la bride en offrant aux vaincus des concessions tangibles. Qu'on ne se méprenne pas, pourtant, sur cette francophilie. Dans l'esprit de ses promoteurs, la France demeure un pays vaincu, à traiter comme un partenaire mineur puisque le Reich se réserve la direction exclusive de l'Europe nouvelle.

Tous les dirigeants nazis ne partagent donc pas l'indifférence que Hitler porte à la collaboration. Mais leur capacité à peser sur la décision reste pour le moins limitée. En garantissant à la France le maintien de son Empire, l'entente franco-allemande sacrifiait les espérances coloniales de l'Espagne et de l'Italie. Elle revêtait un bien mince intérêt dans le cadre d'une guerre contre l'Union soviétique. En offrant à la France une place, même mineure, dans le nouvel ordre européen, elle contredisait l'ambition hégémonique du Reich et pouvait brider son emprise économique. On comprend que Hitler se soit montré réservé à l'égard d'une politique à la rentabilité douteuse, tout en laissant Otto Abetz poursuivre ses chimères.

* Consulter Eberhard Jäckel, *op. cit.*, et Robert Paxton, *op. cit.*

Les pouvoirs allemands : rivalités ou zizanie ?

Pour gérer la France vaincue, les militaires se taillent en théorie la part du lion, puisque le Militärbefehlshaber in Frankreich (MbF) administre l'ensemble du pays. Aux compétences militaires naturellement dévolues aux guerriers s'ajoute de fait un vaste domaine civil embrassant tant les affaires administratives — les rapports avec les services français par exemple — que les questions économiques — confiées au Dr Michel dont l'apparente correction dissimule un redoutable instinct carnassier. Chaque département relève par ailleurs d'une Kommandantur, ce qui offre au MbF un maillage efficace. L'armée de terre dispose en théorie d'un contrôle total sur la zone occupée. Elle est pourtant concurrencée par des services rivaux[1].

Dirigée par Otto Abetz — avant guerre président du comité France-Allemagne —, l'ambassade prétend en effet intervenir dans les destinées françaises. Initialement chargée de conseiller le MbF pour les questions politiques, elle conquiert une relative autonomie grâce au soutien que Ribbentrop, familier du Führer, lui accorde. Outre la propagande et la culture qui relèvent naturellement de ses compétences, elle s'efforce de gérer les relations avec Vichy, le président Laval et l'ambassadeur Abetz ayant dès 1940 noué d'étroites relations.

Quelques organismes d'une moindre importance doublonnent ces structures. Sise à Wiesbaden pour rappeler aux Français l'étendue de leur crime — l'occupation de la

1. Eberhard Jäckel, *op. cit.*

Rhénanie en 1923 —, une commission veille à l'application des conventions d'armistice et gère les contentieux. Les frais d'occupation relèvent de ses prérogatives, ce qui explique l'importance de la sous-commission chargée des affaires économiques où s'affrontent l'Allemand Hemmen et son homologue français Bréart de Boisanger. Proche de la SS, le bureau Otto organise le marché noir sur une grande échelle pour fournir à ses maîtres les matières premières ou les produits de luxe qu'ils exigent. Soumis directement à l'idéologue du régime, l'« Einsatzstab Rosenberg » prétend mener la lutte contre les sociétés secrètes mais se livre surtout au pillage des œuvres d'art.

La multiplicité de ces structures a parfois suscité l'ironie. La rivalité de quelques institutions a pu, il est vrai, provoquer des guerres fratricides. Le « trust Hibbelen », piloté par l'ambassade allemande, a par exemple tenté de mettre la main sur la presse, contrariant les efforts de la Propaganda Abteilung chapeautée par le MbF[1]. Ces incidents ne doivent cependant pas être surestimés. Avec le temps, en effet, les compétences respectives de chaque organisme se précisent. Dès juillet 1940, Stülpnagel obtient que la Commission d'armistice n'exerce aucun contrôle sur l'administration militaire. Et les services de Wiesbaden, dès 1941, sont contournés par les négociations directes menées par le gouvernement français.

L'enchevêtrement des compétences n'a donc pas miné le pouvoir des autorités occupantes. Peut-être même l'a-t-il servi, en stimulant le zèle et la voracité de services rivaux ? Quoi qu'il en soit, les occupants ont montré une redoutable efficacité. L'administration militaire n'a jamais employé plus de deux mille Allemands ; mais elle est parvenue à soustraire quelque 25 % de la production française entre 1940 et 1944.

Les conflits de pouvoir, par ailleurs, ont parfois été bienvenus, l'évolution des responsabilités répressives le révèle[2].

1. Pierre-Marie Dioudonnat, *L'Argent nazi à l'assaut de la presse française*, Jean Picollec, 1981.
2. Jacques Delarue, *Histoire de la Gestapo*, Fayard, 1987.

Initialement, en effet, le Mbf affirme mater seul les opposants, en utilisant ses polices — Geheime Feldpolizei, Feld-
gendarmerie — et son service de renseignements —
l'Abwehr. Il tient par conséquent en lisière le représentant
de Himmler, Helmut Knochen, qui ne dispose en 1940,
pour le SIPO (Sicherheitspolizei) et la Gestapo, que d'une
antenne parisienne. L'occupation avançant, les militaires
tendent pourtant à s'appuyer sur ces hommes. Moins
compétent en matière de police, le MbF désapprouve surtout la politique sanguinaire que Berlin préconise. Par calcul, non par humanisme : Stülpnagel pense que les fusillades
d'otages exigées par Berlin sont contre-productives, en dressant la population contre ses bourreaux. Et lorsque Hitler
nomme, le 9 mars 1942, un chef suprême de la police pour
la France — un poste qui échoit à Karl Oberg —, le MbF
se montre soulagé de confier son fardeau à des mains plus
expertes. Grâce à ces structures concurrentes, l'Allemagne
avait mis en place le maillage le plus approprié pour soumettre la France : on ne saurait ici confondre rivalité et
zizanie.

Les moyens de pression allemands

Ligne de démarcation, prisonniers de guerre, frais financiers ligotent la France et brident l'autorité de Vichy. Tel est, dans sa brutale réalité, le rapport de force qui oppose un vaincu désarmé à un maître chanteur usant avec un art consommé du cynisme. La ligne de démarcation [1] constitue ainsi un garrot que les Allemands serrent à leur gré. Rompant la complémentarité économique entre un Nord industriel et agricole et un Sud encore attardé, elle place Vichy dans une dangereuse dépendance. Sachant que la zone libre dépend de la zone occupée pour le charbon (76 %), l'acier (96 %), mais également le blé ou le sucre, le Reich exerce un chantage aux livraisons sur l'État français. En favorisant l'atomisation administrative, la ligne de démarcation limite par ailleurs l'emprise territoriale du régime pétainiste. Départements scindés par la terrible frontière, agents parisiens coupés des ministères de tutelle, fonctionnaires interdits de passage, autant de dysfonctionnements qui oblitèrent l'autorité de l'État. Après l'éviction de Pierre Laval (13 décembre 1940), les Allemands ferment ainsi la ligne pendant un long mois, les ministres eux-mêmes n'ayant plus le droit de rejoindre Paris. Dans cette mesure, l'ouverture à géométrie variable de cette frontière constitue un baromètre fiable pour apprécier l'état des relations entre vainqueurs et vaincus.

La population française, pour sa part, subit au quotidien le poids de ces contraintes. Entre juillet 1940 et mars 1943,

1. Éric Alary, *La Ligne de démarcation*, PUF, 1995.

le passage de la ligne nécessite un ausweis que l'occupant délivre — ou refuse — à son gré. Et les relations postales sont longtemps limitées à l'envoi de cartes types où l'expéditeur biffe des mentions pré-imprimées pour préciser, par exemple, qu'il est en bonne santé. Avec le temps, l'occupant atténue ces rigueurs qui, par l'inflation paperassière qu'elles génèrent, compliquent l'administration du pays. Libéralisant le trafic des marchandises (mai 1941) puis la correspondance (octobre 1941), il accepte en mars 1943 de supprimer les laissez-passer — mais maintient malgré tout la ligne. Une épée de Damoclès toujours utile pour rappeler la réalité des rapports de force.

Le sort dévolu aux prisonniers appelle un constat identique. Le Reich détenant plus d'un million cinq cent mille prisonniers en 1940, Vichy, légitimement, s'efforce de soulager leur détresse pour des motifs humanitaires autant que stratégiques. L'enjeu affectif que les PG représentent pousse l'État français à agir. Dès septembre 1940, le régime se bat pour obtenir des libérations, proposant même d'échanger des ouvriers volontaires contre des captifs, puis il tente, au gré des circonstances, de monnayer quelques retours. Pour amadouer Vichy, l'Allemagne cède parfois. En 1941, elle troque ainsi les 18 531 pères de famille nombreuse et les 59 359 vétérans de 14 contre des facilités militaires. Dans l'ensemble, cependant, le Reich ne gaspille pas cette monnaie d'échange et un million de prisonniers passeront quelque cinq ans derrière les barbelés. Autant d'otages destinés, le cas échéant, à remettre l'État français dans le droit chemin [1].

Le pillage des finances, enfin, constitue l'ultime moyen dont le Reich use et abuse. Les conventions d'armistice imputant les frais d'occupation au vaincu, l'Allemagne exige des sommes exorbitantes — 400 millions de francs par jour entre 1940 et le 10 mai 1941. Et si Berlin abaisse ce fardeau à 300 millions le 10 mai 1941, il le porte le 11 novembre 1942 à 500, sur-évaluant, non sans aplomb, les charges nou-

---

1. Yves Durand, *La Vie quotidienne des prisonniers de guerre*, Hachette, 1987.

velles qui lui incombent. Le vainqueur impose par ailleurs un taux de change inique, puisque le Reichsmark est coté vingt francs alors qu'une parité décente l'évalue à douze. Un clearing particulièrement pernicieux, enfin, complète ces mécanismes. Conclu le 14 novembre 1940, cet accord permet d'échanger des marchandises en ne réglant que la différence entre imports et exports. Pour être équitable, ce système postule un commerce équilibré. Ce n'est pas le cas, puisque l'Allemagne présente en 1944 un solde débiteur de 194 milliards de francs. Ces prélèvements auront au total coûté la bagatelle de 800 milliards de francs — quatorze mois du revenu national d'avant guerre [1]. Pour imposer leurs vues, les Allemands disposaient ainsi d'un vaste clavier de moyens. Ils en jouèrent en virtuoses.

1. Alfred Sauvy, *La Vie économique des Français de 1939 à 1945*, Flammarion, 1978.

Les tentations et séductions allemandes

La pression n'exclut pas la séduction [1]. Et dans ce registre, l'occupant se montre également orfèvre, n'hésitant pas à solliciter la moindre connivence idéologique. Célébrée par la propagande, « Le Juif et la France », une exposition nazie soutenue par les pouvoirs français, dessine sur le terrain antisémite une possible entente. Le respect mutuel des intérêts nationaux rend par ailleurs la collaboration souhaitable. L'Allemagne promet ainsi à Vichy une place enviable dans l'Europe nouvelle. En apportant en dot son Empire, en soutenant l'effort de guerre nazi, en plaçant son économie sous la tutelle germanique, la France pourrait prétendre devenir une sorte de brillant second du Reich. A de multiples reprises, Otto Abetz agite cette perspective, sans pour autant l'assortir d'engagement précis. Si la rencontre entre Hitler et Pétain, à Montoire (24 octobre 1940), semble amorcer une authentique collaboration, les entretiens Hitler-Darlan du 13 mai 1941 ne débouchent *in fine* sur aucun résultat concret. Et le 1er décembre 1941, Pétain tire à Saint-Florentin les conclusions qui s'imposent. « J'ai compris que la collaboration véritable imposait de traiter d'égal à égal. S'il y a en haut un vainqueur et en bas un vaincu, il n'y a plus de collaboration, il y a ce que vous appelez un diktat et ce que nous appelons la "loi du plus fort" », déclare-t-il au maréchal Goering. Pourtant exaltée par la propagande, la collaboration reste bien, dans les faits, une chimère.

1. On se reportera à Philippe Burrin, *La France à l'heure allemande*, Le Seuil, 1995.

Certes, pour ménager les susceptibilités françaises, le Reich, bon prince, offre parfois de maigres concessions. Malgré le viol répété des conventions d'armistice, il préserve de temps à autre les formes en respectant la souveraineté chancelante du maréchal Pétain. Les Allemands laissent ainsi Vichy mener une politique antisémite autonome et n'imposent pas, en zone libre, le port de l'étoile jaune. Pour la police, les accords Bousquet-Oberg, conclus en juillet 1942, distinguent la répression politique — confiée aux Français — de la répression militaire — qui relève des Allemands. A de rares reprises, le Reich envisage d'accroître les forces militaires pour que la France défende seule son Empire, une proposition que les militaires allemands formulent au printemps 1941, par exemple. Et bien que les nazis, idéologie nationaliste oblige, soutiennent un temps les autonomistes bretons et flamands, ils les sacrifient sans hésiter pour ne pas ébranler l'intégrité territoriale que Vichy affirme défendre.

Quelques gestes, symboliques ou concrets, doublent ces concessions. Le 15 décembre 1940, Hitler, sacrifiant à la légende napoléonienne, restitue les cendres de l'Aiglon afin que l'Empereur et son fils soient, au-delà de la mort, enfin réunis. Pour récompenser les Dieppois, dont la placidité a été appréciée lors du débarquement manqué du 18 août 1942, le Führer ordonne que les 1580 prisonniers originaires de cette bonne ville soient rapidement libérés. Par ailleurs, les Allemands, avant d'imposer le Service du Travail Obligatoire (STO), laissent Laval organiser le système de la Relève qui prévoit d'échanger un PG contre trois ouvriers qualifiés et volontaires pour travailler outre-Rhin. 90 747 hommes, grâce à cette disposition, regagneront leur foyer. Quelques manifestations culturelles donnent à la population l'illusion d'un retour à la normale, la réouverture du Louvre étant ainsi célébrée à son de trompe par la propagande. De fastueuses réceptions, enfin, placent la collaboration sous le signe de la mondanité, tel le vernissage des œuvres d'Arno Breker qui attire, en mai 1942, le Tout-Paris.

Le bilan modeste de ces concessions reflète la duplicité allemande. Car si l'ambassade joue par idéologie la carte d'une collaboration que soutiennent — stratégie méditerranéenne oblige — les militaires, Hitler n'entend pas abandonner son programme. Que pèse dès lors le prétendu respect de la souveraineté vichyste quand les Allemands, au mépris de l'armistice, annexent l'Alsace-Lorraine et envahissent la zone libre ? Que valent les gestes de l'occupant quand on mesure l'étendue du pillage, l'ampleur du STO, le drame des prisonniers — sans parler de la politique raciale et de la répression ? Pour prendre les promesses de Hitler au sérieux, il fallait être stupidement cynique ou incurablement naïf. Pour le malheur du pays, Vichy cumula ces deux tares.

Les choix diplomatiques de Philippe Pétain

A la différence d'un Quisling, Philippe Pétain ne s'engage pas dans la collaboration pour des motifs idéologiques. De culture réactionnaire et catholique, il n'éprouve guère de sympathie pour la violence et le paganisme nazis. Et il conserve une solide germanophobie, fruit d'un héritage traditionnel ravivé par le souvenir de la Grande Guerre. Sa politique extérieure répond donc surtout à un pronostic stratégique. Persuadé que l'Allemagne a dès 1940 remporté la victoire et que la Grande-Bretagne déposera rapidement les armes, tablant sur la neutralité prolongée de l'URSS et des États-Unis, il veut construire une relation privilégiée entre le Reich et Vichy. Ce pari l'incite à déborder le cadre de l'armistice pour obtenir, dans les meilleurs délais, la signature d'un traité de paix. En poursuivant cette chimère, il vise à pérenniser son régime plutôt qu'à assurer le rang de la France dans le nouvel ordre européen.

Né du désastre militaire, l'État français — et la Révolution nationale qu'il prétend imposer — reste en effet bien fragile. Subordonnée au bon vouloir du protecteur nazi, son existence est plus généralement menacée par une guerre qui, en grignotant son Empire et en portant la guerre sur le sol français, prouverait l'incapacité de Vichy à protéger la population — une mission sur laquelle se joue sa légitimité. Sortir le pays du conflit constituant une condition *sine qua non* pour consolider l'œuvre intérieure, Pétain défend donc une ligne neutraliste. Il s'efforce ainsi de rassurer l'ambassadeur américain Leahy et couvre des négociations avec Washington pour que les États-Unis ravitaillent l'Afrique du Nord (accords Murphy-Weygand du 26 février 1941). Il conserve des relations diplomatiques avec la patrie des Soviets et préserve des rapports cordiaux avec le général Franco, quoique la rencontre de Montpellier (février 1941) n'ait guère donné de résultats. En revanche, pour soulager la misère des civils et conserver leur soutien, il s'efforce d'obtenir quelques concessions matérielles, ce qui l'oblige à rechercher les voies d'une entente avec le Reich. Dès les origines, politique intérieure et politique extérieure sont donc associées, la réussite diplomatique conditionnant la survie du régime. Dans cette optique, la collaboration constitue un moyen, et non une fin, une conception que les Allemands peuvent dans une certaine mesure partager.

Adolf Hitler et Philippe Pétain ont en effet des intérêts communs. Si la passivité de la population sert Vichy en lui évitant d'être contesté, son apathie avantage aussi la Wehrmacht qui peut, sûre de ses arrières, se concentrer sur ses fronts. L'action des Alliés ne peut en revanche que déstabiliser l'État français. Les attaques contre l'Empire menacent son intégrité. Et la stratégie anglo-gaulliste, parce qu'elle cherche à réinsérer la France et les Français dans la guerre, se situe aux antipodes des prédicats pétainistes. Cette inégalité dans la balance des risques conduit Philippe Pétain, malgré un discours lénifiant, à pratiquer une « neutralité dissymétrique » (Robert Frank[1]). Certes, il se montre parfois ferme à l'égard du Reich, lui refusant l'utilisation des bases aériennes au Maroc et le contrôle militaire de Dakar. Mais Pétain aide le Reich à de multiples reprises. Outre le concours, même symbolique, qu'il apporte à la croisade contre le bolchevisme, il offre à Hitler la possibilité d'utiliser des installations militaires en Syrie (1941) et fournit toutes les facilités à l'Afrika Korps du maréchal Rommel. A l'inverse, il ne facilite jamais l'effort de guerre allié. Exigeant que les troupes loyalistes ripostent en Syrie (1941) comme

---

1. Robert Frank, « Pétain, Laval, Darlan », in Jean-Pierre Azéma et François Bédarida, *op. cit.*

en Afrique du Nord (1942), il préfère ordonner le sabordage de la flotte plutôt que de la voir rejoindre les ports de la liberté. Certes, la co-belligérance ouverte avec le Reich est constamment rejetée, à Montoire par exemple ; mais le plateau de la balance penche toujours du même côté, ce qui ne saurait surprendre : le Maréchal sait que, à la différence des Allemands, les Alliés n'entendent pas pérenniser son régime.

Loin d'obéir à la valse fluctuante des conjonctures, les choix opérés par Philippe Pétain frappent par leur cohérence. Instrumentalisant la défaite pour imposer son ordre politique, n'intégrant pas la dimension planétaire du conflit, Pétain lie son destin — et le sort de son État — à la fortune du Reich.

Les atouts de Vichy

Pour gagner l'Allemagne à la collaboration, l'État français dispose de deux atouts qu'il envisage d'apporter en dot à l'Europe nouvelle. S'étendant en 1939 sur plus de 12 millions de km² et rassemblant quelque 70 millions d'habitants, l'Empire revêt d'abord un intérêt économique. Si les richesses minières restent limitées, phosphates exceptés, les fruits de l'agriculture ne sont pas négligeables, qu'il s'agisse des produits coloniaux (café, cacao, arachide...) ou des matières premières destinées à l'industrie, le caoutchouc indochinois au premier chef. Tenant l'Empire pour un Eldorado, quelques dirigeants vichystes rêvent alors d'intégrer l'Empire à un « bloc eurafricain » dominé par le Reich. Les colonies françaises offriraient main-d'œuvre et matières premières à une Allemagne qui trouverait, la paix venue, les débouchés nécessaires à sa puissante industrie. Vision séduisante, estiment ces stratèges en chambre, puisque la complémentarité des espaces élargirait — sans les ruiner — les cadres d'une économie autarcique à laquelle les dirigeants nazis restent, on le sait, profondément attachés.

Mais par-delà ces perspectives grandioses, les colonies françaises présentent surtout un intérêt stratégique. Grâce au Maghreb, la France contrôle en partie la Méditerranée, une artère vitale pour la Grande-Bretagne. Situées sur la façade atlantique, Afrique Équatoriale et Occidentale françaises permettent de surveiller les mouvements de la Royal Navy et interdisent aux Anglo-Saxons l'accès au continent africain. Enfin, l'Indochine, le cas échéant, offrirait une base utile pour le théâtre extrême-oriental. Que l'on se situe sur le court ou le long terme, les colonies constituent donc bien un atout économique et stratégique de première importance[1]. Encore faut-il, pour jouer cette carte, disposer d'un jeu complet.

Afin de parer au démantèlement de son Empire — une hypothèque qui grèverait la collaboration — Vichy repousse énergiquement toutes les attaques alliées. Lorsque l'escadre de l'amiral Cunningham se présente devant Dakar pour rallier le Sénégal aux Forces Françaises Libres, le haut-commissaire Boisson ordonne d'ouvrir le feu (23-25 septembre 1940). Le gouverneur général Têtu risque une bataille navale entre gaullistes et loyalistes pour maintenir le Gabon dans le giron vichyste (9 novembre 1940). Plutôt que de céder la Syrie aux Alliés, le général Dentz livrera une bataille fratricide (juin-juillet 1941).

A l'automne 1940, Vichy envisage même la reconquête des territoires passés à la dissidence gaulliste. Afin d'obtenir les moyens militaires nécessaires s'ouvrent des pourparlers auxquels participent le général Walter Warlimont et Pierre Laval. Le 10 décembre 1940, ce dernier propose froidement l'occupation de Bathurst (Gambie) et le bombardement de Freetown (Sierra Leone), deux villes placées sous le contrôle britannique. La destitution de l'Auvergnat, le 13 décembre 1940, interrompt ces liaisons dangereuses qui auraient pu conduire à affronter militairement la Grande-Bretagne. En acceptant ce risque, l'État français révèle, certes, l'importance qu'il attache à la sauvegarde de son Empire, mais il confirme surtout les faux-semblants de sa neutralité. Car, si les entreprises anglo-saxonnes sont toujours fermement repoussées, l'Axe bénéficie d'une évidente indulgence. L'amiral Decoux, après quelques combats, laisse ainsi les Japonais s'installer en Indochine moyennant la reconnaissance, platonique, de la souveraineté française[2].

Outre l'Empire, Vichy dispose d'un second atout, sa

---

1. Jacques Marseille, « L'Empire », in Jean-Pierre Azéma et François Bédarida, *op. cit.*
2. Jean-Baptiste Duroselle, *op. cit.*

marine. Profondément modernisée durant les années trente par l'amiral Darlan, la Royale présente, il est vrai, un bilan flatteur. Entre 1922 et 1939 ont été construites quelque 700 000 tonnes et la France reste, à la veille du conflit, la deuxième puissance navale européenne. Car si la Grande-Bretagne maintient une hégémonie conforme à son histoire, l'Italie et l'Allemagne, malgré leurs efforts, ne surclassent pas la puissance française. Forte de cuirassés modernes et bien armés — le *Richelieu*, achevé en 1940, illustre cette réussite —, fière de ses croiseurs et de ses contre-torpilleurs rapides, la flotte constitue un outil militaire que la défaite laisse intact. Les conventions d'armistice, on l'a vu, épargnent une flotte que le Reich « n'a pas l'intention d'utiliser, pendant la guerre, à ses propres fins ». N'étant en rien responsable de la débâcle, la marine conserve par ailleurs un prestige inentamé. Même désarmée et démobilisée, la flotte reste donc un atout susceptible d'intéresser l'Allemagne. Pour éviter la dégradation du rapport de force naval, le Reich doit empêcher le départ de la flotte pour la Grande-Bretagne. Une stratégie plus offensive peut également l'inciter à regarder d'un œil favorable le concours que la marine française pourrait lui prêter, en Méditerranée notamment [1].

Dans le cadre de la collaboration, la flotte comme les colonies offrent donc à l'État français des arguments de poids. Mais ces atouts restent fragiles. Pour maintenir l'intégrité de son Empire, Vichy doit en effet conserver une ligne neutraliste, une rupture avérée avec la Grande-Bretagne pouvant conduire Londres à saisir quelques gages coloniaux. Dès lors, « le véritable problème de l'Empire réside moins dans son concours que dans sa défense » (Marc Michel). De même, proposer à l'Allemagne le concours de la flotte risque de conduire l'Amirauté britannique à des solutions extrêmes, une éventualité à laquelle l'épisode de Mers el-Kébir confère un inquiétant crédit. Au fil du temps, ces contraintes incitent les dirigeants vichystes à préserver

1. Hervé Coutau-Bégarie et Claude Huan, *Darlan*, Fayard, 1989.

frileusement leurs atouts plutôt que de les jeter sur la table des négociations.

D'autant que les propositions françaises ne suscitent guère l'enthousiasme des dirigeants nazis. A la différence de Guillaume II, Hitler se désintéresse des colonies et ne réclame pas même les possessions perdues en 1918, le Cameroun par exemple. Dans cette mesure, les grandioses perspectives eurafricaines le laissent froid. De plus, la priorité accordée à la lutte contre l'URSS relègue les questions africaines au second plan de ses préoccupations stratégiques. Ajoutons qu'en confiant la garde de la Méditerranée au régime vichyste, le Führer heurterait frontalement les ambitions italiennes, un risque sans doute inutile. Dans ce contexte, le concours potentiel de la flotte revêt un intérêt mineur. Dotés d'un faible rayon d'action, mal armés pour la guerre sous-marine, les bâtiments français, plutôt destinés à la Méditerranée, ne peuvent prétendre à une hégémonie sur l'Atlantique à laquelle Hitler finit par renoncer. La destruction du *Bismarck*, le 27 mai 1941, l'oblige en effet à baisser pavillon et l'amène à se concentrer sur la guerre sous-marine, une stratégie éprouvée et moins onéreuse. Constatons au demeurant que si les dirigeants allemands exigent bases aériennes et maritimes, ils ne s'intéressent guère à une flotte qu'ils renoncent à utiliser. De fait, sa neutralisation leur suffit et le sabordage du 26 novembre 1942 comblera leurs espérances, en écartant le spectre du passage au camp allié.

Pour collaborer avec le Reich, Vichy disposait de quelques cartes. Mais l'indifférence manifeste du Führer comme les contraintes qui pesaient sur la flotte et l'Empire n'en firent jamais des atouts maîtres.

Weygand, Laval, Darlan : trois hommes, une politique ?

Pour paraphraser Clemenceau, Vichy, au contraire de la Révolution française, ne serait pas « un bloc ». En menant des politiques différentes, Weygand, Laval et Darlan confirmeraient l'existence de tendances variées, voire antagonistes, au « royaume de Bourges ». Les ferments d'hétérogénéité l'emporteraient ainsi sur les facteurs de cohésion, invitant à nuancer les jugements tranchés parfois portés contre le régime vichyste.

Des divergences opposent assurément les dirigeants vichystes [1]. Militaire foncièrement réactionnaire, le général Weygand, proconsul en Afrique du Nord, est favorable à la simple application des conventions d'armistice et plaide pour une stratégie attentiste permettant à la France, ses forces refaites, de reprendre la lutte le jour venu. « Évidemment, j'espère la victoire de l'Angleterre », confie-t-il par exemple à Robert Murphy — un diplomate américain — en 1941. Mais, persuadé que le rapport de force dessert les Alliés, il se garde d'appeler à une dissidence qu'il juge vouée à l'échec, sans pour autant plaider pour un engagement résolu aux côtés de l'Allemagne. A l'inverse, Darlan réclame une franche entente entre Berlin et Vichy. Misant sur une guerre longue dont la Grande-Bretagne ne se remettra pas, il estime que, dans un monde dominé à terme par l'Allemagne et les États-Unis, l'intérêt national commande de s'entendre avec le Reich plutôt qu'avec les Américains. Tout en s'effor-

---

1. Excellente mise au point de Robert Frank, « Pétain, Laval, Darlan », in Jean-Pierre Azéma et François Bédarida, *op. cit.*

çant de maintenir la neutralité du pays pour préserver l'Empire et la flotte, il s'engage tête baissée dans une collaboration forcenée avec le Reich pour ménager une ultérieure mais fructueuse entente entre les deux pays. Son rival, Pierre Laval[1], ne partage pas cette approche. Tablant sur la victoire allemande, persuadé que Hitler, suivant les conseils avisés d'Abetz, souhaite la collaboration, il multiplie les concessions gratuites pour séduire ses interlocuteurs. Il espère garantir à la France, par son loyalisme sincère, une place enviable dans le nouvel ordre européen. Cette conception le conduira, on le sait, à soutenir toujours davantage la politique nazie. Face à cette fuite en avant, Pétain[2] observe une relative retenue. Obnubilé par la Révolution nationale qu'il considère comme sa grande œuvre, il évite de s'aligner ouvertement sur le Reich, tout s'efforçant d'obtenir, par quelques concessions allemandes qu'il est prêt à monnayer, un adoucissement aux rigueurs de l'occupation. Privilégiant la survie de son régime sur la grande diplomatie à laquelle Laval rêve d'attacher son nom, il suit donc une ligne prudente, parfois marquée par quelques rébellions (le renvoi de Laval en décembre 1940 ou la grève de ses fonctions en novembre 1943). Mais prudence n'est pas témérité et le Maréchal n'osera jamais rompre avec le Reich, pas plus qu'il ne soutiendra, fût-ce discrètement, l'effort de guerre allié.

La collaboration s'inspire ainsi de logiques plurielles. Mais cette diversité ne saurait être surestimée, les dirigeants vichystes partageant les mêmes options. Tous ont en effet milité en faveur de la signature de l'armistice, se distinguant, Weygand en tête, par des manœuvres douteuses. Tous défendent l'œuvre intérieure vichyste, en estimant que le redressement national doit nécessairement précéder l'éventuelle revanche contre l'ennemi héréditaire. Hormis l'ancien second de Foch, tous anticipent, voire espèrent, la victoire de l'Allemagne, ce qui les pousse à négocier la paix avec le Reich. Tous, enfin, abhorrent la dissidence gaulliste qu'ils

1. Fred Kupferman, *Laval*, Balland, 1987.
2. Marc Ferro, *Pétain*, Fayard, 1987.

s'efforcent de réduire *manu militari*, en métropole comme dans l'Empire. Certes, ces hommes n'éprouvent aucune sympathie pour l'Allemagne — encore moins pour le nazisme. Mais la défense du régime auquel ils restent, Darlan inclus, indéfectiblement attachés impose l'entente avec Berlin. Sombre calcul. Car par-delà les solidarités idéologiques et stratégiques qui unissent ces grands hommes, leur point commun est d'avoir, sur un pronostic erroné et pour des motifs de basse politique, engagé la France sur de périlleuses traverses.

De Montoire à Saint-Florentin

Empruntant un tapis rouge qu'agrémentaient quelques plantes vertes, le maréchal Pétain, en serrant à Montoire la main du Führer, donnait le coup d'envoi d'une collaboration désormais traitée au plus haut niveau (24 octobre 1940). Immortalisant ce geste symbolique, la célèbre photographie, dûment exploitée par la propagande, entrait dans la légende. Aux yeux des pétainistes, elle illustrait la roublardise d'un Pétain roulant le dictateur allemand dans la farine. Les résistants la considéraient plutôt comme une preuve de félonie.

On ne saurait certes suivre les thuriféraires vichystes qui présentent Montoire comme un « Verdun diplomatique » pour reprendre le titre de l'ouvrage écrit en 1948 par Louis-Dominique Girard[1]. Précédée par un entretien entre Laval et le Führer (22 octobre), cette entrevue ne résulte pas d'une exigence allemande mais répond à une requête formulée par Pétain. Le chef de l'État souhaite en effet s'enquérir des conditions posées pour conclure la paix. Gage de loyauté, il propose même de reconquérir les colonies gaullistes et accepte de combattre la Grande-Bretagne tout en excluant, il est vrai, une déclaration de guerre officielle contre l'ancien allié. Hitler, pourtant, élude cette offre. Préparant la guerre contre l'URSS, il ne cherche qu'à neutraliser l'Afrique du Nord pour éviter un débarquement anglais au Maroc — un risque que lèvent les bonnes dispositions du Maréchal. Pour impressionner les Anglo-Saxons, il entend également montrer la toute-puissance du Reich en obligeant la France à

1. Louis-Dominique Girard, *Montoire, Verdun diplomatique*, André Bonne, 1948.

passer sous ses fourches caudines. En annonçant qu'il
« entre dans la voie de la collaboration » (30 octobre 1940),
Pétain comble cette espérance. Mais Vichy attendait plus
que de bonnes paroles. Les actes pourtant tardèrent. En
s'abritant derrière de consolantes mais bien vagues promesses, Hitler devait décevoir l'attente des dirigeants
vichystes[1].

Cet échec patent pousse Darlan à élargir les horizons de
la collaboration. Tenant la victoire du Reich pour acquise
— une hypothèse que les succès allemands en Libye, en
Yougoslavie puis en Grèce accréditent —, il veut, sans jouer
au plus fin, procéder à une négociation globale et s'engager
franchement aux côtés de l'Allemagne, moyennant de
solides contreparties. Son entretien avec Hitler à Berchtes-
gaden, le 11 mai 1941, semble répondre à ses vœux, d'autant
que le destin le sert. Le 3 avril 1941, en effet, un nationaliste,
Rachid Ali, tente une révolution de palais en Irak. Pour
aider cette rébellion hostile aux intérêts britanniques,
l'Allemagne demande à Vichy l'autorisation d'utiliser les
bases aériennes situées en Syrie — ce que Darlan autorise
aussitôt. Poussant l'avantage, l'amiral élargit les pourparlers
qui débouchent sur les « Protocoles de Paris » (27-28 mai).
Par ces trois accords, Vichy accepte de céder des armes aux
insurgés irakiens, accorde à la Luftwaffe l'accès aux aérodromes syriens et autorise Berlin à acheminer des renforts
pour l'Afrika Korps *via* Bizerte. La Kriegsmarine, enfin,
pourra relâcher à Dakar. En échange, le Reich réduit les
frais d'occupation, libère près de 100 000 prisonniers et
autorise le réarmement de quelques bâtiments[2]. Au regard
des risques, ces concessions paraissent bien modestes. Car
la Grande-Bretagne peut assimiler ces facilités militaires à
un *casus belli*. Un risque réel, puisque ces négociations incitent les Anglais à ne plus ménager Vichy et à conquérir
manu militari la Syrie (juin-juillet 1941) — une conséquence prévisible des fines manœuvres de Darlan.

1. François Delpla, *Montoire*, Albin Michel, 1996.
2. Hervé Coutau-Bégarie et Claude Huan, *Darlan, op. cit.*

Mesurant tardivement la hauteur des enjeux, les dirigeants vichystes exigent, pour appliquer les Protocoles, que la souveraineté de Vichy s'étende sur tout le territoire français. Une condition évidemment inacceptable. Darlan voulait-il ainsi reculer, comme l'affirment H. Coutau-Bégarie et C. Huan ? Ou souhaitait-il élargir le cadre des discussions, comme le suggère R. Paxton [1] ? Au fond, peu importe. En 1941, Vichy, échaudé, ne veut plus mener de grandes négociations sans obtenir de réelles concessions. Or, le Reich n'entend rien céder. Et si Pétain, à Saint-Florentin (1er décembre 1941), renouvelle les offres vichystes, Goering lui oppose une fin de non-recevoir, refusant même de lire le mémorandum préparé par la partie française. Scandée par trois rencontres au sommet, la grande politique débouche sur des compensations dérisoires. La hauteur des espérances vichystes s'oppose, ici encore, à la médiocrité des résultats obtenus.

---

1. Robert Paxton, *op. cit.*

Les collaborationnistes

« Qu'on le veuille ou non, nous aurons cohabité ensem
ble ; les Français de quelque réflexion durant ces année
auront plus ou moins couché avec l'Allemagne, non san
querelles, et le souvenir leur en restera doux », confessa
Brasillach en 1944. Pour certains, il s'agissait bien de pas
sion. Car si les « collaborateurs » menaient dans le cadr
froid d'une politique conduite d'État à État une coopératio
avec le Reich, les « collaborationnistes », tenant des discour
enflammés, s'engageaient dans des formations partisanes
Aux uns les territoires de l'action, aux autres la fougue d
verbe, encore que d'autres réalités invitent à distingue
Vichy des « collabos ».

Les uns et les autres entretiennent cependant des rapport
différents avec le vainqueur. Les vichystes n'éprouven
guère de sympathie pour le régime nazi et quémandent sur
tout une collaboration. Les collaborationnistes de Paris, e
revanche, réclament une alliance placée sous le signe de l
croix gammée, d'autant qu'ils adhèrent pleinement au
valeurs hitlériennes. Souhaitant construire une nouvell
Europe, ils se distinguent des pétainistes qui, dans le sillag
maurrassien, prétendent défendre « la France seule ». Pro
clament leur fougue révolutionnaire, ces partisans d'un
révolution antibourgeoise dénoncent enfin les pudeurs d
l'État français, son respect des notables, son cléricalisme
Par leur discours comme par leurs actes, ils exercent don
une censure vigilante sur la politique vichyste. S'ils ména
gent, dans les formes, le « vieux con » (Pétain), ils critiquen

ses ministres bien que d'éphémères alliances se nouent parfois, entre Laval et Déat par exemple [1].

Vichy, à l'évidence, déplore cette fronde. Non que les collabos alignent des effectifs spectaculaires : 150 000 militants en 1942, 250 000 en 1944. Réactionnaires et cléricaux, les pétainistes ne partagent pas, on le sait, les options fascistes que professent ces exaltés. Mais en divisant l'opinion publique, en contestant l'autorité du régime, ils sapent les fondements d'un État qui se prétend autoritaire et affirme réaliser l'unité nationale. Les Allemands, Abetz en tête, jouent de cette rivalité. Arrosant journaux et partis de copieux subsides, ils agitent l'« épouvantail parisien » (J.-P. Azéma) pour montrer qu'une équipe, prête à la relève, peut supplanter la vieille garde. Sans penser à confier le pouvoir à des hommes au crédit limité (bien qu'un million de personnes soient proches de cette mouvance), ils utilisent ces exaltés à titre dissuasif, pour faire pression sur Vichy.

Ne surestimons pourtant pas cette hostilité réciproque. Les fascistes savent que le pouvoir passe par le Maréchal, ce qui les incite à ménager le vieil homme. Et les pétainistes évitent de condamner publiquement de possibles alliés. Car les désaccords portent moins sur des valeurs, largement communes, que sur leur application. En somme, les chefs parisiens, pour Vichy, sont plutôt des rivaux que des opposants, et la fusion des deux cercles, en 1943-1944, confirmera les solidarités implicites qui les liaient.

On pourra, en entomologiste, nuancer ces constats, en soulignant la diversité des collaborationnistes. La gauche fournit quelques recrues. Membre du bureau politique, le communiste Marcel Gitton, échaudé par le pacte germano-soviétique, bascule dans la collaboration dès 1940. Quelques syndicalistes, dont Georges Dumoulin, ci-devant cégétiste, célèbrent l'œuvre sociale des nazis. Mais les plus fortes cohortes proviennent de l'ultra-droite. Familière de l'antisémitisme, éprise d'ordre et de violence, elle trouve dans le nazisme un exutoire à ses fascinations morbides. L'écrivain

---

1. Philippe Burrin, *op. cit.*

Drieu la Rochelle « aime trop la force [...] et [a] trop désespérément souhaité sa renaissance pour ne pas la saluer là où elle est [1] ». Passé au fascisme dans les années trente, Doriot espère, grâce aux Allemands, accéder au pouvoir. Député conservateur catholique avant la débâcle, un Henriot, après le 22 juin 1941, rallie les nazis par anticommunisme. Mais, par-delà ce pluralisme, les solidarités l'emportent. Tous les collabos tablent sur la victoire du Reich. Tous recourent à des moyens identiques — partis, presse, radio pour les mieux en cour. De gauche comme de droite enfin, les ultras finissent par user de méthodes policières, devenant délateurs puis bourreaux, avant de défendre, sous l'uniforme allemand, les décombres de l'Allemagne nazie. Une conception pour le moins dévoyée de l'intérêt national.

1. Pascal Ory, *Les Collaborateurs*, Le Seuil, 1977.

Novembre 1942 : une donne complexe

« La situation politique que nous allions trouver en Afrique du Nord n'était pas un élément à négliger. Il s'agissait d'un problème extrêmement compliqué », rappelle avec pudeur Eisenhower dans ses souvenirs. Pour le moins. Car le débarquement allié en Afrique du Nord (opération Torch, 8 novembre 1942) instaure une donne complexe. Certes, les objectifs poursuivis par les Anglo-Saxons sont d'une désarmante simplicité. Souhaitant contrôler l'Afrique et la Méditerranée, ils veulent également, pour satisfaire Staline, ouvrir un second front. La conquête du Maghreb répond à cette double exigence, d'autant qu'il constitue une proie relativement facile. Les Américains tablent en effet sur l'appui de comploteurs algérois et le concours du général Giraud — fraîchement évadé — pour rallier les troupes vichystes. Ce scénario se heurte pourtant à des obstacles imprévus. Vichy ne peut évidemment accepter la perte de ses colonies, d'autant que cette dépossession risque d'amener l'invasion de la zone libre : le Reich n'aurait pas toléré la présence de forces hostiles à quelque deux mille kilomètres des côtes françaises. Conjoncture hautement défavorable, bien que l'État français dispose, grâce à Darlan, d'une modeste marge de manœuvre.

Appelé au chevet de son fils gravement malade, l'amiral se trouve en effet à Alger au moment où les Anglo-Saxons débarquent. Ordonnant d'abord d'ouvrir le feu contre l'ennemi, il accepte dès le 11 novembre un cessez-le-feu avant de traiter, le 13, avec les Américains qui le reconnaissent, malgré son passé vichyste, comme leur interlocuteur en Afrique du Nord (Darlan Deal). Se prévalant de l'« accord intime » du Maréchal, il facilite ainsi le ralliement de l'Empire aux Alliés. Mais ce brutal revirement prouve-t-il une duplicité vichyste, Pétain aidant en sous-main les Alliés ? Ou révèle-t-il l'impuissance d'un État sommé de se plier à un rapport de force qu'il peine à infléchir ? Autant le souligner d'emblée, les faits plaident pour cette seconde option.

S'il renonce à préserver le Maghreb, Darlan persiste à sauvegarder l'État français. Maintenant sa législation dans ses aspects les plus odieux, il s'entoure, dans un éphémère Conseil impérial, de la vieille garde pétainiste (Noguès, Bergeret, Chatel...) — même s'il coopte Giraud, gage offert aux Américains autant que signal adressé aux patriotes conservateurs. L'abandon opportuniste de la carte allemande ne débouche donc pas sur le sacrifice des valeurs vichystes, pas plus qu'il ne prélude à un éventuel accord avec de Gaulle. Vichy espère d'ailleurs convaincre le Reich de sa bonne foi. Dépêché à Munich le 10 novembre, Laval s'efforce de négocier avec Hitler. Contre le maintien de la souveraineté française sur l'Empire et la zone libre, il se déclare prêt à « défendre vigoureusement » la neutralité vichyste[1] — en clair à affronter militairement les Alliés. Certes, Laval ne propose pas au Reich une co-belligérance — que le Führer, au demeurant, ne réclame pas. Mais, en rompant les relations diplomatiques avec les États-Unis, en offrant à l'Allemagne toutes les facilités militaires pour conserver la Tunisie, il dévoile clairement le camp vers lequel il incline.

L'opération Torch révèle ainsi le caractère illusoire de la neutralité pétainiste. L'État français n'a offert aucune aide aux Alliés — ce qui sape la thèse du double jeu —, alors que les Allemands ont bénéficié de solides concours. Le maintien de la souveraineté vichyste passe, il est vrai, par Berlin. Mais, en ordonnant d'envahir la zone libre, Hitler

1. Robert Paxton, « L'État français vassalisé », in Jean-Pierre Azéma et François Bédarida, *op. cit.* Consulter également Jean-Baptiste Duroselle, *op. cit.*

confirme son désintérêt pour la collaboration et pointe l'impuissance de l'État français, deux réalités qui nient les dirigeants français.

Condamnant Vichy, ces épisodes ne grandissent pas pour autant les Alliés. Négociant avec Darlan pour obtenir au moindre coût le ralliement de l'Empire et assurer la sécurité de leurs arrières, les Américains oublient délibérément les impératifs moraux et politiques. Certes, l'assassinat de Darlan, le 24 décembre 1942, clarifie la situation en ouvrant la voie du pouvoir au général Giraud. Cela n'apaise pas, pour autant, le trouble d'une opinion américaine choquée par le cynisme de la Maison-Blanche. La conquête de l'Afrique du Nord posait à Vichy un insurmontable problème. Mais par un juste retour des choses, les Américains, eux aussi, devaient affronter une situation difficile.

Giraud, de Gaulle : deux options concurrentes

« Occupez-vous de votre coq, je me charge du mien »,
lance Roosevelt à Churchill lors de la rencontre d'Anfa qui,
en janvier 1943, vise à réconcilier de Gaulle et Giraud. Les
deux hommes partagent, il est vrai, une animosité réciproque et leur orgueil ne contribue guère à aplanir les différends. Mais réduire leur affrontement à une banale querelle
de divas paraît pour le moins excessif. Car, par-delà les différences de style, Giraud et de Gaulle incarnent bien deux
voies possibles pour l'avenir du pays.

Jusqu'en novembre 1942, Vichy peut au fond se flatter
d'avoir su épargner aux Français les horreurs de la guerre
tout en ayant, grâce à la collaboration, astucieusement misé
sur le cheval gagnant. L'opinion publique partage en partie
cette satisfaction. Car, si elle rejette catégoriquement l'entente avec le Reich, elle n'entend pas renoncer à une posi-
tion attentiste, pendant à la neutralité vichyste. L'État
français bénéficie donc d'un consensus passif qui appuie ses
options diplomatiques.

Or, en 1942, les postulats de l'État français s'érodent. Ses
dirigeants tablaient sur la victoire allemande, mais les
défaites subies par la Wehrmacht devant El-Alamein et
Stalingrad sèment le doute, d'autant que les États-Unis sont
entrés dans la guerre (7 décembre 1941). Pétain prétendait
retirer la France du conflit. Les combats d'Afrique du Nord
obligent le pays à abdiquer sa neutralité et préludent à un
débarquement sur les côtes françaises. L'évolution du
conflit place donc le régime en porte-à-faux. En retour, elle
légitime deux autres options.

Jusqu'en 1942, la ligne que suit le général de Gaulle peut faire sourire les « réalistes ». Dénonçant un armistice pourtant plébiscité, prédisant une guerre mondiale que démentent l'isolationnisme américain et l'entente germano-soviétique, il développe un discours qui à bien des égards paraît irréaliste. Les faits, pourtant, lui donnent raison. De plus, les forces dont il dispose le consolident. Rassemblant sous la Croix de Lorraine une portion d'Empire — 3 millions de km², 6 millions d'habitants —, alignant une armée modeste (50 000 hommes en juillet 1943) mais valeureuse, il dispose surtout, avec l'arme radiophonique, d'un instrument qui lui permet de propager ses idées. Ses engagements démocratiques, rappelés dans un manifeste apporté de Londres par Christian Pineau (juin 1942), lui valent enfin le soutien de la Résistance intérieure. Cette légitimation par les faits pose dès lors Charles de Gaulle en recours. Constatant la faillite pétainiste, quelques personnalités de poids se rallient. Le 18 septembre 1942, Charles Vallin, un ancien dignitaire vichyste, renie publiquement à Londres ses premiers engagements. Et les États sortent de leur réserve. Au soutien parfois vacillant d'une Grande-Bretagne exaspérée par la raideur gaullienne s'ajoute en septembre 1941 l'appui des Soviétiques, désormais traités en ennemis par Vichy. La France combattante conquiert ainsi une légitimité — que les Américains marchandent âprement. Roosevelt considère de Gaulle comme un apprenti-dictateur, ce qui l'incite à soutenir Darlan puis à miser sur Giraud — même s'il tente, à Anfa, d'obtenir un compromis entre les deux généraux[1].

Giraud, certes, offre une seconde option[2]. Ne poursuivant qu'« un seul but, la victoire », ce soldat valeureux cherche surtout à lever une armée moderne — accessoirement à la commander. De fait, il ouvre une troisième voie entre vichysme et gaullisme. Répudiant toute collaboration, il conserve cependant l'idéologie et la législation pétainistes et refuse de former un gouvernement provisoire — une

---

1. Jean-Louis Crémieux-Brilhac, *La France libre*, Gallimard, 1996.
2. André Kaspi, « La comédie d'Alger », *L'Histoire* n° 88, avril 1986.

démarche politicienne qu'il exècre. Cette approche ne peut que séduire une droite réactionnaire fanatique de l'ordre mais hostile à une entente avec le Reich. Chassant sur les mêmes terres que Pétain, Giraud présente donc un danger pour l'État français qui assiste, impuissant, à de multiples défections. Après le sabordage de la flotte, cinq sous-marins gagnent l'Afrique du Nord pour reprendre le combat. Et nombre de notables abandonnent le navire, du général Bergeret à Pierre Pucheu, ancien ministre de l'Intérieur. Jusqu'en 1942, il est vrai, Pétain pouvait affirmer qu'il menait une politique réaliste. Les faits lui apportent un cinglant démenti. En légitimant deux options qui appellent les Français à reprendre la lutte, la marche du conflit place Vichy en mauvaise posture.

La perte des atouts

« Pour l'opinion commune, le vrai tournant, c'est celui du 11 novembre 1942. S'il avait été bien pris, la libération de la France aurait revêtu un autre aspect », remarque Henri du Moulin de Labarthète, ancien chef de cabinet du Maréchal, en 1946. De fait, le débarquement anglo-américain en Afrique du Nord fragilise l'État français en lui retirant ses atouts. Pour se faire entendre du Reich, il ne disposait, on l'a vu, que de trois cartes — l'Empire, la flotte et son maigre territoire. Mais, en le privant de ces moyens en moins de deux semaines, la marche du conflit précipite la satellisation d'un régime désarmé, dorénavant soumis à l'entière volonté du vainqueur.

Par son revirement opportuniste, François Darlan, on s'en souvient, avait soustrait Maroc et Algérie à l'emprise allemande et placé ces deux territoires sous la tutelle alliée. Mais, estimant que l'invasion de la zone libre viole les conventions d'armistice, le gouverneur général Boisson se rallie. Le 23 novembre 1942, il place l'Afrique Occidentale française sous l'autorité de l'amiral. Certes, Vichy conserve les Antilles et la Tunisie — défendue, il est vrai, par les troupes allemandes de Rommel et de von Arnim. Mais avec la défaite du cap Bon (13 mai 1943) et le passage de Madagascar, de la Réunion et de Djibouti à la dissidence gaulliste, les colonies d'obédience vichyste se réduisent comme une peau de chagrin [1].

La zone libre n'échappe pas à ce triste sort. Passant outre

1. Jean-Baptiste Duroselle, *op. cit.*

les objections de Pierre Laval venu en personne plaider sa cause, Adolf Hitler déclenche le 11 novembre 1942 l'opération Anton. Faut-il le préciser ? Les troupes françaises ne résistent pas, à la rare exception d'un de Lattre qui, à la tête de la 17e division d'infanterie, tente un baroud d'honneur dans la région de Montpellier. Cet acte courageux lui vaudra une condamnation à dix ans de prison... Ébranlé par la perte de l'Afrique du Nord, le Führer, déchirant les conventions d'armistice, préférait il est vrai assurer sa mainmise sur tout le territoire français pour préparer à sa guise la défense de la forteresse Europe désormais menacée d'un possible débarquement allié.

Le contrôle de la flotte française conforte cette stratégie. Certes, la Royale, dans un premier temps, semble échapper à la vindicte du Führer, l'armée allemande se contentant d'encercler Toulon sans pénétrer dans le port. Le 26 novembre pourtant, Hitler déclenche l'opération Lila et les panzers se ruent sur la ville [1]. Ignorant l'ordre de Darlan qui, le 11 novembre 1942, avait enjoint aux bâtiments d'appareiller pour l'Afrique du Nord, la flotte, suivant les instructions de l'amiral de Laborde, se saborde le 27 novembre à 5 h 29 du matin. 232 263 tonnes disparaissent par le fond — un irrémédiable et stupide gâchis qui s'ajoute aux pertes subies en Afrique du Nord. Début novembre en effet, le *Jean-Bart*, deux croiseurs, trois torpilleurs, sans compter les unités de moindre tonnage, avaient été atteints par les salves de l'US Navy.

En moins de deux semaines, Vichy assiste donc, impuissant, à la ruine de ses atouts. Désormais, l'État français ne dispose plus d'argument monnayable, ce qui sape sa politique de collaboration. Les événements de novembre 1942, par ailleurs, confirment l'absence de double jeu. Décevant les attentes de l'opinion publique et de quelques dirigeants vichystes (l'amiral Auphan par exemple), Pétain refuse de quitter Vichy et n'ordonne pas à la flotte de rejoindre l'Afrique du Nord. Un éventuel exil aurait, il est vrai,

---

1. Henri Noguères, *Le Suicide de la flotte française à Toulon*, Robert Laffont, 1961.

contredit le gallocentrisme d'un Maréchal voulant, en restant aux côtés de ses concitoyens, protéger les Français. De plus, les Allemands auraient assimilé le départ de la Royale à un acte de guerre contredisant de surcroît la ligne neutralise prêchée par le régime. « Comme en juin 1940, on ne pouvait faire la guerre d'une main et bénéficier d'un armistice pour l'autre », précisera rétrospectivement l'amiral Auphan. Dans cette mesure, l'impuissance d'un État brutalement privé de ses forces ne résulte pas d'un funeste concours de circonstances. Elle découle prosaïquement des postulats qui depuis 1940 régissent la politique pétainiste. Elle confirme surtout l'aveuglement de chefs qui, au mépris des réalités, prétendaient neutraliser la France en ignorant la dimension planétaire du conflit.

Le tribut économique

« Si l'on veut qu'une vache donne du lait, il faut la nourrir. » En formulant cette mise en garde le 14 septembre 1940, Otto von Stülpnagel — le patron du MbF — invitait sa hiérarchie à modérer le pillage de l'économie française, une mise en coupe réglée pouvant se révéler contre-productive. Certes, des conceptions rivales divisaient les grands chefs et l'on pourra opposer à la dureté d'un Goering, partisan d'un pillage brutal, la démarche circonspecte d'un Ribbentrop privilégiant l'intégration de la France au grand espace européen. Mais ce débat, ouvert en 1940 et clos la même année par la victoire du Reichsmarshall — dont la brutalité rencontrait l'assentiment vengeur du Führer —, ne portait que sur les modalités de l'exploitation sans remettre en cause son principe. Sommée de soutenir l'effort de guerre allemand, la France ne pourrait compter sur la mansuétude des dirigeants nazis.

Certes, la clarté des objectifs que poursuit le vainqueur n'exclut pas quelques fluctuations dans une politique que scandent quatre phases[1]. Entre l'été 1940 et l'été 1941, les Allemands se contentent de piller systématiquement les ressources françaises, raflant les stocks disponibles ou démontant des machines prestement expédiées outre-Rhin, les installations de raffinage de la Seine-Inférieure par exemple.

Entre l'été 1941 et l'été 1942, des procédés plus rationnels succèdent à cet activisme brouillon. Les impératifs de la pré-

1. Alain Beltran, Robert Frank, Henry Rousso, *La Vie des entreprises sous l'Occupation*, Belin, 1994.

vision l'emportant désormais sur les logiques prédatrices, le Reich multiplie les commandes et encourage la collaboration entre les entreprises françaises et allemandes, une optique qui privilégie le long terme. A Laval, l'entreprise aéronautique Borel fabrique ainsi, à la demande de trois firmes allemandes, des pièces destinées au Dornier-24, un hydravion.

L'échec du Blitzkrieg en Russie et le passage à la guerre totale (février 1943) contraignent toutefois l'Allemagne à modifier sa politique. La guerre-éclair reposait en effet sur un pari[1]. En écrasant rapidement l'adversaire, le Reich se contentait de mobiliser partiellement son économie, épargnant à la population privations et travail intensif. L'échec devant Moscou (décembre 1941) comme les défaites subies en Russie (1942-1943) brisent cette espérance. Pour remporter la victoire, le régime doit désormais lever l'ensemble des effectifs disponibles et placer toute son économie au service de la guerre. La France, on le devine, paie les conséquences de cette épouvantable logique. Au fil du temps, les prélèvements de l'occupant s'accroissent. Et la main-d'œuvre française est désormais invitée à remplacer dans les usines les conscrits enrôlés dans la Wehrmacht. En mai 1942, Fritz Sauckel, « Commissaire général du Reich pour l'emploi de la main-d'œuvre », réclame ainsi 500 000 ouvriers puis exige, entre 1943 et 1944, 1,4 million de travailleurs français. Mais, en désorganisant les entreprises, ces diktats perturbent la production, ce qui finit paradoxalement par nuire à l'Allemagne.

Conscient de cette difficulté, le ministre de l'Armement et de la Production de guerre, Albert Speer, substitue une politique plus habile à ces réquisitions brutales. En maintenant la main-d'œuvre sur place mais en obligeant les entreprises à travailler comme sous-traitants pour le Reich, il évite aux actifs un départ redouté tout en allégeant la charge incombant aux transports, les chemins de fer se bornant à acheminer des produits finis. Ouvrant une quatrième et

---

1. Alan S. Milward, *The New Order and the French Economy*, Oxford, Clarendon Press, 1970.

ultime phase, les accords Speer-Bichelonne (16-17 septembre 1943) définissent donc un statut d'« entreprises protégées » (Sperr-Betrieben). Travaillant en moyenne à 80 % pour le Reich, ces établissements (14 000 environ) conservent leurs salariés et bénéficient, pour les matières premières, d'un approvisionnement privilégié. Dans le Nord-Pas-de-Calais, toutes les cimenteries et un tiers des firmes chimiques, métallurgiques et mécaniques relèvent de cette catégorie. Mais quelles que soient ces inflexions, la politique du Reich vise toujours à exploiter l'économie française, fermement conviée à soutenir l'effort de guerre allemand.

Pour parvenir à leurs fins, les vainqueurs disposent de puissants moyens de pression. Frais d'occupation, clearing et cours forcé du mark leur offrent d'abondantes liquidités. Les Français financent ainsi, par une cruelle ironie, le pillage de leur économie. Outre cette manne financière, les Allemands recourent, pour se faire entendre des entreprises, à d'autres procédés. Le contrôle qu'ils exercent sur les productions de base leur donne un argument de poids. S'ils prélèvent à la source quelques produits stratégiques (fer, charbon...), ils gèrent surtout l'approvisionnement de l'industrie en matières premières — un efficace moyen de chantage dans un contexte que hantent les pénuries. De même, les commandes qu'ils passent amènent à placer l'industrie sous leur coupe. La désorganisation des courants commerciaux prive en effet les entreprises de leurs débouchés traditionnels et les Allemands constituent, bien souvent, les seuls acheteurs potentiels. Pour les entreprises métallurgiques de l'actuelle Seine-Saint-Denis, ces commandes représentent ainsi 50 % du chiffre d'affaires en 1943. De même, le paiement en « monnaie-matière » est parfois apprécié puisqu'il dote les établissements des approvisionnements nécessaires. Disposant de gros moyens financiers, l'occupant, enfin, se bat rarement sur les prix, ce qui peut assurer aux firmes des profits élevés. En francs constants, le chiffre d'affaires réalisé par l'entreprise Borel quadruple ainsi entre 1940 et 1944. Pour ces motifs complémentaires, le patronat a, en règle générale, rarement refusé de travailler pour l'Allemagne. Mais ces facteurs expliquent tout autant la faible résistance que Vichy oppose aux exigences de l'occupant.

En instaurant une économie dirigée, l'État français espérait maîtriser l'appareil productif du pays. Or, les responsables nazis contournent aisément les structures vichystes. Passées de gré à gré, les commandes allemandes échappent au contrôle de l'État. Et si l'allocation des matières premières relève *a priori* de l'Office central de la répartition des produits industriels (OCRPI), ce sont les administrations allemandes qui, en amont, fixent leur répartition en zone nord jusqu'en novembre 1942 et sur l'ensemble du territoire après l'opération Anton. Par ses ponctions sur les finances françaises, l'occupant rogne enfin l'indépendance du pouvoir vichyste en le privant de toute autonomie monétaire. Si Vichy avait souhaité résister, il n'aurait, dans ce contexte, disposé que de moyens dérisoires pour faire entendre sa voix. Mais en s'engageant dans la collaboration, le régime a largement favorisé le pillage de l'économie française.

Car le bilan se révèle au total accablant. Échouant à protéger sa main-d'œuvre, Vichy — *via* le STO — a livré quelque 650 000 travailleurs entre juin 1942 et l'été 1944. En intégrant les 900 000 prisonniers de guerre « transformés » — donc mis au travail — et les 2 millions de salariés qui, en France, œuvrent pour le Reich, la moitié de la population active soutient, début 1944, l'effort de guerre nazi. De même, les versements effectués par l'État français représentent une part croissante dans le PNB allemand (8 % en 1943 contre 4,6 % en 1941). Un constat identique s'applique au commerce extérieur. Pour les sept premiers mois de l'année 1944, la France fournit 18,3 % des importations allemandes contre 3,7 % en 1938. Ces statistiques l'attestent, Vichy n'a en rien limité le pillage allemand et, pour soutenir le Reich, la France a largement été mise à contribution. La complexité de l'appareil administratif allemand a, il est vrai, facilité la tâche des occupants. « Sa diversité même lui [a permis] de formuler différents types de demandes, de multiplier les modes d'approche des entrepreneurs français, de s'adapter à leurs particularismes et enfin de déjouer parfois leurs tentatives de réaction ainsi que celles de l'administration française », notent Y. Le Maner et H. Rousso [1]. Mais en déférant sans résistance aux injonctions allemandes, en espérant, par quelques concessions, adoucir le sort des Français, le régime vichyste a indiscutablement favorisé l'emprise allemande sur l'économie française. A la Libération, le délabrement matériel du pays, l'obsolescence des installations et l'épuisement de la main-d'œuvre illustrent avec éclat le brillant succès de cette politique.

---

1. Alain Beltran, Robert Frank, Henry Rousso, *op. cit.*

La collaboration économique

« Notre programme de production était pour nos deux pays une source d'avantages : à moi il permettait d'augmenter notre capacité de production d'armements ; quant aux Français, ils surent apprécier la chance qui leur était offerte de pouvoir, en pleine période de guerre, faire redémarrer la production et obtenir les mêmes résultats qu'en temps de paix », explique sans rire Albert Speer. Certes, Vichy poursuit des objectifs parfois contradictoires. Dans une logique défensive, il tente de sauvegarder son patrimoine et de protéger une population touchée par le chômage — les demandeurs d'emploi dépassent en octobre 1940 le million. Mais en souscrivant à une stratégie offensive, il espère également prouver sa loyauté et être traité en partenaire et non plus en vaincu. Autant d'arguments qui militent pour placer les relations économiques franco-allemandes sous le signe de la « chance » si cyniquement évoquée par Speer.

De fait, l'État français, dès 1940, multiplie sans barguigner les gestes d'allégeance. En août, les Français proposent spontanément, à Wiesbaden, de centraliser les commandes allemandes et de les répartir entre les industriels français. De même, le général Huntziger se déclare prêt, le même mois, à livrer au Reich du matériel aéronautique. Et en octobre, Pierre Laval cède, sans compensation, les mines de Bor qui, situées en Yougoslavie, n'en restent pas moins sous le contrôle français. Ces abandons répétés butent pourtant sur la volonté de préserver la souveraineté française. Prêt à céder à l'occupant les productions qu'il réclame, l'État français refuse toute mainmise allemande sur le patrimoine et souhaite conserver la haute main sur sa politique économique. Une stratégie qui répond en partie aux attentes du patronat [1].

Dans l'ensemble, en effet, le patronat honore les commandes allemandes dès qu'elles servent les intérêts de l'entreprise. L'État français s'efforce d'utiliser ces bonnes dispositions pour monnayer quelques concessions auprès de l'occupant. Il incite donc les industriels à produire pour le Reich mais exige de conserver la maîtrise des échanges. Il lutte parallèlement contre d'éventuelles prises de participation dans les entreprises. Au printemps 1941, le régime recommande ainsi de passer des marchés avec l'occupant pour éviter la réquisition des entreprises. Et il s'oppose à des rapaces nazis, luttant par exemple pour maintenir les Galeries Lafayette dans le giron français.

Ces efforts répondent parfois aux attentes de patrons que les scrupules patriotiques n'étouffent guère. Au nom de l'entreprise, ils sont prêts à travailler avec le diable et n'hésitent pas, lors des « déjeuners de la trahison », à festoyer au Ritz avec un occupant qui paie si bien. Mais ces patrons, jaloux de leur indépendance, récusent le droit de regard que l'État français prétend s'arroger. En traitant directement avec les Allemands, ils contournent, au vrai, le contrôle que Vichy prétend leur imposer. Certes, le patronat repousse parfois les offres de l'occupant. Si la firme de BTP Sainrapt et Brice travaille à 41 % pour le Reich, elle refuse parfois de gros contrats. Non par patriotisme, mais parce qu'elle juge indigne d'être considérée en sous-traitante — un crime évidemment inqualifiable ! Mais, en sapant le contrôle de Vichy, le patronat comme l'occupant l'empêchent de monnayer au juste prix les productions françaises.

Fidèle à sa pente, l'État français cède plutôt que de résister. Entre l'été 1940 et l'hiver 1942, il remet aux Allemands près de deux mille avions. Il en vient même, en digne pro-

---

1. Renaud de Rochebrune et Jean-Claude Hazéra, *Les Patrons sous l'Occupation*, Odile Jacob, 1995.

tecteur de la population civile, à livrer au Reich la main-
d'œuvre requise. Confiant, trop confiant, en ses talents,
Pierre Laval s'efforce, certes, de maquignonner. Le 22 juin
1942, il propose d'échanger un prisonnier contre trois travailleurs spécialisés. Mais au 1er septembre 1942, 17 000
volontaires seulement répondent à cet appel. Peu de salariés
sont prêts à s'exiler en Allemagne pour y travailler durement
— sous les bombes alliées de surcroît. Ce mol enthousiasme
condamne la Relève. Et Laval, après avoir promulgué une
« loi sur l'orientation et la mobilisation de la main-d'œuvre »
(4 septembre 1942), se résout à imposer le STO (16 février
1943). Plus de 650 000 salariés, livrés par Vichy, partiront
ainsi outre-Rhin.

« Donne-moi ta montre, je te donnerai l'heure. » Cette
plaisanterie résume au fond les résultats d'une collaboration
économique où Vichy a peu reçu tout en donnant
beaucoup.

Vichy/Auschwitz

« Il faut, de nouveau, proclamer avec vigueur que le problème juif *n'est pas un problème spécifiquement allemand* mais un problème qui se pose pour toutes les nations, et pour la France d'une façon urgente », affirme Louis Darquier, dit de Pellepoix, en août 1940. En menant une politique antisémite autonome, Vichy répond sans attendre à cette injonction. Dans un premier statut (3 octobre), il considère comme juive « toute personne issue de trois grands-parents de race juive ou de deux grands-parents de la même race, si son conjoint lui-même est juif ». Fondée sur un critère racial, cette définition exclut les juifs de nombreuses fonctions (le service de l'État, la presse, le cinéma notamment), l'accès aux professions libérale étant par ailleurs soumis à des quotas [1].

Manquant de clarté, cette loi est remplacée, le 2 juin 1941, par un nouveau statut qui aggrave le précédent. Outre qu'il allonge la liste des métiers interdits, il étend les dispositions restrictives à des catégories jusque-là épargnées. Les demi-juifs sont ainsi considérés comme juifs si leur conjoint est demi-juif. En créant le 29 mars 1941 un Commissariat général aux questions juives (CGQJ) qu'il confie à un antisémite convaincu, Xavier Vallat, l'État français se dote d'un instrument renforçant l'efficacité de sa politique raciale. L'administration française recense, fiche ou interne une population désormais marginalisée. Mais hormis le CGQJ — qu'a réclamé le Reich —, ces mesures, répétons-le, ne répondent

---

1. André Kaspi, *Les Juifs pendant l'Occupation*, Le Seuil, 1991.

pas à des pressions allemandes. Prônant un antijudaïsme d'État, l'État français, dans une logique xénophobe et antisémite, veut limiter l'influence des juifs et épurer la communauté française de ses éléments étrangers[1].

Dès le 4 octobre 1940, les préfets reçoivent ainsi le droit d'interner étrangers et apatrides, une mesure appliquée sans hésitation puisque, en mars 1941, 35 000 étrangers croupissent dans les camps de zone sud. Cette disposition introduit une démarcation explicite entre juifs étrangers, froidement sacrifiés, et « israélites » français prétendument protégés. Fondée sur l'exclusion, cette politique ne vise pas à l'extermination. Les logiques de la collaboration, pourtant, y conduisent.

La Solution finale postule en France le concours de la police nationale, les Allemands n'ayant pas les effectifs suffisants pour opérer les arrestations. Vichy, ici, ne marchande pas son soutien[2]. Laval espère ainsi prouver sa loyauté tout en sauvegardant la souveraineté vichyste — l'État français conservant le contrôle des opérations. En livrant les juifs étrangers, il reste fidèle à un ethnocentrisme visant à exclure les éléments apatrides. Cette logique criminelle conduit la police française à organiser la rafle du Vél'd'Hiv' des 16 et 17 juillet 1942. Elle incite Laval à proposer, le 4 juillet, la déportation des adolescents de moins de seize ans et des enfants — une exigence que les Allemands n'avaient pas formulée. Elle l'amène à livrer les juifs apatrides qui avaient cru trouver, en zone libre, un précaire refuge. Certes, le pouvoir n'impose pas, au sud, l'étoile jaune et défend ses ressortissants. En septembre 1942, il refuse d'arrêter 20 000 juifs français et s'oppose, en 1943, à la dénaturalisation des citoyens devenus français après 1927. Pour conserver le concours vichyste, les autorités allemandes font mine de s'incliner. Mais ces résistances restent sans effet. Arrivés au pouvoir à l'hiver 1943, les collaborationnistes contrôlent l'appareil répressif. Et les responsables allemands (Oberg,

1. Michaël Marrus et Robert Paxton, *Vichy et les juifs*, Calmann-Lévy, 1981.
2. Serge Klarsfeld, *Vichy/Auschwitz*, 2 t., Fayard, 1983-1985.

Knochen, Brunner) contournent localement les digues fragiles qu'érige le pouvoir central. Ils contraignent ainsi les policiers à rafler les juifs bordelais — pourtant français — en janvier 1944.

Sans être l'auteur de l'extermination, l'État français en a donc été le complice. Par connivence idéologique et intérêt politique mal compris, Vichy a placé son appareil d'État au service du Reich, lui permettant de recenser, d'arrêter puis de déporter 80 000 juifs — dont 24 500 citoyens français. 2 500 seulement reviendront des camps de la mort. « Si l'on avait pu seulement supposer cette "solution finale", il est vraisemblable que la politique de Vichy eût été différente », plaidera l'amiral Auphan. Une politique se juge sur des réalités, non sur des intentions. Parce qu'elles furent dramatiques pour les juifs, elles accablent Vichy.

Le tribut politique, novembre 1943

Le 13 novembre 1943, les auditeurs sidérés eurent la surprise d'entendre un extrait de l'opérette *Dédé*, en lieu et place du message que le maréchal Pétain avait promis d'adresser sur les ondes. Les Allemands avaient tout bonnement interdit au chef de l'État de prendre la parole. Un nouveau coup porté à la souveraineté que l'État français tentait, contre vents et marées, de préserver[1].

Une fois n'est pas coutume, Philippe Pétain envisage en 1943 de résister aux exigences de l'occupant. Agacé par l'impopularité de Laval et constatant que l'Allemagne court à la défaite, il souhaite, pour relégitimer un régime dont se détourne une partie de la population, achever la Constitution promise aux Français en 1940. Il envisage également de transmettre ses pouvoirs, en cas de décès, à l'Assemblée nationale. Par l'amiral Platon, il sonde les Allemands sur un éventuel renvoi de Pierre Laval et approche enfin les Américains pour renouer avec la neutralité attentiste des débuts. Et il espère annoncer à la radio ces heureuses nouvelles le 13 novembre 1943. Une espérance qui se heurte au diktat allemand.

Jusqu'alors, les Allemands avaient respecté les formes. Certes, l'État français exerçait une souveraineté amputée puisque son autorité se bornait à la zone sud. Malgré ses demandes réitérées, formulées dès le 7 juillet 1940, le gouvernement ne parvenait pas, de plus, à revenir à Paris, l'occupant s'opposant à ce retour — au mépris des conventions

---

1. Marc Ferro, *op. cit.*

d'armistice. Précisons également que le Reich ne se gênait pas pour intervenir dans les affaires françaises. Le 5 juillet 1941, il exigeait froidement la livraison de Paul Reynaud et Georges Mandel, coupables, affirmait-il, d'avoir déclaré la guerre — une accusation qui ne manquait pas de sel. Pour satisfaire le Reich, Vichy n'hésitait d'ailleurs pas à juger publiquement les responsables de la défaite[1]. Certes, une Cour supérieure de justice, créée le 30 juillet 1940 et composée — en toute indépendance — de juges nommés par le Maréchal, avait déjà condamné Blum, Mandel, Reynaud, Gamelin et Daladier à une peine (non précisée) de détention (5 juillet 1941). Ces personnalités avaient été d'ailleurs prestement expédiées dans la prison de Bourassol. Mais les pressions de l'occupant incitaient Vichy à monter un procès à grand spectacle dans la bonne ville de Riom. Imputant la déclaration de guerre aux Français, ce simulacre satisfaisait la propagande nazie. Il ne déplaisait pas aux pétainistes, heureux de condamner publiquement la IIIᵉ République et l'œuvre honnie du Front populaire. La tragédie, pourtant, devait tourner à la farce. L'énergique défense de Blum et de Daladier soulignait les responsabilités du maréchal Pétain dans l'impréparation militaire de la France. Les Allemands ne décoléraient pas. Le procès ne jugeait plus les fauteurs de guerre mais les responsables de la défaite — un retournement inattendu. Et en pointant l'incurie des dirigeants français, les accusés laissaient entendre que la campagne de France avait été, somme toute, une promenade militaire pour la Wehrmacht. Ce résultat désastreux incita le Reich à demander, par le discret intermédiaire du Dr Grimm, l'interruption d'une comédie finalement ajournée « pour complément d'information » le 15 avril 1942.

À cette date, les apparences restaient sauves et, malgré l'invasion de la zone libre, Berlin n'intervenait guère dans les affaires intérieures françaises. Mais la brutale déposition de Mussolini, le 25 juillet 1943, incite l'Allemagne à ne plus ménager les apparences. Redoutant la réédition possible du

---

1. Henri Michel, *Le Procès de Riom*, Albin Michel, 1979.

scénario italien, elle interdit donc au Maréchal de prendre la parole. Outré, le chef de l'État décide de faire la grève de ses fonctions. Mais cette fière résistance devait s'incliner sous la pression allemande. Dûment chapitré par Ribbentrop, Pétain accepte, le 6 décembre, de reprendre ses fonctions aux conditions posées par le Reich. Reconnaissant que l'Allemagne, par sa lutte, « contribue à la défense de la civilisation occidentale », il s'engage à soumettre désormais toutes les lois à l'approbation préalable de l'occupant et promet de remanier son gouvernement en intégrant les partisans d'un alignement total sur le Reich. Deux précautions valant mieux qu'une, l'Allemagne flanque le Maréchal d'un conseiller particulier, Renthe-Fink, qui surveillera les agissements du vieil homme. Cet épisode tragi-comique scellait la fin de la pseudo-souveraineté vichyste.

Vichy à la botte

Le 4 septembre 1943, les ultras avaient sans marchander annoncé la couleur. Réclamant l'aide de Berlin pour remanier le gouvernement et créer un parti unique, Déat et Darnand, flanqués de Jean Luchaire, proposaient dans leur « Plan » un pacte visant à engager définitivement la France aux côtés de l'Allemagne. Placés au cœur de l'appareil d'État, les collaborationnistes devaient épargner au Reich toute mauvaise surprise de la part de Vichy. Le SS Darnand n'avait-il pas personnellement prêté serment au « Führer germanique et réformateur de l'Europe » ?

Le maréchal Pétain n'avait pas consenti gaiement à élargir son gouvernement aux ultras. Sous les pressions de l'occupant, il confiait pourtant des responsabilités ministérielles à trois partisans zélés d'un alignement inconditionnel sur le Reich. En janvier 1944, Philippe Henriot s'emparait du secrétariat d'État à l'Information. Député conservateur issu de la droite catholique, initialement maréchaliste, il plaçait, par un anticommunisme passionnel, son verbe redouté au service de l'occupant. Joseph Darnand, patron de la Milice, prenait en charge le Maintien de l'ordre. Cet ancien combattant valeureux, pétainiste dur, avait gagné avec quelque hésitation la rive fasciste en 1943 et engagé dès lors une lutte sans pitié contre la Résistance. Marcel Déat, enfin, obtenait le secrétariat d'État au Travail. L'ancien dauphin de Léon Blum, partisan d'un socialisme rénové, achevait sa dérive fasciste en se plaçant au service du nazisme.

Avec ce trio, les affaires du Reich étaient placées en de

bonnes mains et l'occupant ne prenait plus de gants. Pour éradiquer le « terrorisme », il mettait à sac les villes, multipliant les exécutions sommaires et les fusillades d'otages. Excédé par un sabotage qui avait immobilisé leur train, les SS se livraient ainsi, dans la ville d'Ascq, à une sauvage chasse à l'homme qui devait entraîner la mort de 86 civils dont plusieurs femmes et enfants (2 avril 1944). A ces actes meurtriers, Vichy n'osait ou ne pouvait répliquer, étalant son impuissance — et ses complicités — au grand jour.

L'État français n'était pas exempt de reproche. En offrant les services de sa police aux Allemands, il participait directement à ce bain de sang. La Milice se distinguait ainsi dans la répression du maquis des Glières. Non, certes, par ses piètres vertus militaires qui avaient conduit la Wehrmacht à mener finalement seule l'assaut. Mais par sa rage sanguinaire, puisque revenait à cette (basse) police le douteux privilège de trier les résistants capturés, de les torturer, pour les remettre *in fine* aux mains de l'occupant. De même, une loi promulguée le 20 janvier 1944 créait des cours martiales qui, en cas de flagrant délit, pouvaient aussitôt condamner à mort, la sentence étant immédiatement exécutoire. Les miliciens, enfin, contrôlaient par pans entiers les structures administratives du pays. Outre la police, ils régnaient sur l'administration pénitentiaire et exerçaient une surveillance étroite sur la propagande, la radio notamment. Les ravages qu'exerçait Philippe Henriot furent au demeurant jugés si dévastateurs qu'ils incitèrent la Résistance à programmer son exécution. Le 28 juin 1944, cet orateur dévoyé périssait sous les balles de la Résistance. Ultime injure à la souveraineté vichyste, enfin, l'Allemagne autorisait les formations collaborationnistes à lever des troupes, tant pour assurer la protection de leurs familles que pour servir d'auxiliaires aux services allemands. Multipliant les incidents gratuits avec la population, rackettant sans vergogne les commerçants, assassinant sans l'ombre d'une hésitation, ces milices privées, à l'instar de leur homonyme, se plaçaient au-dessus des lois. Méprisant l'ordre public que Vichy prétendait protéger, elles précipitaient la France, avec la rage de ceux qui se sentent perdus, vers une impitoyable guerre civile.

Certes, Pétain tentait de se démarquer, reprochant à la Milice « des faits inadmissibles et odieux ». Mais ce désaveu, formulé le 6 août 1944, venait un peu tard. Il ne pouvait voiler la profonde connivence qui unissait vichystes et collaborationnistes, soumis à la botte d'une Allemagne dont la survie conditionnait désormais leur destin. Sans pouvoir protéger les Français, l'État français acceptait une dérive fascisante le conduisant au bord d'une guerre civile qu'il avait pourtant prétendu conjurer.

---

* Se reporter à Pascal Ory, *op. cit.*, Marc Ferro, *op. cit.*, et Philippe Burrin, *op. cit.*

Qu'attend l'Allemagne de Vichy en 1944 ?

« Tous les indices donnent à penser que l'ennemi passera à l'attaque dans l'ouest de l'Europe au plus tard au printemps, et peut-être même avant. » Cette hypothèse, avancée par Hitler le 3 novembre 1943, oblige l'Allemagne à se préparer à affronter un éventuel débarquement pour éviter la tragique réédition de la Première Guerre mondiale — une guerre sur deux fronts. Objectif tout désigné pour les Alliés, la France, probable champ de bataille, revêt dès lors un intérêt stratégique de premier ordre pour le Reich. On comprend que les bonnes fées de l'Oberkommando der Wehrmacht (OKW) se soient penchées avec attention sur le cas français pour éviter la perte de cet atout maître.

Qu'attendent, au vrai, les Allemands de Vichy ? La guerre totale commande de pousser l'exploitation du vaincu jusqu'au bout. Princesse généreuse, la France tiendra cette promesse. En 1944 — et malgré la désorganisation des transports —, elle assure 18,3 % des importations allemandes pour les sept premiers mois et les versements opérés par la Banque de France couvrent 6,7 % du PNB allemand. La SNCF travaille à 57 % pour le Reich. Sauckel, par surcroît, réussit à rafler encore quelque 50 000 Français en 1944. Un chiffre minime — puisque le négrier escomptait un million de victimes — sans être pour autant négligeable. Et les employés français de l'organisation Todt se hâtent d'achever un Mur de l'Atlantique dont la valeur défensive laisse Rommel perplexe. Quoi qu'il en soit, la France, aux yeux de Berlin, n'aura pas économiquement démérité.

Le Reich, par ailleurs, compte sur les séides de Darnand pour assurer un maintien de l'ordre qu'il serait bien en peine d'assumer seul. La Milice, forte de 26 000 à 30 000 hommes au début de l'année 1944, s'efforce, malgré sa piètre valeur militaire, de tenir le pays. Certes, les forces allemandes, aux Glières ou dans le Jura, montent de sanglantes opérations contre les maquis. Mais le concours des services répressifs français évite à l'Allemagne d'affecter ses troupes au maintien d'un ordre désormais ouvertement contesté par la Résistance. L'aide de la Milice qui, à Grenoble comme à Bordeaux, torture les résistants et obtient quelques aveux ne saurait dès lors être tenue pour quantité négligeable[1].

Mais l'Allemagne attend surtout que Vichy neutralise la population en cas de débarquement. Elle espère, grâce au charisme de Philippe Pétain, s'épargner la répression d'une insurrection nationale qui compliquerait le mouvement de ses troupes. Dès le 23 décembre 1943, von Rundstedt prie le Maréchal « de demander la coopération des populations et de faire en sorte qu'elles accèdent à toutes les requêtes ». Une exigence qui ne contredit pas les options vichystes. Outre que Vichy entend éviter les massacres de civils, il veut, fidèle aux principes posés en 1940, retirer les Français de la guerre et éviter en outre qu'ils ne favorisent une avance alliée qui scellerait, par définition, le sort de son régime. Le 28 avril 1944, le vainqueur de Verdun fustige donc sur les ondes « cette prétendue libération », « le plus trompeur des mirages auxquels vous puissiez être tentés de céder ». Et dans un message préenregistré, soigneusement mis en réserve par les Allemands, il appelle les Français à s'abstraire de la lutte qui se déroulera sur leur sol. « N'écoutez pas ceux qui, cherchant à exploiter notre détresse, conduisent le pays au désastre », affirme-t-il dans ce texte, dûment placardé dans les communes après le débarquement. Les Allemands, enfin, prévoient prudemment de rapatrier le chef de l'État français sur Paris, pour le placer sous leur étroit contrôle[2].

1. Pierre Giolitto, *Histoire de la Milice*, Perrin, 1997.
2. Eberhard Jäckel, *op. cit.*

« Deux appels et une évacuation : c'était tout ce que l'on attendait du gouvernement français en cas d'invasion », conclut sobrement Eberhard Jäckel. C'était bien peu. En se remémorant les fortes paroles échangées à Montoire, on aurait certes pu croire que le Reich allait convier l'État français à la défense de la « forteresse Europe » et l'associer à la survie de son régime. Tel n'était pas le cas. En confinant Vichy dans un rôle passif, l'Allemagne montrait la faible importance qu'elle accordait à son féal, tout juste bon à calmer les ardeurs insurrectionnelles de son peuple. En acceptant cette tâche peu glorieuse, le Maréchal dévoilait l'ampleur de ses ambitions. Appeler les Français à temporiser — alors que l'heure de la libération sonnait — démontrait une bien courte vue, conforme, il est vrai, à sa myopie politique.

Montoire

Par la célèbre poignée de mains échangée entre Adolf Hitler et Philippe Pétain, Montoire [1] accédait à une célébrité inattendue. Rien pourtant ne prédestinait cette modeste bourgade du Loir-et-Cher à symboliser, pour des décennies, la collaboration franco-allemande. Certes, la petite ville n'était pas sans attraits. En cas d'attaque aérienne, un tunnel pourrait abriter Erika, le train spécial d'Adolf Hitler. Idéalement placée sur la ligne Paris-Irun, la gare simplifiait les allers et retours du Führer, appelé à rencontrer Franco, le 23 octobre, dans la bonne ville d'Hendaye. Située en zone occupée, la ville offrait enfin à Pétain la possibilité de rencontrer ses concitoyens isolés par la ligne de démarcation — une délicate attention de l'occupant. Préparée par une entrevue Laval-Hitler le 22 octobre 1940, à Tours, la rencontre du chancelier et du vainqueur de Verdun se plaçait donc d'emblée sous d'excellents auspices. Les résultats concrets, pourtant, ne furent guère à la hauteur des enjeux symboliques et les dirigeants vichystes, prêts à s'engager sur la voie de la collaboration, virent leurs espérances déçues.

Car, n'en déplaise aux hagiographes pétainistes, l'initiative de la rencontre revient en fait à Philippe Pétain, et non aux dirigeants nazis. De même, une totale identité de vues prévaut entre le chef de l'État et son dauphin Pierre Laval. Les deux hommes sont prêts à risquer une co-belligérance avec la Grande-Bretagne pour reconquérir les colonies passées à la dissidence gaulliste — tout en refusant de déclarer

1. Lire l'étude très stimulante de François Delpla, *op. cit.*

officiellement la guerre à leur ancien allié. Ils s'affirment
également décidés à entrer dans la voie de la collaboration,
moyennant — à défaut d'un traité de paix — quelques assurances sur un futur traité. Les dirigeants vichystes n'ont pas
eu à repousser un diktat allemand, puisque le Reich n'a formulé aucune revendication. L'Allemagne souhaite s'assurer
que Vichy défendra, au besoin par les armes, son Empire,
tout en montrant aux Anglo-Saxons l'abaissement d'une
France réduite à mendier la mansuétude du vainqueur. Sur
ces deux points, les engagements souscrits par Pétain et
Laval offrent toute garantie. Montoire ne saurait dès lors se
réduire à un non-événement, puisque Vichy a formulé des
offres aussi précises que dangereuses. Mais les conséquences
concrètes de la rencontre restent limitées, Hitler préférant
tourner son regard vers les Balkans avant de se lancer dans
sa croisade anti-bolchevique. Dans cette mesure, le mythe
recouvre largement la portée immédiate de la rencontre.

En provoquant un choc dans l'opinion publique, la « poignée de mains » a certes contribué à hisser l'entrevue de
Montoire à ce statut légendaire. Par cette image symbolique,
le maréchal Pétain semblait occulter les drames de la défaite
et justifier l'armistice du 22 juin, prodrome d'une réconciliation placée sous de fâcheux auspices. Mais la population
française a dans son ensemble condamné l'entreprise.
« Tout le monde est silencieux et comme consterné. Humiliation nouvelle ? Descente plus bas dans l'abîme ? » s'interroge, dans son journal, le banquier Charles Rist, un
jugement que l'opinion commune ratifie. Hostile à la collaboration, la population n'a guère approuvé Montoire, plutôt
perçu comme une preuve d'allégeance que comme un acte
de résistance. Une image que les témoins, dans leurs
mémoires, s'efforcent de corriger.

Discrets sur les préparatifs de la rencontre, les acteurs
sont forts diserts sur l'entrevue et présentent volontiers un
Pétain résistant, opposant sa noble dignité à la veulerie vulgaire de Laval. Dans ses souvenirs, l'interprète de Hitler,
Paul Schmidt, apporte de l'eau à leur moulin. Pour redon-

ner une respectabilité à l'Allemagne vaincue, il fallait inno-
center ses élites — quitte à charger les acteurs disparus,
Hitler et Laval par exemple. Du moins était-on sûr de leur
silence. Mais les archives parlent. En relevant les offres de
collaboration formulées par Vichy, elles montrent que
Montoire se définit plutôt comme un Sedan que comme un
« Verdun diplomatique ». Car par quelle autre image qualifier les offres de service formulées par le duo Pétain-Laval
devant le maître du IIIe Reich ?

GOUVERNER

Vichy vu d'en haut

Des journalistes en mal de copie ou des hommes politiques à la recherche d'effets oratoires continuent de proclamer, chaque fois que joue de nouveau dans la mémoire nationale ce qu'on a pu appeler le « syndrome de Vichy », que les Français ignorent encore tout de la France des années noires. Rien n'est plus inexact : ces années d'airain sont bien la période de la France contemporaine qui a été la plus auscultée. Leur prise en compte, dans les travaux, a sans doute demandé un certain temps, mais la France de Vichy n'a plus guère de secrets pour les historiens. On connaît tout — ou presque — sur le gouvernement de Vichy : les hommes qui fréquentaient les allées du nouveau pouvoir, le mode de fonctionnement de l'État français, l'idéologie de la Révolution nationale, les politiques mises en œuvre, qui incluaient exclusion et répression, l'évolution des réactions de l'opinion à son endroit... tout cela a été dûment répertorié. Ce qui permet de porter des appréciations, voire des jugements fondés.

Philippe Pétain et nombre de ceux qui l'entouraient se seraient bien passés de la collaboration d'État avec le Reich, de plus en plus risquée au fil des mois. Leur grand dessein, c'était de remodeler la France, de la remettre sur les rails après ce qu'ils considéraient comme des décennies d'erreurs et de gabegie démocratique, pour façonner un homme nouveau. Cette révolution menée d'en haut, au nom d'une idéologie dont les fondements relativement syncrétiques puisaient à des sources françaises, fut finalement baptisée Révolution nationale.

Pour qu'elle réussisse, il fallait enterrer « l'ancien régime », en finir en tout cas avec la démocratie libérale, la grande responsable — qui pouvait en douter ? — des déroutes de l'an 40. Ce qui semblait particulièrement intolérable, c'était la République du Front populaire ; rien d'étonnant donc à ce que toutes les droites — sans exception aucune — se soient retrouvées au rendez-vous vichyssois pour en terminer avec 36 et son esprit de jouissance. En quelques mois, on allait poursuivre ou exclure tous ceux qui passaient pour avoir soutenu activement le « Front popu » : les communistes, continûment pourchassés, les francs-maçons, exclus politiquement, et également les « Israélites », accusés notamment d'avoir provoqué le déclenchement d'une croisade armée contre le Reich et dont, au nom d'un antisémitisme d'État, il convenait de réduire ce qui passait pour une influence économique, politique et sociale insupportable.

Pour reconstruire la France, il faudrait évidemment gouverner autrement, supprimer le contrôle des élus du suffrage universel afin de concentrer les pouvoirs entre les mains du seul Maréchal. On pourrait alors instaurer un nouvel État, national, autoritaire et hiérarchique. Pour combattre l'individualisme dissolvant et destructeur, on allait redonner leur place aux « communautés naturelles », et en premier lieu à la famille, à l'intérieur de laquelle serait exaltée la figure de la mère. Pour en finir avec l'égalitarisme tout aussi pernicieux, on rétablirait à chaque niveau les hiérarchies et on formerait des kyrielles de vrais chefs, ceux qui constitueraient le levain d'une nouvelle aristocratie. Les jeunes, menés à la dure, seraient encadrés de façon à devenir les ferments de cette révolution culturelle qui avait certains côtés modernistes, comme en témoignaient une partie des projets de gestion de l'économie nationale.

La route pour réaliser ce programme serait semée d'embûches. Mais, « divine surprise », la barre était fermement tenue par le Maréchal qui, dès juin 1940, avait fait, malgré ses quatre-vingt-quatre ans, don de sa personne à la France.

Il allait demeurer jusqu'au bout la clé de voûte du système, acceptant sous le proconsulat de Darlan l'amalgame des « vieux Romains » ouvertement réactionnaires et des « jeunes cyclistes » technocratiques et musclés, avant de supporter la navigation à vue plus tortueuse de Laval. On peut définir le régime de Vichy comme une variante charismatique de la typologie autoritaire. Autoritaire, il l'est sans doute ; mais cette explication ne suffit pas : dans l'été 1940, il y avait eu la rencontre d'un individu, paré de toutes les vertus — estimant pour sa part depuis des lustres qu'il saurait être un homme-recours–, et des attentes de la masse des Français, déboussolés, prêts à se confier à un thaumaturge dont on pouvait attendre qu'il servît de bouclier. Jusqu'en 1944, Pétain saura susciter un maréchalisme de base en entretenant, il est vrai, l'illusion qu'il continuait de mener double jeu à l'égard de l'ennemi héréditaire.

Pourtant, les beaux jours de la Révolution nationale étaient comptés et le régime allait bien mal vieillir. Dès 1941, l'opinion commence de se détacher sous l'effet d'une double prise de conscience : on attendait que Pétain adopte un profil bas à l'égard de l'occupant ; or, il incite les Français à entrer dans la voie d'une collaboration qui ne sera jamais populaire. Il était censé mettre fin à la crise d'identité nationale ; or, la répression musclée et menée tous azimuts alimente une guerre franco-française, alors que les conditions de vie sont de plus en plus difficiles. On repère aisément les étapes de la réduction de cette peau de chagrin : après novembre 1942, Vichy n'a plus rien à monnayer et se trouve désarmé face au Reich ; avec la crise de l'automne 1943, émerge un État milicien haï par tous. Dans Vichy, où l'atmosphère n'a jamais été folichonne, les rangs des visiteurs du royaume du Maréchal s'éclaircissent au fil des mois. Et, parmi les forces sociales organisées, seuls des anciens combattants et une majorité d'évêques restent fidèles. C'était bien maigre.

Une France en morceaux

Les hommes de Vichy défendirent jusqu'au bout la légiti-mité d'un régime dont la souveraineté passait par le main-tien de l'unité territoriale. Mais Pétain ne fut guère que le souverain d'un royaume de Vichy dont les frontières réelles se rétrécirent comme peau de chagrin.

La France de Vichy fut en fait tronçonnée, pour un temps plus ou moins long, en sept zones. Ce découpage tenait à diverses motivations de Hitler[1] : celles de régler des comptes (à propos de l'Alsace-Lorraine), de tenir en laisse le vaincu (en établissant la ligne de démarcation), d'assurer la sécurité des troupes d'occupation (par la création de zones côtières), tout en n'excluant pas de créer, la guerre gagnée, de nou-velles entités territoriales qui seraient un État flamand ou une Lotharingie reconstituée.

Rappelons simplement l'existence de cette véritable fron-tière intérieure que fut la ligne de démarcation délimitant pour toute la guerre une zone nord et une zone sud.

La première très mauvaise surprise qui attendait Vichy après la signature de l'armistice fut l'annexion de *facto* des départements de la Moselle, du Haut et du Bas-Rhin, placés, en août 1940, sous la férule de deux gauleiters, avant que, en décembre, le premier soit rattaché outre-Rhin au Reichsgau Westmark et les seconds au Reichsgau Oberrhein.

Autre fort mauvaise nouvelle, le fait que les départements du Nord et du Pas-de-Calais devenaient une « zone ratta-chée » à l'*Oberfeldkommandatur* 670 de Bruxelles, aux

1. Eberhard Jäckel, *op. cit.*

ordres du *Militärbefelshaber in Belgium*. Non seulement ce dernier frappa de nullité un bon nombre de lois promulguées par Vichy mais il interdit, jusqu'en 1941, l'entrée de ces deux départements à toutes les excellences vichyssoises. Ce statut particulier, bien inquiétant, allait durer jusque dans l'été 1944.

Bien plus, les départements de la Somme et de l'Aisne devenaient une « zone interdite », puisque les habitants qui avaient pris les routes de l'Exode ne pouvaient retourner chez eux. La même interdiction valait, à compter du 23 juillet 1940, dans la zone dite « réservée » délimitée par la Nord-Ost Linie (ligne du Nord-Est), isolant en totalité ou en partie, pour des « nécessités militaires », huit départements : les Ardennes, la Meuse, la Meurthe-et-Moselle, les Vosges, la Haute-Marne, la Haute-Saône, le Doubs, le Jura. Et si, dans un premier temps, le quart des réfugiés, avant tout des travailleurs manuels, purent finalement revenir sans trop de difficultés, l'occupant avait entre-temps mis en place, notamment dans les Ardennes, une organisation, l'Ostland, qui installait à leur place des colons allemands, voire quelques travailleurs polonais.

Ajoutons que les zones côtières de la Manche et de l'Atlantique, jugées particulièrement stratégiques, allaient voir une fraction notable de leur population progressivement expulsée.

Sans doute y eut-il quelques embellies : en décembre 1941, les autorités d'occupation relevaient, sans explication, les troupes qui gardaient la « zone rattachée », ce qui autorisait un retour plus massif des réfugiés. Et, en mars 1943, elles assouplissaient les contrôles de la ligne de démarcation : il ne serait plus nécessaire de produire pour la franchir un ausweis jusqu'alors chichement accordé. Mais, globalement, la situation empirait. La Wehrmacht, comme on le sait, envahit la zone sud le 11 novembre 1942, et si Hitler préféra lui conférer le statut de « zone d'opérations » (et non de « zone occupée »), pour maintenir la fiction d'un royaume de Vichy parfaitement autonome, l'occupant contrôlait bel et bien la France dans sa totalité (à l'exception des départements situés sur la rive gauche du Rhône et de la Corse, occupés de novembre 1942 à septembre 1943 par les troupes italiennes).

Le bilan, en 1944, était fort sombre : non seulement l'Allemand était partout, les trois départements d'Alsace-Lorraine strictement annexés, ceux du Nord et du Pas-de-Calais toujours rattachés aux autorités militaires allemandes, les zones côtières proprement interdites, mais encore la nation française était en train de se déliter, de s'atomiser : la destruction des ponts et des centres ferroviaires par les bombardements anglo-saxons renforçait le réflexe de repli sur soi, sur sa commune, au mieux sur son département, repli que confortait la tendance de nombre de préfets à pratiquer une politique de ravitaillement autarcique.

Maréchal vous voilà

Dans l'été 1940, les Français se donnaient au « Maréchal » dans leur grande majorité, voyant en lui le thaumaturge qui saurait protéger la France vaincue et la sortir de la grave crise d'identité nationale qu'elle traversait. Avaient-ils vraiment percé à jour la personnalité [1] du « vainqueur de Verdun » qui s'offrait de manière si désintéressée ?

Celui qui avait « fait don de sa personne à la France » était un vieillard de quatre-vingt-quatre ans. Né le 24 avril 1856, il demeurait à bien des égards un rural du XIXᵉ siècle, qui ne devait jamais se familiariser avec le monde des révolutions industrielles.

Orphelin de mère très jeune, il avait passé dix ans dans des internats, puis quarante dans des garnisons, au sein d'une armée qui constituait sa véritable famille. C'est sans doute dans ce milieu impersonnel qu'il avait acquis une sécheresse de cœur qui frappa son entourage.

La Grande Guerre allait faire du colonel relativement obscur qu'il était encore en 1913 un de ces « grands chefs » que révérait le Français moyen. Il gagna notamment le surnom prestigieux de « vainqueur de Verdun » et la réputation appréciable d'avoir, en jouant sur la défensive, épargné le sang des poilus.

Couvert d'honneurs, il aurait pu se contenter d'être un glorieux retraité. Or il avait repris du service en 1925 dans la campagne du Rif, et il était demeuré de fait, jusqu'en 1934, le patron, malheureusement très dogmatique, de l'ar-

---

1. Robert Griffiths, *Pétain et les Français*, Calmann-Lévy, 1974.

mée française. Parallèlement, il fréquentait activement les cercles politico-mondains, et il fut élu d'abord à l'Académie des sciences morales et politiques puis à l'Académie française.

Ce n'est pas sans dessein qu'il se maintenait ainsi dans la vie active, car il était persuadé en son for intérieur que, dans cette France inquiète et tiraillée des années trente, il serait un jour ou l'autre un recours. Cette conviction datait du moment où, au printemps 1917, il était venu à bout de la crise qui secouait les armées françaises, en améliorant le quotidien du poilu tout en faisant pour l'exemple, et « pour le rétablissement du moral », fusiller quelques dizaines de « mutins ».

Car Philippe Pétain était d'abord et avant tout un homme d'ordre. Son éducation chez les jésuites puis chez les dominicains d'Arcueil, son passage à Saint-Cyr, enfin l'affaire Dreyfus, en avaient fait un homme profondément conservateur. Les débats politico-militaires de la Grande Guerre avaient suscité en lui une aversion marquée pour la classe parlementaire et la crise des mutineries une haine tenace des instituteurs. Sa courte expérience ministérielle sous le gouvernement Doumergue (en 1934) avait encore exacerbé son rejet de la classe politique.

Il avait été suffisamment intelligent pour ne pas cautionner la bruyante campagne de presse lancée en sa faveur par Gustave Hervé en 1935, sur le thème : « C'est Pétain qu'il nous faut. » Mais ceux qu'il avait séduits à gauche avaient oublié qu'entre les deux tours des législatives de 1936, il avait prôné un « rassemblement national » en vantant les qualités des Croix de Feu. Et quasiment toute la gauche l'avait tenu pour un « maréchal républicain ». Paul Reynaud témoignera de ce malentendu en déposant à son procès : « Les généraux, les maréchaux ont une audience naturelle dans la droite des assemblées, ou de l'opinion publique. Lui l'avait, mais il avait, en outre, l'audience de la gauche... parce qu'il était l'homme de la défensive, et que la défensive était de gauche. » Ajoutons que, dans les mêmes milieux, on interprétait de la même façon son assistance très épisodique à la messe.

C'est ce qui explique que Daladier ait pu faire de Pétain un ambassadeur extraordinaire auprès de Franco. On ne s'étonnera pas que Paul Reynaud ait cru nécessaire de l'appeler auprès de lui, dès que les nouvelles du front devinrent mauvaises. La suite montra que celui qu'il avait pris pour une potiche décorative et glorieuse, mais qui pouvait être utile, était en réalité un bon manœuvrier, qui allait le faire trébucher. Laval un peu plus tard commettra la même erreur d'appréciation, ne voyant pas qui était réellement Pétain. Celui que Henri du Moulin de Labarthète, qui devint directeur de son cabinet civil, décrivit comme un véritable « Harpagon politique » entendait, son heure enfin venue, gouverner. Il estimait depuis longtemps qu'il était l'homme que la France appellerait au secours et il était bien décidé à assurer sa survie politique en imposant une révolution culturelle à l'intérieur d'un cadre hexagonal.

Un régime charismatique

« Je fais à la France don de ma personne pour atténuer son malheur » : ces paroles, pour le moins inusitées dans la bouche d'un président du Conseil, retinrent particulièrement l'attention de ceux des Français qui étaient à l'écoute du premier « Appel » adressé par Philippe Pétain le 17 juin 1940. Cette personnalisation à l'extrême, voulue par l'intéressé, allait être déclinée tout ou long — ou presque — des années-Vichy. La postérité a en particulier retenu la formule définitive prononcée par le cardinal Gerlier, primat des Gaules, dans son homélie du 18 novembre 1940 : « Pétain, c'est la France, la France, aujourd'hui c'est Pétain. » Pour tout un chacun, quoi qu'il en soit, Vichy et son régime, c'était d'abord « le Maréchal » ou, si l'on éprouvait quelque réticence, « Pétain » tout court.

Sans doute les Français — ou leurs représentants — avaient-ils déjà fait appel, en cas de difficultés graves résultant d'une guerre, à des hommes-recours, comme l'avaient été Thiers ou Clemenceau ; mais ceux-ci avaient dû tenir compte des contre-pouvoirs qui continuaient à s'exercer. A cet égard, la singularité du royaume du Maréchal est totale : rien ne s'opposait à son pouvoir, ni même ne complétait la volonté de son chef.

Les historiens, eux, pour classer et définir le gouvernement de Vichy, l'analysent comme une variante charismatique d'un régime de type autoritaire[1]. Autoritaire, il l'est sans conteste, puisque le pouvoir tout entier est concentré

1. Robert Paxton, *op. cit.*

entre les mains d'une seule personne, qu'assiste tout au plus une poignée de fidèles, sans véritable contre-pouvoir, et notamment sans contrôle parlementaire. Et la plupart des historiens le jugent même plus autoritaire que totalitaire (malgré le glissement qui s'est opéré au fil des mois)[1]. En tout cas ils refusent de le qualifier de fasciste, constatant que manque à l'appel l'une des spécificités du régime totalitaire fasciste : l'expansionnisme guerrier.

C'est Pétain qui, instrumentalisant le vote du 10 juillet, opéra *motu proprio* une véritable révolution juridique, en promulguant les 11 et 12 juillet 1940 quatre « Actes constitutionnels » qui devaient être valides jusqu'à la mise au point d'une nouvelle Constitution (qui ne vint jamais) : il s'y octroyait à la fois « la plénitude du pouvoir gouvernemental » (cumulant en effet les pouvoirs dévolus naguère au président de la République et au Conseil des ministres), les fonctions législatives (exercées « en Conseil des ministres »), diplomatiques, administratives (par le biais du pouvoir réglementaire), juridiques même puisqu'il avait le droit de « retenir » la justice à l'égard des ministres et des hauts fonctionnaires qu'il pouvait condamner de son propre chef à la relégation dans une enceinte fortifiée. Enfin, il s'était donné le droit insigne de désigner son successeur : ce sera dans un premier temps Pierre Laval. Seule limite à cette omnipotence qui faisait totalement fi du principe de la séparation des pouvoirs, un des fondements d'un régime de démocratie libérale : il ne pouvait déclarer la guerre sans le vote des Assemblées ; mais celles-ci, ajournées jusqu'à nouvel ordre, ne pouvaient se réunir que sur convocation du chef de l'État. Bref, même Louis XIV, disait-on, n'avait pas disposé en son temps de plus de pouvoir.

C'est Max Weber qui a le premier formalisé la notion de régime charismatique, le définissant comme la rencontre d'un individu doté de vertus singulières et des attentes de la masse. Cette définition s'applique parfaitement à la

---

1. Jean-Pierre Azéma, « Vichy face au modèle républicain », in Serge Berstein et Odile Rudelle, *Le Modèle républicain*, PUF, 1992.

France de 1940. Car le « vainqueur de Verdun » est bien apparu à la grande majorité des Français d'abord comme une « bouée de sauvetage », puis comme un « bouclier ». Ceux qui continueront jusqu'au bout — et ils sont plus nombreux qu'on le pense — de faire confiance à la personne même du Maréchal, ceux qu'on peut donc nommer les « maréchalistes », allaient exalter, pour ne pas dire vénérer, à la fois la figure du chef glorieux, celle du noble vieillard qui à quatre-vingt-quatre ans n'hésitait pas à sacrifier son repos, et celle du père de la nation se situant avec un désintéressement total au-dessus de la mêlée.

On attendait sans doute trop de lui. Et, dans l'été 1944, ce régime charismatique s'effondra, comme c'est souvent le cas, tel un château de cartes. Parce que son chef s'était laissé prendre dans l'engrenage de la collaboration d'État, parce que, incapable de maintenir la cohésion sociale, il avait même accentué les divisions entre les citoyens. D'ailleurs, les maréchalistes impénitents durent pour expliquer cet effondrement inventer deux fictions : celle du double jeu à l'égard de l'ennemi, et celle du détournement d'un noble vieillard par des ministres indignes à l'égard de la nation. Alors qu'on peut penser tout simplement que la vérité se révélait : le roi Pétain était nu.

Gouverner, mais comment ?

« Un petit nombre conseillent, quelques-uns comman-
dent, au sommet un chef qui gouverne », déclarait Philippe
Pétain dans son message du 8 juillet 1941. Sans qu'on puisse
imaginer ce qu'aurait pu être la Constitution que Pétain était
chargé de mettre en œuvre, puisqu'elle ne vit jamais le jour,
il paraît bien que cette définition lapidaire, qui se retrouve
dans les mesures provisoires qui définirent son pouvoir, cor-
respondait à la philosophie politique profonde du Maréchal.
Cette dernière impliquait la suppression ou la mise en sommeil des instances représentatives. Les élus du peuple étaient
aux yeux de Pétain responsables de l'effondrement de 40, et
il ajoutait dans ce même « message » du 8 juillet 1941 qu'il
faudrait repenser de fond en comble la philosophie de la
représentation : « Il ne suffit plus de compter les voix ; il faut
peser leur valeur pour déterminer leur part de responsabilité
dans la communauté. » Au niveau local, les conseils généraux
étaient suspendus dès la loi du 12 octobre 1940 et leurs pouvoirs transférés aux préfets. Au plan national, la Chambre
comme le Sénat étaient ajournés *sine die*.
Cette *diminutio capitis* s'appliquait presque de la même
façon aux ministres, que Pétain considérait comme de
simples hauts commis, qui n'étaient responsables que devant
lui et révocables *ad nutum*. Quand le chef de l'État désirait
se débarrasser de l'un d'entre eux, il utilisait une procédure
toujours identique : tous les ministres remettaient une lettre
de démission au chef de l'État qui se retirait pour quelques
instants avant de revenir annoncer celle qui était acceptée.

Seul Laval, démissionné à sa grande fureur le 13 décembre 1940, osa faire à Pétain une scène au cours de laquelle il le traita même de divers noms d'oiseaux.

Dans l'ensemble, Philippe Pétain se comportait dans ses fonctions de chef de l'État comme s'il était encore le général en chef en campagne au milieu de ses officiers d'état-major. C'est toujours lui qui tranchait en dernier ressort, et cela en petit comité. Les Conseils des ministres, inévitables juridiquement (les lois ne pouvaient être promulguées que « le Conseil des ministres entendu »), n'étaient la plupart du temps que des séances d'enregistrement. Plus ouvertes étaient les discussions dans les conseils restreints qui réunissaient quelques ministres spécialement choisis. Mais pour faire passer une mesure, il était encore plus important d'avoir « l'oreille du Maréchal », ou au moins d'être reçu par lui.

Dans la France profonde, le préfet, qui n'avait plus à tenir compte des pressions exercées par les notables parlementaires, était au niveau local le seul représentant de l'État, du régime et du gouvernement. Vichy démultiplia le champ d'action de ces hommes dont il attendait beaucoup : les préfets pouvaient notamment suspendre les conseils municipaux et nommer les maires dans les communes qui comptaient entre 2 000 et 10 000 habitants. Mais ce renforcement ne sembla pas suffisant et, pour mieux coordonner l'action gouvernementale au-delà du cadre départemental trop limité, apparaissent dès avril 1941 des préfets régionaux (on en dénombre 18, dont 7 en zone sud), bientôt flanqués d'intendants de police et des affaires économiques, chargés de faire face à ce qui devenait les deux problèmes majeurs du régime : le maintien de l'ordre et le ravitaillement.

La France de Vichy a-t-elle été bien gouvernée ? La réponse est globalement négative[1], ce qui peut surprendre pour un régime qui se targuait de vouloir mettre fin au

1. Marc Olivier Baruch, *Servir l'État français, l'administration en France de 1940 à 1944*, Fayard, 1997.

désordre établi engendré par la République. Sans doute faut-il souligner que les autorités d'occupation n'ont guère facilité la tâche de l'État français en obtenant dans les faits, dès 1940, un droit de veto sur les lois promulguées par Vichy et, en 1944, un contrôle sur les nominations des hauts fonctionnaires dans les postes dits sensibles, notamment dans la police. Mais Vichy pouvait tout autant balayer devant sa porte. Un déluge de mesures législatives et réglementaires, censées enraciner la Révolution nationale[1], a certes laissé des traces durables, mais il a surtout suscité d'innombrables conflits de compétence. Et les sommets de l'État en donnèrent parfois des illustrations grotesques : on vit ainsi René Belin, ministre du Travail, venir en personne vérifier à l'Imprimerie nationale que son texte de la Charte du travail n'avait pas été modifié par ses adversaires au gouvernement. Quant aux manœuvres déployées par l'entourage pour inviter ou exclure tel ou tel à la table du Maréchal, elles relevaient de la cour du roi Pétaud.

---

1. *Le Gouvernement de Vichy et la Révolution nationale*, sous la direction de René Rémond et de Janine Bourdin, Colin, 1972.

Pétain, la clé de voûte du régime

Les maréchalistes les plus fidèles, les avocats du régime de Vichy, ou encore ceux qu'irritait l'exaltation de la France libre et de la Résistance intérieure, se sont efforcés, dès les années cinquante, de prouver que, à compter de 1942, le Maréchal avait dans les faits cessé de régner sur son royaume qui était dorénavant gouverné par le seul Laval. C'est donc ce dernier qu'il fallait tenir pour responsable des compromissions avec l'occupant et des dérives policières. D'aucuns parlaient de « détournement de vieillard ».

Sans doute ce vieillard, quelle que fût sa verdeur, n'était-il pas au mieux de sa forme intellectuelle, vingt-quatre heures sur vingt-quatre. On ne négligera pas le fait que sa surdité profonde constituait un handicap supplémentaire. Ajoutons surtout que l'évolution d'une guerre devenue totale limitait considérablement la latitude d'action de Vichy[1]. Mais s'il fait peu de doute que Philippe Pétain se serait passé de la sujétion et des contraintes de la collaboration d'État, alors qu'il souhaitait se consacrer à la mise en œuvre, la seule qui le passionnât vraiment, de la Révolution nationale, on se souvient que c'est bien lui qui avait, à l'automne 1940, fait le choix décisif d'accepter la collaboration politique.

Il serait erroné de sous-estimer l'infléchissement provoqué, à compter du 18 avril 1942, par le proconsulat de Pierre Laval[2]. Son retour aux affaires avait été précipité par

1. Marc Ferro, *op. cit.*
2. Jean-Paul Cointet, *Pierre Laval*, Fayard, 1993.

des maladresses de Darlan suscitant un bras de fer entre les États-Unis et le Reich qui finit par imposer un homme dans lequel le Führer n'avait pourtant qu'une confiance limitée. Laval, en tout cas, triomphant d'une éviction qu'il tenait pour ignominieuse et dangereuse pour la collaboration d'État, entendait non seulement régler ses comptes avec ceux dont il considérait qu'ils l'avaient provoquée, mais également obtenir des pouvoirs qui le mettraient à l'abri d'un nouveau 13 décembre et lui permettraient de gouverner commodément.

Il obtint, avec le titre neuf de « chef du gouvernement », les garanties institutionnelles souhaitées, puisque l'Acte constitutionnel numéro 11, du 17 avril 1942, stipulait que « la direction effective de la politique intérieure et extérieure est assurée par le chef du gouvernement nommé par le chef de l'État et responsable devant lui ». Six mois plus tard, le 17 novembre, un nouvel Acte constitutionnel conférait au chef du gouvernement, qui était en même temps ministre de l'Intérieur, de l'Information et des Affaires étrangères, de nouveaux pouvoirs : « Hors des lois constitutionnelles, le chef du gouvernement pourra sous sa signature promulguer les lois ainsi que les décrets. »

Tout en mettant des limites à cette dévolution de pouvoirs (ainsi, Laval ne pouvait engager la France dans un quelconque conflit), Pétain avait choisi de prendre quelque distance à l'égard de la marche quotidienne des affaires publiques. Pourtant, le Maréchal entendait être très régulièrement consulté (et Laval, instruit par son éviction de décembre 1940, ne manquait pas de le tenir au courant), et il se réservait toujours les arbitrages décisifs. On prêtera en outre attention au fait que Philippe Pétain n'excluait nullement que Laval, qui lui était utile dans la conjoncture du printemps 1942, puisse lui servir, à nouveau, de fusible ; ce qui faillit être le cas en novembre 1943.

Bien plus, aux yeux des maréchalistes, mais aussi du Français moyen, Vichy c'était toujours d'abord et avant tout Pétain. Et Laval, dont l'impopularité battait tous les records, semblait n'être rien sans Pétain. D'ailleurs, les autorités d'occupation ne s'y trompaient pas. C'est le Maréchal qu'elles surveillaient de très près, pour éviter qu'il n'imite l'Italie de Badoglio en prenant ses distances avec le Reich désormais acculé à la défensive, et c'est de lui qu'elles continuaient à se servir : Pétain accepta notamment de préenregistrer (sous le prétexte qu'il pourrait ne pas être réveillé) un message adressé aux Français les sommant de demeurer inertes en cas de débarquement anglo-saxon. C'est seulement en septembre 1944 que Pétain se résolut à faire la grève du pouvoir. Mais Vichy avait alors disparu, corps et âmes.

Les relais du régime

Comme tout régime autoritaire qui met en sommeil ou interdit les instances représentatives issues d'élections, Vichy allait avoir besoin de relais. Le Conseil national, et plus encore la Légion des combattants [1], peuvent apparaître comme des tentatives d'établir des « circuits de confiance » entre les sommets de l'État et le Français moyen.

Les anciens partis ou mouvements politiques dont l'existence fut tolérée dans les premiers mois du régime durent — en zone sud — suspendre — sauf autorisation — toute activité et notamment toute réunion, privée comme publique. Auparavant, Pétain, poussé notamment par Weygand, avait, en août 1940, opéré un choix d'importance en s'opposant à ce que fût créé, comme l'avaient suggéré notamment Déat et Bergery, un parti unique : il se défiait de tout parti, fût-il unique.

C'est pour combler ce vide que Pierre-Étienne Flandin, succédant à Laval, persuade Pétain — non sans quelque difficulté — de créer le 22 janvier 1941 un Conseil national [2] capable d'assurer la fidélité de la fraction de la classe parlementaire repentante. Mais ces conseillers nationaux furent nommés et on prit bien soin de flanquer soixante-dix anciens parlementaires de cent trente-six membres issus des milieux socio-professionnels et des associations familiales. Et surtout, l'absence de publicité des débats et de séances

---

1. Jean-Paul Cointet, *La Légion française des combattants 1940-1944*, Albin Michel, 1995.
2. Michèle Cointet, *Vichy et le fascisme*, Complexe, Bruxelles, 1987.

plénières réduisit ce Conseil national, emblématique d'un régime autoritaire, à rester un conseil consultatif, composé de notables de droite sans doute désireux d'éclairer le prince, mais sans poids sur la réalité du quotidien.

Plus significative pour notre propos est la création, dès le 29 août 1940, de la Légion française des combattants (à ne pas confondre avec la Légion des volontaires français contre le bolchevisme que les collaborationnistes mettront en place en juillet 1941). Les structures de cette institution typiquement vichyssoise, regroupant en principe les anciens combattants des deux guerres, offrent peu d'originalité : les responsables locaux sont élus, les dirigeants nationaux, eux, sont nommés. Mais les missions incombant aux « légionnaires » sont plus significatives : ils doivent non seulement maintenir le culte des valeurs nationales, mais encore constituer une courroie de transmission pour propager, en collaboration avec les représentants des pouvoirs publics, la Révolution nationale, voire surveiller l'opinion. Bref, aux anciens combattants était dévolu l'honneur d'être en zone sud les yeux et les oreilles du Maréchal.

Les légionnaires firent d'abord montre d'un bel enthousiasme. Ils pensaient pouvoir servir le Maréchal à la fois en affirmant par des rassemblements ou défilés aux postures volontiers cocardières que la France survivait, et en participant à une rénovation en profondeur. Les plus anciens, qui regardaient avec quelque condescendance les vaincus de l'an 1940, n'avaient pu dans l'entre-deux-guerres mener à bien cette seconde mission à cause du refus réitéré de la majorité de la classe parlementaire. Or, nombre de dirigeants des associations les plus droitières, y compris l'UNC (Union nationale des combattants) qui avait regroupé plus de 900 000 membres, plus ou moins brouillés avec la République, allaient se retrouver dans les instances dirigeantes de la Légion, à commencer par le très réactionnaire Xavier Vallat, qui en fut l'instigateur et le premier responsable.

Ces légionnaires qui participèrent jusqu'au bout aux grandes messes du régime, saluant — curieusement — bras tendu le « vainqueur de Verdun », bénéficièrent en retour du soutien indéfectible de Pétain. Pourtant, ils connurent surtout des déceptions. C'est ainsi qu'ils ne purent obtenir des autorités d'occupation, qui redoutaient une dérive vers des activités paramilitaires, que la Légion fût autorisée en zone nord, et qu'ils se virent dans leur grande majorité cantonnés assez vite dans l'action corporatiste, ne servant nullement, comme ils l'avaient espéré, de courroie de transmission. Ces légionnaires étaient coincés entre les préfets qui dénonçaient leur incompétence brouillonne et une minorité d'activistes qui se sentirent à l'étroit dans le rôle de propagandistes et qui préférèrent constituer, dès janvier 1942, sous l'impulsion de Darnand, chef de l'Union départementale des Alpes-Maritimes, le Service d'ordre légionnaire, qui manifesta, lui, un pétainisme musclé.

Voyages, journaux, actualités, micros

Dans cette guerre de civils que fut largement le deuxième conflit mondial, la sauvegarde mais aussi l'utilisation du moral furent les soucis prioritaires des gouvernants et la propagande devint un peu partout une arme de choix[1].

Ce fut encore plus vrai pour les régimes autoritaires qui avaient besoin, la guerre s'éternisant, d'influencer l'opinion. Chronologiquement, au long des quatre séquences que l'on peut distinguer, la politique de Vichy en matière de propagande allait osciller entre deux modalités : le contrôle de l'opinion et sa mobilisation. La première séquence court de l'été 40 à l'arrivée aux affaires de Darlan : la popularité du Maréchal étant à son apogée, les services de l'information-propagande se contentent de renforcer les contrôles établis pendant la « drôle de guerre ». La levée du « vent mauvais » évoqué par Pétain dans son discours du 12 août 1941 et l'arrivée, dans le paquetage de l'Amiral, de Paul Marion, fort bien formé jadis à l'école de l'Agitprop bolchevique avant de rallier le PPF de Doriot, modifient la donne. Persuadé que la propagande est un levier décisif dans un siècle dominé par l'irruption des masses, Marion entend mobiliser la population en l'enserrant dans un véritable réseau. Laval, après son retour aux affaires, en revient plus classiquement au contrôle de l'information, et d'abord de la presse, pour « vendre » sa politique étrangère. La dernière séquence est

1. *La Propagande sous Vichy 1940-1944*, sous la direction de Laurent Gervereau et Denis Peschanski, BDIC/La Découverte, 1990.

dominée par la voix de Philippe Henriot qui s'efforce d'encadrer de nouveau des Français déboussolés.

Quels qu'aient été les infléchissements de la stratégie gouvernementale, la propagande fut orientée selon quatre axes majeurs[1] :

1. l'exaltation de la personne hors du commun du Maréchal ;

2. la présentation du grand projet de la Révolution nationale ;

3. l'accent mis sur les résultats bénéfiques de la collaboration d'État ;

4. la défense de la légitimité du régime, menacé par le bolchevisme et ses hommes de paille, au premier rang desquels de Gaulle.

Philippe Pétain fut à la fois le meilleur sujet (on ne compte plus le nombre d'affiches qui le reproduisent dans tous les rôles possibles) et l'acteur le plus efficace d'une propagande continûment personnalisée. Après Toulouse, qui a l'honneur de recevoir la première l'illustre visiteur le 6 novembre 1940, toutes les cités de la zone sud l'accueilleront selon un rituel quasi immuable : discours du Maréchal au balcon de l'hôtel de ville devant un grand concours de foule, présentation des corps constitués, prestation de serment des anciens combattants, voire défilé de troupes. A compter de 1943, ces manifestations allaient s'espacer, mais les visites qu'il fit en zone nord en 1944, notamment le 26 avril, montrèrent que sa seule présence pouvait réveiller un maréchalisme encore vivace.

La presse fut traitée de manière beaucoup plus classique, par une censure vraiment tatillonne qui bombardait les journaux de « consignes » aux statuts multiples. Donnons comme exemple la « consigne impérative » n° 226 du 19 juin 1941 qui ordonnait de « couper, dans les comptes rendus du voyage du Maréchal, les menus des repas ». Ces consignes se doublaient de « notes d'orientation » que les journaux

---

1. Claude Lévy et Dominique Veillon, « Propagande et modelage des esprits », in *Le Régime de Vichy et les Français*, Fayard, 1992.

suivaient quasiment à la lettre. C'est Laval qui sut se montrer le plus habile : en échange de la suppression du contrôle préalable, les journaux passeraient chaque semaine deux articles de politique étrangère directement inspirés par ses services. Mais il dut compter avec des « superviseurs » militaires allemands, qui exerçaient dorénavant la censure déjà imposée en zone nord.

Vichy sut également fort bien utiliser les médias modernes, et notamment les actualités cinématographiques — celles que Claude Chabrol a reprises dans *L'Œil de Vichy* : elles étaient obligatoirement projetées avant chaque film, alors que la fréquentation des salles était passée de 220 à 300 millions d'entrées de 1938 à 1943. Et avec les causeries de Philippe Henriot — exploitant les peurs physiques et politiques des Français —, diffusées à deux reprises chaque jour, grâce aux quelque cinq millions de postes de TSF, Radiodiffusion-Nationale, Radio-Vichy, avait retrouvé en 1944 une certaine audience.

« Un État national, autoritaire, hiérarchique et social »

C'est ainsi que René Gillouin, publiciste et « homme du Maréchal », définissait la Révolution nationale. Pétain eût préféré qu'on parlât de « redressement » ou de « rénovation » plutôt que de « Révolution » pour désigner ce grand dessein du nouveau régime qui devait permettre d'en finir avec les errements passés et de façonner une nouvelle France.

Les fondements idéologiques de ce qui se voulait un projet global de société sont plus syncrétiques qu'on a pu l'affirmer. Il serait erroné d'y voir la transposition pure et simple de pratiques spécifiquement fascistes. Il serait exagéré de ne retenir qu'une seule source française, la matrice contre-révolutionnaire, et plus précisément le maurrassisme. La Révolution nationale résulte d'un syncrétisme français, un mélange de traditionalisme réactionnaire et de populisme, relu à la lumière du catholicisme social, des courants non conformistes des années trente et enfin des thèmes développés dans nombre de mess d'officiers.

On peut retenir six caractéristiques de l'esprit qui animait le régime[1] : la condamnation sans appel du libéralisme, le refus du principe égalitaire, une pédagogie anti-intellectualiste, la défiance à l'égard de l'industrialisme, l'affirmation d'un nationalisme fermé, l'appel enfin à un rassemblement national.

L'individualisme était tenu pour l'agent le plus dissolvant

---

1. Jean-Pierre Azéma, « Le régime de Vichy », in *La France des années noires*, tome 1, *op. cit.*

de la société comme de la nation. Il convenait de redonner d'urgence toute leur place à ces « communautés naturelles » que sont la famille (le droit des familles étant antérieur et supérieur à celui de l'État), la profession, la nation. Il fallait ensuite « organiser » la société pour la rendre solidaire en s'inspirant du modèle corporatiste. L'action du gouvernement porta aussi bien sur les professions libérales (on crée notamment l'Ordre des médecins) que sur l'agriculture (la loi du 2 décembre 1940 instaure la « Corporation paysanne ») et les professions industrielles (par la loi dite du 4 octobre 1941, plus connue sous le nom de Charte du travail).

Le refus de l'égalitarisme est l'autre grand principe de l'idéologie vichyssoise qui souhaite remettre à l'honneur la hiérarchie et les chefs. La tyrannie démagogique du suffrage universel doit céder la place au gouvernement des élites sociales et professionnelles, formées dans des écoles spécifiques de cadres.

On souhaite donc modifier de fond en comble la pédagogie, tourner le dos à l'intellectualisme, rendu responsable de l'affadissement de la nation, pour revenir au concret par la revalorisation des travaux manuels. En particulier, on veut tremper les caractères par l'éducation sportive.

Le discours dominant répudie l'industrialisme dont on juge les effets déstabilisateurs. L'expansion de l'industrie semble liée à celle du capitalisme dont on dénonce la « ténébreuse alliance » avec le « socialisme international ». On lui oppose une France à dominante rurale et artisanale, où sera honoré le paysan, « garantie essentielle de l'existence et de la sauvegarde du pays ».

Est également condamné ce que l'on peut appeler — avec quelque anachronisme — le libéralisme culturel. Dès son message du 20 juin 1940, Pétain fustigeait l'« esprit de jouissance », un des grands responsables du désastre. Il convient d'en finir avec le dévergondage des mœurs, de rétablir la répartition des rôles masculins et féminins, notamment en exaltant le modèle de la mère de famille au foyer.

La Révolution nationale affiche enfin un nationalisme fermé et ethnocentrique, qui sous-tend non seulement la stratégie hexagonale poursuivie au long de ces années mais également une politique d'exclusion et de répression contre les individus ou les groupes dont on estime qu'ils ont, à des titres divers, partie liée avec « l'Anti-France » et mettent en péril l'œuvre de redressement national, au premier rang desquels les communistes, les étrangers, les juifs, les francs-maçons.

Il restera enfin à éradiquer les divisions artificielles entretenues par les centrales syndicales dont l'action nourrit un antagonisme de classes pernicieux, et plus encore par les formations partisanes, jugées largement corrompues, voire stipendiées par l'étranger et en tout cas manipulées par les « professionnels de l'élection ». En lieu et place, un régime autoritaire et un gouvernement de rassemblement national mèneront à bien cette révolution par en haut qui sauvera la France et les Français.

Former des chefs

Pour Pétain et beaucoup d'autres, la France avait été vaincue à cause de la défaillance de ses élites, défaillance aggravée par un individualisme désastreux, lié lui-même à l'intellectualisme de leur formation. L'un des antidotes serait de redonner toute leur place à des chefs, à de véritables chefs. Il ne s'agissait pas de créer une oligarchie fondée sur la naissance, la fortune ou les diplômes, mais de susciter l'émergence d'une nouvelle aristocratie, définie par la capacité de ses membres à exercer pleinement cette véritable mission : être un chef.

On créa un grand nombre d'écoles pour former des responsables petits et grands. Trois d'entre elles reçurent un statut national d'École des cadres, dépendant du secrétariat général à la Jeunesse : celle féminine d'Écully, celles masculines de La Chapelle-en-Serval et d'Uriage.

A Écully, près de Lyon, est ouverte, en octobre 1940, sous la direction de Jeanne Aubert, une des fondatrices de la Jeunesse ouvrière chrétienne féminine, une école qui devait former le personnel d'encadrement des centres de jeunes travailleuses. C'est à La Chapelle-en-Serval, près de Senlis, qu'est mise en place, à la fin de 1941, une école chargée de former en zone nord une élite de fonctionnaires. Son image reste médiocre : des directeurs trop nombreux, un enseignement en dents de scie. Cette école, pour finir, est confiée à un milicien.

L'École d'Uriage[1], quant à elle, créée officiellement par

---

1. Bernard Comte, *Une utopie combattante, l'École des cadres d'Uriage 1940-1942*, Fayard, 1991.

une loi de décembre 1940, est d'une tout autre qualité. Son fondateur et directeur, le capitaine de cavalerie blindée Pierre Dunoyer de Segonzac (celui que ses fidèles surnommeront le « Vieux Chef »), s'était d'abord installé, dès septembre, près de Gannat, avant de transférer la nouvelle école près de Grenoble, au château d'Uriage, dans un environnement austère. Uriage avait pour première mission d'accueillir dans des stages d'entraînement physique, intellectuel et moral les futurs chefs des Chantiers de la jeunesse ; puis, l'école organisa des sessions d'études et d'information pour les cadres ou les élites de divers milieux sociaux. Les stagiaires y vivaient en équipe, pratiquant l'alternance quotidienne des activités physiques et intellectuelles ou pratiques, tout en gardant suffisamment de temps libre pour la réflexion personnelle. La vie y était rude, scandée de rites empruntés à l'armée et au scoutisme.

Dunoyer de Segonzac et son équipe avaient une double ambition : servir la patrie en préparant la revanche sur l'occupant et contribuer à la renaissance d'une communauté nationale solidaire animée de valeurs spirituelles et humanistes. A ce titre, les uns et les autres pouvaient se sentir en accord avec l'esprit de la Révolution nationale. Et si tous les membres de l'équipe ne partageaient pas la véritable vénération que Segonzac portait à Pétain, ils acceptaient tous de travailler dans un esprit de « loyalisme absolu envers la personne du Maréchal » et de « soumission totale à ses ordres ».

A l'équipe initiale d'officiers, d'aumôniers (notamment l'abbé de Naurois) et d'anciens responsables d'organisations de jeunesse, dont le sociologue Joffre Dumazedier et l'ethnologue Paul-Henri Chombart de Lauwe, se joignent, en tant que responsables ou conférenciers attitrés, des hommes marqués par l'esprit non conformiste des années trente, notamment par le personnalisme, par exemple Hubert Beuve-Méry et Emmanuel Mounier lui-même. Les uns et les autres veulent former des jeunes qui cultivent l'honneur, sachent sortir des sentiers battus. Péguy, du moins le Péguy prophétique, sera volontiers donné pour modèle. Il s'agit d'élaborer un style capable d'affronter la crise de civilisation que vit le XXe siècle.

Malgré les assurances de leur soutien inconditionnel à Pétain, ces hommes furent d'autant plus rapidement soupçonnés de tiédeur à l'égard du régime qu'ils entendaient défendre fermement l'esprit d'indépendance vis-à-vis du pouvoir. Après diverses alertes, l'école fut finalement fermée au bout de deux années d'existence, en décembre 1942, par Laval qui estimait qu'elle manifestait une opposition ouverte à l'encontre de sa politique. Quelques mois plus tard, le château d'Uriage devenait une école de cadres pour les miliciens auxquels on apprenait en priorité comment l'emporter dans les combats de rue, face aux « terroristes ». Une évolution qui avait au moins le mérite de la clarté !

Enterrer la gueuse

Le régime de Vichy occupe une situation singulière et paradoxale[1] dans l'histoire politique de la France au XXᵉ siècle : la défaite a donné une occasion de revanche à des minorités qui voulaient depuis quelques lustres soit étrangler la République, « la gueuse », soit mettre à bas la démocratie libérale jugée responsable de tous les maux. Mais les échecs et les excès de l'État français ont *a contrario* réhabilité le modèle démocratique pour partie démonétisé dans la France de 1939.

Sans doute les hommes de Vichy n'ont-ils pas cherché à frayer la voie à une monarchie d'essence spécifiquement contre-révolutionnaire. Et si les bustes de Marianne ont en principe disparu des mairies pour être remplacés par des portraits du Maréchal, le drapeau tricolore, la *Marseillaise* et le 14 Juillet demeurent les symboles officiels de la nation française.

Cela dit, le projet politique, au sens précis du terme, se présente comme l'antithèse du modèle républicain, s'efforçant de mettre entre parenthèses soixante ans d'esprit républicain. Les fondements idéologiques qui sous-tendent la Révolution nationale se définissent d'abord comme le rejet systématique des principes qui caractérisent la démocratie libérale et parlementaire : suppression du suffrage universel, et en tout cas mise en sommeil des Chambres qui en sont l'expression. D'autre part, rien n'était plus étranger à la tra-

---

1. Jean-Pierre Azéma, « Vichy face au modèle républicain », in Serge Berstein et Odile Rudelle, *op. cit.*

dition républicaine que cette concentration des pouvoirs entre les mains d'un seul homme, qui les exerçait en l'absence de tout contre-pouvoir, ceux que constituaient la responsabilité ministérielle, les forces syndicales, les moyens d'information. Un seul homme qui s'était, de surcroît, arrogé le droit de désigner son successeur. Ajoutons qu'était également gommée une des caractéristiques de la IIIe République : la France cessait, dans les faits, d'être un État laïc.

Principal objet de l'exécration vichyste, la république du Front populaire, censée avoir été dominée par une coalition judéo-maçonno-bolchevique. Les communistes seront de bout en bout des réprouvés, les francs-maçons sont des exclus politiques dès le 13 août 1940 ; quant aux juifs français, à l'encontre de toute la tradition républicaine, ils deviennent des citoyens de deuxième zone, avec la promulgation du statut du 3 octobre 1940.

Il restait encore à faire condamner par des juges aux ordres certaines des figures de proue de cette République du Front populaire. Pierre Mendès France et Jean Zay, députés mobilisés, furent traînés devant un tribunal militaire pour abandon de poste devant l'ennemi, alors que leur embarquement sur le *Massilia* était parfaitement en règle. Quant à Philippe Pétain, il condamnait, *motu proprio*, le 16 octobre 1941, à la détention, dans le fort pyrénéen du Portalet, Mandel et Reynaud.

Entre-temps, Pétain avait institué, le 30 juillet 1940, une « Cour suprême de justice » chargée de juger « les ministres, les anciens ministres ou leurs subordonnés immédiats civils ou militaires [...] d'avoir trahi les devoirs de leurs charges ». C'est ce qui servira de base juridique à l'instruction du procès de Riom, ouvert le 19 février 1942, procès emblématique de la répression politique vichyssoise. Sur les cinq inculpés, trois étaient des parlementaires, dont deux anciens présidents du Conseil : Édouard Daladier et Léon Blum. Ce dernier voyait bien quelle était la cible de cette farce judiciaire lorsqu'il déclarait : « Si la République demeure l'accusée, nous restons à notre poste de combat comme ses témoins et ses défenseurs. »

Sans doute Laval laissait-il volontiers entendre que la Révolution nationale n'était pas sa tasse de thé, lui qui avait été façonné par feu la République. Dans une interview accordée à une agence américaine en mai 1941, il avait déclaré : « Nous construirons une République plus jeune, plus musclée, plus humaine » ; ce qui lui avait valu de la part de journaux collaborationnistes le sobriquet supposé déshonorant de « républicain musclé ». En tout cas, c'est le muscle qui l'emporta sur l'esprit républicain, aussi bien dans la pratique du pouvoir que dans la politique répressive.

Ce qui fait que, au fil des mois, entre occupation et régime autoritaire, l'État français redonna une virginité politique au régime qu'il prétendait enterrer. La République qui avait servi de bouc émissaire redevenait belle sous Vichy.

L'hydre maçonne

« Parlons franc, nous n'aimions, ni les uns ni les autres, la franc-maçonnerie. Le Maréchal faisait même profession de la détester. Un juif, disait-il, n'est jamais responsable de ses origines, un franc-maçon l'est toujours de son choix. » Cet aveu, nous le devons à Henri du Moulin de Labarthète, le premier directeur du cabinet civil de Philippe Pétain. De fait, les francs-maçons, sans être rangés dans la catégorie des réprouvés, furent jugés politiquement indésirables [1].

Les nazis, dès leur prise du pouvoir en Allemagne, s'en étaient pris aux loges tenues pour des repaires de juifs et de disciples d'un occultisme qui avait partie liée avec l'étranger. Dès leur arrivée en France, les hommes du SD occupèrent les locaux du Grand Orient, avant d'appuyer en zone nord l'action d'anti-maçons fanatiques, tels le journaliste d'ultra-droite Henry Coston ou Bernard Faÿ, professeur au collège de France, spécialiste du XVIIIe siècle, chargé notamment de gérer les fichiers saisis. C'est avec leur soutien que se monta « La franc-maçonnerie dévoilée », une exposition ouverte en octobre 1940 au Petit Palais, qui rencontra un grand succès de curiosité parce qu'on y exhibait les meubles, costumes et instruments rituels confisqués dans les loges. Si les autorités d'occupation ont poussé Vichy à mener une politique anti-maçonne vigoureuse, elles rencontrèrent beaucoup de compréhension auprès du gouvernement, du moins jusqu'au proconsulat de Laval.

L'ardeur mise à pourchasser les francs-maçons peut pour-

---

1. Pierre Chevallier, *Histoire de la franc-maçonnerie française*, tome 3, Fayard, 1975.

tant surprendre rétrospectivement. Il est vrai qu'on leur attribuait un pouvoir et une extension démesurés [1]. On établira 170 000 fiches de « suspects », alors que les deux principales obédiences regroupaient, en 1939, 45 000 frères : 29 000 répartis dans les 451 loges (dont 98 à Paris) du Grand Orient de France ; 16 000 pour sa rivale, la Grande Loge de France, qui comptait 224 loges, dont 88 à Paris. Dans l'imaginaire de leurs adversaires, les loges fomentaient un complot permanent aux ramifications internationales. Nombre de catholiques traditionalistes voyaient toujours en eux les instigateurs de la Révolution française anti-chrétienne. La droite extrême en faisait depuis les diatribes de Maurras un des quatre piliers de l'Anti-France ; et la droite conservatrice considérait le Grand Orient comme le vivier de la gauche non communiste.

C'est pourquoi, dès le 13 août 1940, une loi interdisait les « associations secrètes » et, dans son article 5, faisait obligation aux « fonctionnaires et agents de l'État » de déclarer sur l'honneur, soit n'avoir pas appartenu à ce genre d'association, soit avoir rompu toute attache avec elles. L'exposé des motifs soulignait que les sociétés secrètes, où étaient entrés nombre de fonctionnaires, menaçaient l'œuvre de redressement national. C'était la franc-maçonnerie qui était plus spécifiquement visée : un décret pris six jours plus tard constatait « la nullité du Grand Orient de France et de la Grande Loge de France ».

Les choses parurent en rester là. Mais dès que le pouvoir se rendit compte que l'opinion prenait ses distances, que se levait « un vent mauvais », les francs-maçons furent accusés de poursuivre leurs menées occultes et pernicieuses, en étant en étroite relation avec une mystérieuse « Synarchie d'Empire ». C'est pourquoi la loi du 11 août 1941 stipulait que :

1. les noms des « dignitaires, officiers de loges et hauts gradés » seraient « révélés officiellement au public » ;

2. les anciens dignitaires se verraient interdire — sauf dérogations dûment motivées — « l'accès et l'exercice des

---

1. Dominique Rossignol, *Vichy et les francs-maçons*, Lattès, 1981.

fonctions publiques et mandats » tels qu'ils avaient été énumérés dans la loi portant statut des juifs. C'était non seulement porter atteinte à la liberté de conscience, mais aussi prononcer l'exclusion d'une nouvelle catégorie de citoyens.

Mais les maçons, même classés comme politiquement suspects par Vichy, ne furent pas traqués par l'occupant comme le furent les juifs de France. Et Laval s'efforça de modérer le zèle purificateur du chef du Service des sociétés secrètes, l'amiral Platon, et de quelques autres exaltés de la lutte antimaçonne. Reste que 18 000 francs-maçons environ virent leurs noms étalés au *Journal officiel* et que près de 6 000 furent poursuivis pour fausse déclaration.

La franc-maçonnerie déplorait en 1945 quelque 500 morts pour faits de résistance.

Un antisémitisme d'État lourd de menaces

Pour les quelque 350 000 juifs français (à l'époque souvent nommés « Israélites »), ou de nationalité étrangère (notamment polonaise, russe, allemande), ces années-Vichy furent particulièrement noires[1]. Ce sont bien les nazis qui ont planifié et organisé la déportation des juifs de France. Mais il y fallut la complicité pleine et entière des hommes de Vichy, même si ceux-ci affirmaient volontiers que l'antisémitisme « d'État » dont ils faisaient profession différait de l'antisémitisme dit « de peau ».

La Révolution nationale se réclamait d'un « nationalisme fermé » (la formule est de Michel Winock) ethnocentrique. La droite extrême en avait fait depuis quelques décennies un de ses chevaux de bataille. Car l'antijudaïsme chrétien, pourfendeur du peuple décide, avait été relayé, à compter des années 1890, par l'antisémitisme propagé par les néo-nationalistes, et notamment par l'Action française : à leurs yeux, « l'Anti-France » menait un travail de sape contre la nation ; et c'était le juif qui était le plus dangereux, surtout s'il se prétendait assimilé alors qu'il ne serait jamais qu'un métèque.

Cette analyse, la plupart des hommes de Vichy la font leur, pour mettre en œuvre une politique de ségrégation des juifs français et d'exclusion des juifs étrangers. Immédiatement, et sans que l'occupant exerce alors une quelconque pression, Vichy, pratiquant ce que Maurras appelle l'antisémitisme d'État, établit une réglementation spécifique des

1. André Kaspi, *Les juifs pendant l'Occupation, op. cit.*

conditions de vie civiles et professionnelles des juifs français. Elle était conçue non seulement comme une mesure défensive visant à éliminer l'influence politique, sociale et économique supposée démesurée des « Israélites », mais encore comme un retour nécessaire à la tradition nationale.

Deux lois « portant statut des juif »[1], celles des 3 octobre 1940 et 2 juin 1941, faisaient donc des juifs français, parce qu'ils étaient de « race juive », des citoyens à part, de deuxième ou troisième zone. Exclus de toute fonction élective, ils étaient interdits — sauf dérogations très chichement mesurées — d'un grand nombre de professions : ils ne pouvaient ni être magistrats, officiers ou fonctionnaires, ni exercer une activité ayant trait aux médias, à la culture, puis au commerce, ni en pratique exercer les professions libérales, régentées par un système de quotas très stricts. La loi du 22 juillet 1941 « aryanisant » de fait les biens juifs aggravait l'appauvrissement de ces citoyens. Ajoutons que les juifs d'Algérie cessaient d'ailleurs d'être des citoyens français avec l'abolition, le 7 octobre 1940, du « décret Crémieux ». Quant aux « étrangers de race juive », ils devenaient particulièrement vulnérables après que la loi du 4 octobre 1940 eut autorisé les préfets à les interner administrativement, notamment dans des camps, qui deviendront de véritables pièges lors des grandes rafles de l'été 1942[2].

Outre les difficultés à justifier, et même à définir, la « race » en termes de droit, c'était tourner le dos à un siècle et demi d'émancipation des juifs pratiquée au regard des principes de la législation française fondée sur les droits de l'homme, en violant les fondements du droit régissant la France depuis des décennies.

Et cependant, pour mettre en œuvre des ordonnances de l'occupant, et tout autant de son propre chef, l'administration vichyssoise allait recenser (notamment en septembre 1940 et juin 1941) les juifs de France avant de les ficher[3]. Un

---

1. Renée Poznanski, *Être juif en France pendant la Seconde Guerre mondiale*, Hachette, 1994.

2. Michaël Marrus et Robert Paxton, *op. cit.*

3. *Le « Fichier juif »*, rapport de la commission présidée par René Rémond au Premier ministre, Plon, 1996.

organisme spécifique, le Commissariat général aux questions juives, fut créé, sous la pression il est vrai de l'occupant, le 29 mars 1941, pour régler les problèmes posés par « la question juive » (en 1944, il occupait plus d'un millier de personnes). Son premier titulaire, Xavier Vallat, qui professait un antisémitisme d'État strict, se refusa néanmoins à faire du Commissariat une officine policière. Darquier de Pellepoix, qui lui succéda le 6 mai 1942, était un sectataire de l'antisémitisme nazi, qui transforma ses services en auxiliaires du SD allemand.

Ce glissement est significatif. Sans doute, pour les auteurs de la législation vichyssoise, exclusion et ségrégation n'étaient-elles pas l'antichambre de l'extermination. Mais l'engrenage de la collaboration d'État et la prégnance de l'ethnocentrisme allaient faire des autorités vichyssoises des complices avérés de la déportation des juifs de France.

L'économie sous contrainte

Ceux des Français qui ont survécu aux années noires ont tous à raconter des histoires de café à base de glands grillés, de saccharine, de rutabagas, de mégots précieusement recyclés. Cette obsession du ravitaillement fut la retombée la plus évidente des contraintes qui se sont exercées sur l'économie française[1].

Il y a d'abord le blocus maritime que les Anglais imposent dès le 25 juin 1940, et qu'ils maintiendront sans tenir compte des conseils de modération formulés dans un premier temps par les Américains. Ce blocus interrompt notamment les relations de la métropole avec son Empire. Sans doute, à Vichy, a-t-on exagéré l'importance des cargaisons saisies. Reste qu'on ne peut sous-estimer le bouleversement des courants d'échanges.

La seconde contrainte, celle de l'Occupation, devait évidemment peser incomparablement plus. Vichy faisait rapidement le choix de la collaboration, croyant ainsi desserrer l'étau de l'armistice et également obtenir un sort privilégié dans l'Europe germanique, notamment dans le futur espace économique allemand[2]. Cependant, après quelques mois de flottement, il apparut que les objectifs poursuivis par le Reich étaient d'exploiter au maximum les ressources du plus riche des pays occupés et de contraindre l'industrie française à travailler de plus en plus pour l'économie de guerre allemande.

1. Henry Rousso, « L'économie : pénurie et modernisation », in *La France des années noires*, tome 1, *op. cit.*
2. Alan Milward, *op. cit.*

L'occupant s'était octroyé, on le sait, des facilités et des moyens importants : montant disproportionné des frais d'occupation (il en coûtera 630 milliards de francs au Trésor français) ; déséquilibre systématique des opérations de clearing (il atteindra 194 milliards de francs) ; taux de change léonin imposé au gouvernement français.

Bien plus, de nombreuses entreprises dépendaient du bon vouloir allemand : l'occupant fournissait une grande partie des approvisionnements, contrôlait la répartition des matières premières et constituait souvent le seul débouché industriel et commercial des produits français. Au total, non seulement une très grande partie de l'activité économique française s'est effectuée au bénéfice de l'Allemagne, mais la France a été, parmi les pays occupés, le premier fournisseur de matières premières, de produits manufacturés, de produits alimentaires, sans parler des contributions financières.

Ces contraintes allaient scander l'évolution de la vie économique. Le pays connaît d'abord, jusqu'à l'hiver de 1940, une grave dépression (on dénombra jusqu'à un million de chômeurs), due à la désorganisation générale de la production, aggravée par le pillage désordonné auquel se livrent les occupants dans les premiers mois et aux retombées immédiates du blocus britannique. Après quoi, la France connaît en 1941-1942 un redémarrage relatif dû pour une bonne partie à l'impulsion des commandes de l'industrie allemande qui devient dorénavant le principal débouché économique des produits français. A partir de la fin de 1942, la situation s'aggrave à nouveau du fait que la France, comme les autres pays occupés, subit les retombées de la « guerre totale », de l'exploitation de toutes les ressources matérielles et humaines (qu'on songe au STO). Enfin, en 1944, la production s'effondre avec les bombardements alliés et la reprise des opérations sur le territoire national.

Le bilan global est négatif pour l'économie française. Sans doute l'action de l'occupant a-t-elle eu des effets directs ou indirects positifs, notamment par les transferts de technologie dans le domaine de l'extraction de la houille, du bâtiment, des matières plastiques. Mais il ne faudrait pas en exagérer l'importance et les chiffres sont parlants. A quelques rares exceptions près, la baisse de production des produits agricoles est générale : celle des pommes de terre passe de 144 millions de quintaux en 1939 à 65 en 1943, celle du blé de 73 à 64 millions de quintaux, celle de la viande de 1 551 milliers de tonnes à 823 ; quant à la production industrielle, son indice général (100 en 1938) tombe à 54 en 1943, tandis que celui du revenu national descend à 59.

La Libération acquise, les Français devront sacrément retrousser leurs manches.

Une économie administrée

Une idée reçue a longtemps dominé l'historiographie de Vichy : on ne voulait voir dans le régime de Vichy que sa façade réactionnaire et agrarienne, analysée comme une revanche sur la société industrielle, atomisée et individualiste. Or, malgré les intentions affichées de la Révolution nationale, la France de l'Occupation a constitué l'expérience la plus poussée d'une économie administrée, par laquelle des « technocrates » ont cherché à réaliser une « modernisation » économique [1].

Pétain, qui se disait décidé à briser « la ténébreuse alliance... du capitalisme international et du socialisme international », prônait bien, pour sa part, une économie « organisée et contrôlée », sur une base corporative pour tisser des solidarités non pas au sein de « classes » sociales antagonistes mais entre tous ceux qui travaillent à l'intérieur d'une même entreprise, d'une même branche. Pourtant, dans ses discours il célébrait avant tout les artisans (« l'artisanat est une des forces vivantes de la France et j'attache à sa conservation, à son développement, à son perfectionnement, une importance toute particulière ») et encore plus les paysans (« il faut que le paysan soit hautement honoré, car il constitue, avec le soldat, les garanties essentielles de l'existence et de la sauvegarde du pays »).

Mais il fallut immédiatement faire face à la situation de crise que provoquaient la défaite et l'occupation, au bouleversement des approvisionnements, dû pour partie au

1. Henry Rousso, « L'économie : pénurie et modernisation », *op. cit.*

blocus anglais, à la réorientation des échanges, à la désorganisation de la production, à la poussée du chômage, toutes contraintes que les entreprises ne pouvaient affronter seules. Pour gérer ces temps d'exception, une bande de « jeunes cyclistes », de « technocrates », hauts fonctionnaires et managers de grandes entreprises, avaient des solutions. Épris de modernité, ils étaient nourris des thèses développées au sein d'élites patronales, tel le groupe X-Crise, monté par Jean Coutrot, ou dans la revue *Les Nouveaux Cahiers* fondée par Auguste Detœuf et Jacques Barnaud, préconisant une troisième voie entre l'ultra-libéralisme disqualifié par la crise de 1929 et le collectivisme niveleur et inefficace. Entre autres, François Lehideux, Roger Gibrat, Jacques Barnaud, Jean Bichelonne prônaient d'autant plus nettement le dirigisme qu'il fallait, bon gré mal gré, organiser et gérer la collaboration économique avec le Reich : Jacques Barnaud, par exemple, occupait la fonction clé de délégué aux relations économiques franco-allemandes.

Au total, il y eut un renforcement remarquable des prérogatives de l'État, dans le secteur financier mais également en matière économique, industrielle, voire agricole. Si le pouvoir économique restait au sein de l'entreprise entre les mains du patron, la définition d'une politique économique au sein des branches industrielles ou de l'agriculture relevait du gouvernement, et encore plus de l'administration qui, débarrassée de tout contrôle parlementaire, encadrait entreprises et exploitations de façon particulièrement contraignante.

C'est dans le secteur agricole que la nécessité de s'adapter à la conjoncture se maria le mieux avec l'idéologie corporatiste. Le 2 décembre 1940 était promulguée la loi relative à l'organisation corporative de l'agriculture, créant ce qu'on appelle communément la « Corporation paysanne ». Avec des buts ambitieux : « promouvoir et gérer les intérêts communs des familles paysannes dans le domaine moral, social et économique », cette corporation fonctionnait de façon hiérarchique et pyramidale et regroupait « tous ceux qui vivent de la terre » ; un contrôle s'exerçait dès le niveau régional par des commissaires du gouvernement. Si ce syndicat unique n'était pas obligatoire, il fallait y être affilié pour pouvoir bénéficier d'un certain nombre de prestations.

Le secteur industriel allait connaître des bouleversements d'une tout autre nature[1]. On créa immédiatement un grand ministère de la Production industrielle (en 1944, il occupait plus de 16 000 fonctionnaires) qui fut la première tentative pour contrebalancer la suprématie traditionnelle du ministère des Finances. Le 16 août 1940, une loi instituait des comités d'organisation, mis en place dans chaque branche, secteur ou profession, chargés de recenser les entreprises, d'arrêter les programmes de production, fixant également les règles de la marche des entreprises. Elle sera complétée par la loi du 10 septembre créant un Office central de répartition des produits industriels qui déterminait la distribution des combustibles et des produits de base. Ajoutons la naissance en 1941 d'une Délégation générale à l'équipement national, placée sous la direction de François Lehideux, qui peut passer pour l'amorce d'une politique d'aménagement du territoire.

Au grand scandale des représentants des petites et moyennes entreprises, ce dirigisme administratif fut contrôlé quasi exclusivement par des chefs de grandes entreprises ou par des hauts fonctionnaires qui avaient partie liée avec eux. Ainsi, Auguste Detœuf présidait aux destinées du comité d'organisation des constructions électriques. Sans doute le chef de l'État ou ses proches purent-ils tancer en paroles capitalisme ou ploutocratie, tandis que la loi du 26 novembre 1940 sur les sociétés anonymes, modifiant le texte fondateur de 1867, visait à moraliser la gestion de ce fleuron du capitalisme en aggravant les responsabilités pénales des P-DG. Mais, dès décembre 1941, l'État s'octroyait le droit de faire disparaître provisoirement ou définitivement, pour cause de pénurie et plus encore pour libérer de la main-d'œuvre pour le STO, les entreprises jugées trop

---

1. Alain Beltran, Robert Frank, Henry Rousso, *op. cit.*

faiblement rentables par l'administration et les autorités d'occupation. Et, effectivement, nombre d'ateliers d'artisans, de commerces et de petites entreprises furent fermés.

Les retombées de cette politique dirigiste furent très inégales. Les plus déçus furent probablement les paysans, pourtant célébrés dans les discours officiels. La Corporation paysanne devint vite à leurs yeux un instrument étatique exclusivement chargé de collecter et de répartir récoltes et produits, dont une partie était destinée à l'Allemagne. Ils pratiquèrent l'inertie ou augmentèrent leur autoconsommation et prirent leurs distances vis-à-vis d'une institution qui pratiquait des méthodes coercitives dont les paysans se sont de tout temps défiés. Tandis que nombre de chefs d'entreprises, qui s'en tenaient à une stricte logique de l'entreprise, tirèrent leur épingle du jeu. En tout cas, la plupart des grandes banques réalisèrent des profits vraiment juteux.

Pour démonter l'idée jusqu'alors couramment admise de l'archaïsme de la politique économique menée par l'État français, des auteurs (notamment Richard Kuisel)[1] ont voulu, à l'inverse, voir dans Vichy l'affirmation d'une technocratie triomphante et toute-puissante dont l'action en matière économique et sociale aurait constitué quasiment le soubassement caché de la modernisation de la société française de l'après-guerre. Cette thèse est pour le moins exagérée, car le décollage des années cinquante aura de tout autres bases, politiques comme économiques. Disons plutôt que dans les faits, l'économie dirigée de Vichy a été une lourde machine bureaucratique qui a servi d'abord et avant tout à gérer la pénurie et à insérer l'économie française dans l'économie de guerre du Reich.

---

1. Richard F. Kuisel, *Le Capitalisme et l'État en France : modernisation et dirigisme au XXe siècle*, Gallimard, 1984.

Une jeunesse saine et marchant droit

A l'image de tous les régimes autoritaires, les responsables de Vichy s'efforcèrent de promouvoir une « politique de la jeunesse ». En préparant l'avenir, elle en finirait avec les séjours dans des auberges de jeunesse douteuses ou des virées sur les tandems démagogiques du Front populaire. Il fallait en terminer avec le fameux « esprit de jouissance », responsable évident de la défaite, responsable aussi d'un relâchement dans l'éducation, qui aurait plongé les classes de seconde dans une décadence digne de Byzance. On s'appliquerait désormais à modeler des jeunes sains de corps et d'esprit, et sachant obéir[1].

Philippe Pétain, pour sa part, laissait entendre que, dès 1934, dans le gouvernement Doumergue, il aurait préféré recevoir le portefeuille de l'Instruction publique plutôt que celui de la Guerre. Là, il aurait pu « s'occuper des instituteurs communistes » (c'était l'une de ses obsessions), et mettre en pratique ses idées pédagogiques. Car il y avait de l'instituteur rentré chez cet homme. D'ailleurs, en 1940, dans deux livraisons de la *Revue des Deux Mondes*, il fit connaître ses sentiments en matière de pédagogie : en gros, défiance de tout intellectualisme, réhabilitation de la morale, du travail manuel et des exercices physiques.

Vichy mit donc tout de suite en œuvre une politique de la jeunesse, coordonnée par un secrétariat général à la Jeunesse, confié jusqu'en avril 1942 à Georges Lamirand, un chef d'entreprise, ingénieur des Arts et Métiers, catholique

---

1. Wilfred D. Halls, *Les Jeunes et la politique de Vichy*, Syros, 1988.

militant et admirateur inconditionnel de Lyautey. Cette politique était soutenue à la fois par la promotion du sport et la mise sur pied de mouvements de jeunesse.

Un commissariat à l'Éducation générale et aux Sports fut créé et dirigé jusqu'en avril 1942 par Jean Borotra, expolytechnicien et surtout l'un des Mousquetaires qui avaient gagné la coupe Davis. Il réactiva la « gymnastique » à l'école, créa un brevet national sportif, multiplia les compétitions et les manifestations sportives placées sous le signe de l'amateurisme.

Quant aux mouvements de jeunesse, ils sont légion. L'expérience la plus intéressante, en mettant à part les Chantiers de la jeunesse auxquels est consacré un chapitre particulier de cet ouvrage, est celle des « Compagnons de France » qui rassembla, à l'initiative de Henri Dhavernas, jeune inspecteur des Finances et ancien commissaire national des Scouts de France, des jeunes chômeurs (ce sont les « compagnons de chantier ») et des membres volontaires à temps partiel (les « compagnons de cité »). Ils furent jusqu'à 30 000 à vouloir « lutter pour devenir un homme » selon un rituel rappelant le scoutisme, avec un cérémonial badigeonné de teinture médiévale.

Cet intérêt porté par l'État à la jeunesse ne fut guère du goût de l'Église catholique qui, sur les trois millions d'adolescents entre 14 et 20 ans, en contrôlait alors 2 300 000 à travers les mouvements d'Action catholique. Soupçonnant qu'une partie de l'entourage de Darlan, et notamment Pucheu, voulait capter l'ensemble de la jeunesse, elle déclara solennellement le 24 juillet 1941 : « Jeunesse unie ? Oui. Jeunesse unique ? Non. » Elle obtint de Pétain que soit maintenu le pluralisme des mouvements, qui n'eurent comme seuls dénominateurs communs que le culte de la patrie et l'acceptation disciplinée des valeurs chrétiennes. Mais jusqu'au bout elle demeura sur le qui-vive, se défiant notamment d'un Bonnard qui, devenu ministre de l'Éducation nationale, faisait quasiment profession d'anticléricalisme.

L'Église avait tort de s'alarmer : la surveillance des autorités d'occupation, les contraintes du STO, les rivalités internes des équipes vichyssoises allaient, à la différence de ce qui fut une relative réussite dans le domaine sportif, considérablement limiter, le premier mouvement d'enthousiasme passé, l'essor des mouvements directement subventionnés par l'État.

Les Chantiers du Maréchal

Les « Chantiers de la jeunesse »[1] — c'était leur dénomination officielle — constituèrent un des grands mouvements de jeunesse caractéristiques du régime, jusque dans son échec final[2].

Le Maréchal eut, grâce à eux, une jeunesse telle qu'il la rêvait. Pourtant, leur naissance fut improvisée. Le nouveau pouvoir ne savait que faire des 92 000 citoyens français, appelés sous les drapeaux les 8 et 9 juin 1940, que l'avancée foudroyante de la Wehrmacht n'avait pas permis d'incorporer : le 4 juillet, on donna carte blanche pour régler ce problème à un officier supérieur volontaire, le général Joseph de La Porte du Theil, un polytechnicien de cinquante-six ans, qui avait la particularité d'avoir joué un rôle très actif dans le mouvement scout.

En moins d'un mois, il montait un projet suffisamment convaincant pour que, le 30 juillet 1940, une loi institue temporairement un service civil de six mois pour les appelés de juin. Puis, 18 janvier 1941, furent définitivement institués les Chantiers de la jeunesse, service national obligatoire de huit mois auquel étaient astreints tous les hommes de vingt ans. Environ 400 000 d'entre eux allaient faire un stage prolongé dans les Chantiers du Maréchal.

Les camps, généralement de petite dimension, étaient éloignés de toute agglomération importante, conformément

---

1. Wilfred Hall, *op. cit.*
2. Claire Andrieu, « Démographie, famille, jeunesse », in *La France des années noires*, tome 1, *op. cit.*

à une idéologie très méfiante à l'égard des dangers corrupteurs de la ville. Ils réunissaient chacun environ 2 000 jeunes, répartis en une douzaine de groupes formés d'une dizaine d'équipes. On veillait à mêler les catégories sociales, en dispersant au maximum les étudiants, tenus *a priori* pour de fortes têtes.

Le style était avant tout militaire : hiérarchie stricte, uniforme de couleur verte frôlant le kaki, cheveux évidemment fort courts, salut aux couleurs tous les matins à 7 h 30, succédant à des ablutions pratiquées à l'eau froide, enfin usage intense de cette gymnastique spécifiquement française qu'était la méthode Hébert. Ajoutons qu'on faisait grand cas du cérémonial et de l'apparat, et bien entendu de la discipline sous toutes ses formes. Mais nombre de pratiques (feux de camp, veillées consacrées à des causeries) relevaient nettement du scoutisme, auquel on avait emprunté la devise « Toujours prêts ».

Un tiers de la journée était consacré à des travaux manuels généralement pénibles (terrassement, abattage d'arbres, fabrication de charbon de bois), un tiers à la gymnastique, aux activités éducatives (on préparait notamment au certificat d'études), à des activités dites de détente, et le dernier tiers au sommeil.

Une importance toute particulière était accordée à l'éducation morale : on prônait le sens de l'honneur, les vertus de l'émulation, la grandeur de la communauté fraternelle. Il était en principe interdit de parler des sujets d'actualité. Mais cet apolitisme déclaré dissimulait mal les sympathies avouées de l'encadrement (avant tout des militaires) pour la Révolution nationale, dans ses variantes les plus cléricales (les aumôniers jouaient un rôle certain dans les Chantiers). Les jeunes juifs en furent exclus à compter de juillet 1942.

La mémoire des Chantiers est parfaitement ambivalente. Certains, qui se sont souvent retrouvés dans les associations — très vivaces — des Anciens des Chantiers, soulignent à l'envi que ces huit mois passés par eux dans les Chantiers du Maréchal ont été littéralement extraordinaires, notamment par la qualité de la vie commune. Alors qu'un nombre au moins aussi grand, sinon plus, a gardé le souvenir de longues semaines consacrées à des activités de boy-scouts vite lassantes, où la faim le disputait à la dureté du travail et à l'ennui.

Le Maréchal, quant à lui, aimait beaucoup passer en revue ces jeunes gens et il a défendu cette organisation contre les critiques nombreuses qu'elle a pu susciter, réaffirmant régulièrement toute sa confiance à La Porte du Theil, demeuré lui-même de bout en bout un pétainiste convaincu. Mais Pétain laissa pourtant le général affronter le casse-tête du STO. Bon gré, mal gré, La Porte du Theil dut laisser partir en Allemagne, de mars à octobre 1943, 19 000 jeunes des Chantiers. Puis, sa mauvaise volonté à programmer d'autres départs provoqua son arrestation par l'occupant, en janvier 1944. L'entreprise était dès lors condamnée.

Dernier enjeu de mémoire : les défenseurs des Chantiers affirmèrent par la suite que ceux-ci avaient fourni une réserve de combattants. Mais on est au contraire frappé par le petit nombre de jeunes qui, sortis des Chantiers, cherchèrent à s'engager dans les maquis.

Le top model : la mère de famille

Vichy sait parfois faire simple : la place de la femme est dans la famille, considérée comme l'unité organique du fonctionnement social. Dans la famille idéale, qui prenait en compte différences sexuées et devoirs réciproques, la femme-mère devient le seul véritable modèle qui puisse être proposé aux Françaises[1].

Sans doute la fin des années trente avait-elle vu se développer un courant à la fois nataliste et familialiste, qui débouche sur le Code de la famille adopté en juillet 1939. Notons que l'idéal de la mère-épouse-ménagère était largement partagé, y compris dans nombre de milieux de gauche. Reste que, dans ce domaine, Vichy allait chercher tout particulièrement à imprimer sa marque[2].

En visant à « restituer la famille dans toute sa force et sa stabilité », la loi du 22 septembre 1942 reproduit un schéma parfaitement patriarcal : c'est au père, toujours présenté comme « le chef de famille », qu'incombent l'autorité, le gouvernement du ménage et la charge de sa subsistance. A la mère est dévolue la garde vigilante du foyer, au point qu'en octobre 1940, le gouvernement instaure — et il les maintiendra jusqu'en septembre 1942 — des mesures très restrictives à l'encontre de l'embauche et du maintien des femmes mariées dans les emplois de l'administration et des services publics. Bien plus, et surtout, la maternité, à

1. Hélène Eck, « Les Françaises sous Vichy », in Georges Duby et Michelle Perrot, *Histoire des Femmes*, tome V, Plon, 1992.
2. Francine Muel-Dreyfus, *Vichy et l'éternel féminin*, Le Seuil, 1996.

laquelle la femme est vouée « par nature et par vocation », était assimilée à un devoir national. Le régime rend la Fête des mères, qui avait été instituée en 1926, quasi nationale. Ce statut place la femme-mère — peinte comme gardienne de la tradition et pleine de cet esprit de sacrifice qui s'oppose à l'esprit de jouissance — au panthéon des modèles sociaux du régime, à l'égal du paysan et de l'artisan.

Comme toujours, en même temps qu'il honore, Vichy réprime. Inversant la jurisprudence des années trente, la procédure du divorce devient difficile et plus lente : il est interdit de divorcer avant un délai de trois ans de mariage. Puis, une loi du 23 septembre 1942 « tendant à protéger la dignité du foyer » réprime lourdement l'adultère commis avec la femme d'un prisonnier. Les contemporains ont été encore plus frappés par le fait que Philippe Pétain — contrairement à la règle non écrite qui voulait que les femmes condamnées à mort ne fussent jamais exécutées — avait refusé de gracier une femme, condamnée pour avoir provoqué des avortements et guillotinée le 30 juillet 1943 malgré sa qualité de mère de famille. Si Pétain avait voulu faire un exemple, c'est qu'à ses yeux l'avortement n'était pas seulement un crime au sens courant du terme mais un geste asocial, accompli par des « individus dangereux [...] coupables d'actes de nature à nuire au peuple français ». Cela dit, la mère au foyer vertueuse n'aurait pas été astreinte à demeurer cloîtrée dans un gynécée. Sans qu'elle outrepasse la modestie inhérente à son sexe, il lui était recommandé de participer ès qualités aux activités de la cité : elle pouvait notamment siéger dans les conseils municipaux et un des projets du Conseil national prévoyait même que la nouvelle constitution en fit une électrice.

Ajoutons que le régime s'est aussi efforcé d'aider et de protéger les femmes. Pétain, chambré il est vrai par les responsables des Églises chrétiennes qui arguaient que ce serait les exposer à un « danger moral », refusa de laisser partir les femmes outre-Rhin, au titre du STO, au moment où 9 millions d'entre elles, âgées de 15 à 45 ans, célibataires ou sans enfants, auraient été susceptibles d'être réquisitionnées au titre de la mobilisation de la main-d'œuvre, après la promulgation de la loi de septembre 1942. Cette sollicitude s'est aussi traduite matériellement : des allocations, notamment l'allocation de salaire unique (instaurée en 1941), ont tenté de pallier la dureté des temps, liée à l'aggravation de la pénurie et des conditions de vie, au moment où ces facteurs, sans parler de la solitude (la moitié des prisonniers sont mariés), avaient rendu la vie des femmes particulièrement éprouvante.

Et, sous bénéfice d'inventaire, il paraît bien que le maréchalisme de base ait suscité plus d'adhésion de la part des Françaises que des Français ; en tout cas, celles-ci, par la suite, se sont montrées moins sévères que les hommes pour la mémoire du Maréchal.

Un régime clérical à la française

Bien qu'il ait été élevé sur les genoux de l'Église, Pétain jusqu'en 1940 ne fut guère qu'un catholique saisonnier aimant proclamer qu'« une bonne messe n'a jamais fait de mal à personne ». Mais, devenu chef de l'État, il prit soin de ne plus manquer une seule messe dominicale et de régulariser religieusement le mariage civil qu'il avait contracté en 1920 avec une divorcée.

Comme tout régime autoritaire l'État français allait rechercher l'appui politique de l'Église catholique, en tant que pouvoir intermédiaire, d'autant que celle-ci avait conservé en France une influence culturelle certaine qui avait encore crû avec le désastre [1]. Il prit seulement garde de ne pas froisser les 700 000 protestants français, traités avec une relative bienveillance.

Les contemporains furent frappés du fait que les soutanes se pressaient en visite autour du Maréchal, qui ne manquait pas, en retour, de leur témoigner beaucoup de respect. Et, après l'*imprimatur* octroyé par le primat des Gaules, le 18 novembre 1940, il fut clair que la fille aînée de l'Église avait bien retrouvé le chemin des autels. Un certain nombre de thèmes du catholicisme intransigeant et du catholicisme social avaient suffisamment modelé l'idéologie de la Révolution nationale pour que le cardinal Gerlier puisse déclarer : « Travail famille patrie, ces trois mots sont les nôtres. »

Les négociations plus proprement politiques furent, elles,

---

1. Étienne Fouilloux, *Les Chrétiens français entre crise et libération 1937-1947*, Le Seuil, 1997.

plus complexes. Après des décennies d'une laïcité républicaine qu'elle n'avait jamais vraiment admise, la hiérarchie catholique avait bien des demandes à formuler. Mais si quelques-uns, à Vichy, tel Jacques Chevalier, ministre de l'Éducation nationale de décembre 1940 à février 1941, étaient tout prêts à y souscrire, plus nombreux étaient ceux qui, tels les gallicans de jadis, se défiaient des empiétements de l'Église, notamment en matière scolaire ; quelques-uns faisaient même profession d'anticléricalisme, tel Abel Bonnard, ministre de l'Éducation du gouvernement Laval.

Vichy multiplia d'abord les signes de bonne volonté. Les clercs retrouvèrent une place de choix lors des cérémonies officielles. Une loi du 3 septembre 1940 abrogeait celle de 1904 interdisant aux membres des ordres religieux d'enseigner. Alors que les écoles normales d'instituteurs (que Pétain avait en détestation) étaient fermées, un statut favorable des congrégations fut promulgué en avril 1942.

Deux domaines étaient primordiaux pour l'Église : l'école et les mouvements de jeunesse. Elle obtint à peu près satisfaction sur ce dernier, puisque les mouvements de jeunesse confessionnels reçurent, en décembre 1941, l'agrément officiel et que ses appuis au gouvernement parvinrent en 1942 à écarter la tentative de Pucheu d'instaurer une jeunesse unique.

Sur l'école, en revanche, les discussions furent beaucoup plus âpres. L'épiscopat désirait à la fois pénétrer idéologiquement l'école publique, pour en finir avec l'« école sans Dieu », et recevoir une aide pécuniaire au nom de la « répartition proportionnelle scolaire ». Sur le premier point, les gains furent minces puisqu'il fut décidé, en mars 1941, que la religion serait une matière facultative et enseignée à l'extérieur des locaux scolaires, au nom du principe : « neutralité religieuse dans les écoles de l'État, liberté de l'enseignement dans la nation ». En revanche, l'aide financière fut accordée : l'État consentait, en effet, contrairement à une tradition antérieure solidement établie, à allouer, sous certaines conditions, de l'argent public à l'enseignement privé (quelque 400 millions furent versés pour l'année 1941, près de 500 pour la suivante). Même si la mesure fut présentée « comme une aide exceptionnelle adaptée aux circonstances » et qui ne pouvait se surajouter aux subventions que les communes avaient été autorisées à consentir aux écoles privées.

L'épiscopat se montra néanmoins déçu de ce qu'il considérait comme des demi-mesures, tandis que le gouvernement s'irritait de constater que le soutien du clergé se relâchait au fil des ans. Cette évolution a pu faire dire qu'au royaume du Maréchal, l'alliance du trône et de l'autel était plus ténue qu'il n'y paraissait. Pourtant, Vichy manifestait bien un esprit clérical, même si c'était encore à la manière française. Et jusqu'au bout l'épiscopat reconnaîtra la légitimité du régime du Maréchal.

A Vichy, aucune des droites ne manque à l'appel

Essayant de banaliser Vichy, Robert Aron et après lui quelques autres essayistes ont prétendu que l'État français n'était pas de couleur spécifiquement droitière. Rien n'est plus inexact. Il est bien vrai que tous les hommes de droite ne se retrouvèrent pas à Vichy, pas plus que, symétriquement, la Résistance ne saurait se réduire à la gauche. Reste qu'on aura vite fait le tour des quelques personnalités militant encore à gauche en 1939 (c'est le seul critère rigoureux) qui ont été instrumentalisées par le régime. Citons parmi elles René Belin, secrétaire confédéral de la CGT, François Chasseigne, un ancien communiste passé à la SFIO, Gaston Bergery, ex-« Jeune Turc » transfuge du Parti radical, ou Angelo Tasca, membre fondateur du Parti communiste italien qui avait rejoint la SFIO. Ajoutons que, en province, des militants de la SFIO et des syndicalistes, qui avaient en commun d'être aussi anticommunistes que pacifistes, se sont ralliés au nouveau régime. Mais, au total, l'influence des uns et des autres a été minime, quelque emblématique qu'ait pu être la personnalité de René Belin comme ministre du Travail.

Si les hommes de gauche font figure de comparses, les droites, toutes les droites[1], entourent Philippe Pétain ou occupent en force, du début à la fin, les allées du pouvoir.

La famille politique qu'on s'attendrait le moins à y rencontrer est celle de la droite libérale, qui n'avait guère été brimée par le régime précédent. Même si elle ne se sentit

1. Stanley Hoffmann, « La droite à Vichy », in *Essais sur la France*, Le Seuil, 1974.

pas totalement à l'aise à Vichy, elle y est pourtant représentée par Pierre-Étienne Flandin, ci-devant président du Conseil et président de l'Alliance démocratique, qui reprend du service pour quelques mois, après l'éviction de Laval en décembre 1940 ; ou par Joseph Barthélemy, ancien député modéré, professeur de droit installé, éditorialiste du *Temps*, qui sera un garde des Sceaux à la poigne énergique du 26 janvier 1941 au 27 mars 1943. Ces libéraux, sous couleur de réformer l'État, retrouvaient la tradition des notables orléanistes élitistes et antidémocrates.

Bien moins étonnante est la participation massive de la droite réactionnaire et ligueuse, de ceux qui avaient milité contre « la gueuse », et notamment des militants d'Action française, même si on ne saurait réduire l'idéologie de la Révolution nationale à l'influence du seul Maurras. Proches de Philippe Pétain, un Ménétrel (son médecin personnel), un du Moulin de Labarthète (directeur de son cabinet civil jusqu'en 1942), un Henri Massis (jusqu'en 1944) représentent bien cette droite autoritaire et antirépublicaine.

Les catholiques allaient tirer leur épingle de la nouvelle donne, eux qui s'étaient sentis cantonnés, sous la République, dans une sorte d'exil politique. Le catholique est devenu *persona grata* dans les cercles gouvernementaux, occupant par exemple, comme le firent Georges Lamirand et le général de La Porte du Theil, des postes clés dans les mouvements de jeunesse.

L'arrivée la plus remarquée fut celle de la droite technocratique[1], issue le plus souvent des cercles non conformistes des années trente. Ces hauts fonctionnaires et ces cadres du privé, épris d'ordre et de rationalité modernisatrice, se sentent fort à l'aise dans ce régime autoritaire, débarrassé de ces empêcheurs de tourner en rond qu'étaient les parlementaires. Citons Jacques Barnaud, lié à la banque Worms, François Lehideux, qui avait été un proche de Louis Renault, ou encore Pierre Pucheu, un normalien devenu

---

1. Robert Paxton, *op. cit.*

manager, ou Jean Bichelonne, un polytechnicien qui passait pour la tête la mieux faite de son époque.

La diversité des droites ne saurait faire oublier que les valeurs défendues et les pratiques mises en œuvre relèvent de bout en bout de ce que l'on peut nommer la « droite extrême ». A savoir que des bataillons de conservateurs, voire de libéraux brouillés avec la République depuis le Front populaire et après l'alerte de Munich, épaulés par des technocrates qui se prétendaient apolitiques, ont fait leurs des thèmes professés jusqu'alors avant tout par l'extrême droite ligueuse et acceptent sans barguigner de servir un régime autoritaire, tout en réglant, sous le regard de l'occupant, un arriéré de comptes partisans.

Les relèves de la garde : vieux Romains et jeunes cyclistes

Vichy, loin d'être homogène de bout en bout, a connu plusieurs relèves de la garde qui ont pu en modifier pour partie l'esprit [1]. Le poids des diverses composantes de cette « dictature pluraliste » dont a parlé Stanley Hoffmann a varié dans le temps : il a bien fallu tenir compte des contraintes géostratégiques et faire face à l'évolution de la carte de la guerre totale. Avec des résultats, il est vrai, décevants.

Passons vite sur la toute première phase, qui se clôt lors du remaniement de septembre 1940, où sont remerciés, à l'exception de Laval qui prend du galon, les parlementaires que Pétain avait été contraint d'embarquer pour parfaire sa prise du pouvoir. Le point le plus notable est que des hommes qu'on retrouvera dans les rangs des mouvements fascistes, tel Marcel Déat, quittent Vichy, qualifié de repaire de réactionnaires, pour Paris.

Dès l'automne 1940, ce qu'on peut estimer être le vrai Vichy, le plus conforme aux vœux de son chef, s'installe. On croise dans les allées du pouvoir une armée de généraux et une solide cohorte de réactionnaires, marqués assez souvent par une culture maurrassienne : Raphaël Alibert, Yves Bouthillier, Pierre Caziot, sans oublier le directeur du cabinet civil du Maréchal, Henri du Moulin de Labarthète, très écouté. Ces hommes allaient mettre en musique les mesures les plus significatives de la Révolution nationale, y compris

---

1. Marc Ferro, *op. cit.*

la loi contre la franc-maçonnerie et celles portant « statut des juifs ».

Le bref interrègne de Flandin qui suit l'éviction de Laval, le 13 décembre 1940, ne modifie guère la composition de la garde. En revanche, la donne est perturbée avec le choix, en février 1941, de Darlan comme numéro deux. Parlant lui aussi sur la victoire du Reich, ce dernier entend muscler le gouvernement pour préparer la France à une entrée rentable dans l'Europe germanisée. C'est pourquoi non seulement il promeut une armada d'amiraux qu'il tenait bien en main, mais surtout il fait une place de choix aux technocrates. Et, à un membre du cabinet de Pétain qui s'étonnait de l'arrivée de Barnaud, Pucheu, et de quelques autres, il aurait rétorqué dans le langage cru qu'il affectait d'employer : « Cela vaut toujours mieux que les puceaux de sacristie qui vous entourent ; pas de généraux, pas de séminaristes, des types jeunes et dessalés qui s'entendront avec les Fritz et nous feront bouillir de la bonne marmite. » Il avait néanmoins pris soin de conserver une partie de la vieille garde maréchaliste, et l'un de ses proches, Henri Moysset, résumait assez bien la situation : « Votre ministère me rappelle l'enseigne d'un café de ma vieille ville du Ségala : *Aux Nouveaux Cyclistes et aux Anciens Romains.* »

Le retour de Laval aux affaires, en avril 1942, bouleverse de nouveau l'équipe gouvernementale. Après avoir obtenu les têtes de ceux qu'il tenait pour les responsables de son éviction (celle d'Yves Bouthillier, entre autres), il s'entoure de fidèles. Ils ne proviennent pas des rangs des droites réactionnaires mais plutôt de familles de la droite radicale-socialiste d'avant guerre, tel Pierre Cathala, ou sont de jeunes loups qui ont transité par ce milieu, ce qui est notamment le cas de René Bousquet. Si Laval lui-même ne s'intéresse que médiocrement aux réalisations spécifiques de la Révolution nationale, il entend mener une grande politique extérieure ; et il choisit des hommes qu'il juge partisans de conduire sans trop chercher à finasser sa politique de collaboration avec le Reich : citons l'amiral Platon, Paul Marion ou Jean Bichelonne.

Le dernier avatar est la conséquence directe de la reddition de Pétain après la crise de l'automne 1943. Non seulement le chef de l'État doit conserver Laval, dont il aurait voulu se servir comme d'un fusible, mais il supporte l'élimination presque totale de sa vieille garde, accentuée par le décès de Lucien Romier, un de ses conseillers les plus écoutés. Il accepte en même temps l'émergence d'un État milicien, derrière Joseph Darnand et Philippe Henriot, qui étaient sans doute des « hommes du Maréchal » mais qui prônaient une politique ultraraciste et — qui plus est — franchement collaborationniste. L'image de cette ultime garde allait peser sur le jugement global qui serait bientôt porté sur le régime.

Les soutiens du régime

Régime charismatique, Vichy répondait à des attentes angoissées. Mais si, dans un premier temps, les soutiens ne lui ont pas manqué, ils se sont relativement vite fragilisés, au point que l'État français se dilue dans l'été 1944. Il fait peu de doute que le nouveau régime a dans un premier temps bénéficié de la confiance de la grande majorité des Français. On en sait les raisons : le traumatisme de la défaite, la crise d'identité nationale, l'approbation de la stratégie hexagonale adoptée par Pétain, perçu comme un nouveau Cincinnatus se dévouant le temps qu'il faudrait pour être le « bouclier » des Français.

On ne s'étonnera pas que les soutiens politiques soient venus des droites, pour les raisons qui ont déjà été dites. Maurras a assez bien résumé les sentiments de nombre de ces pétainistes de conviction dans l'article paru le 9 février 1941, dans *Le Petit Marseillais*, sous le titre « La divine surprise » : « Une partie divine de l'art politique est touchée par la surprise extraordinaire que nous a faite le Maréchal. On attendait tout de lui, comme on pouvait, comme on devait tout attendre. A cette attitude naturelle, il a été répondu de façon plus qu'humaine. Il n'y manque absolument rien... » Il faut ajouter — comme le souligne Yves Durand — que non seulement le pétainisme a fait des adeptes dans tous les milieux, mais qu'il a bénéficié d'une mentalité « notabiliste » qui déborde les milieux conservateurs ou réactionnaires. Même dans les pays de démocratie rurale, des notables « républicains », instituteurs compris, surtout si leur anticommunisme se doublait d'un ultra-pacifisme militant, se sont accommodés du nouveau régime[1].

L'attitude des force sociales organisées est loin d'être négligeable. Le soutien des patrons, petits et grands, est acquis, en dépit de la tonalité anticapitaliste de quelques discours du Maréchal. Ils désirent d'une part en finir une fois pour toutes avec les aberrations de la politique sociale du Front populaire, et d'autre part faire passer à leurs entreprises un cap difficile.

C'est du côté des Églises chrétiennes que la connivence paraît la plus éclatante[2]. On inclura les Églises protestantes, car nombre de protestants furent d'abord séduits par cette révolution-conversion culturelle où trônaient en bonne place moralisme et élitisme[3]. Mais le ralliement officiel de la hiérarchie catholique allait se révéler décisif. Sans doute avait-elle pris son temps pour s'exprimer et se gardait-elle de trancher le problème de la légitimité du régime ; mais, dans le même temps, elle prônait « un loyalisme sincère et complet envers le pouvoir établi », tout en proclamant sa « vénération » envers le chef de l'État autour duquel les autorités ecclésiastiques « demandent que se réalise l'union de tous les Français ».

Cela dit, comme de règle fréquente dans un régime de type charismatique, les soutiens se sont effrités : les vicissitudes d'une collaboration jamais populaire, improductive, mangeuse d'hommes de surcroît, la dureté de la vie quotidienne, les réquisitions, l'aggravation des clivages sociaux rendent les gouvernements successifs de plus en plus impopulaires. Laval est l'homme le plus méprisé de France, Darnand sera le plus haï. Tous ceux qui avaient été tentés de faire un bout de chemin avec le régime, notamment ceux provenant des milieux non conformistes, se retirent sur la

---

1. Yves Durand, *La France dans la Seconde Guerre mondiale 1939-1945*, Armand Colin, 1993.

2. Xavier de Montclos, Monique Luirard, François Delpech, Pierre Bolle, *Églises et chrétiens dans la Seconde Guerre mondiale*, Presses universitaires de Lyon, 1982.

3. André Encrevé et Jacques Poujol, *Les Protestants français pendant la Seconde Guerre mondiale*, Bulletin de la société de l'Histoire du protestantisme, 1994.

pointe des pieds. La majorité des Français, on l'a dit, prend ses distances dès la fin de 1941 et penche vers l'attentisme. Quant aux protestants, ils entrent en dissidence morale après les rafles des juifs de l'été 1942. Les responsables des associations d'anciens combattants et quasiment tous les évêques demeureront, vaille que vaille, fidèles au Maréchal. Mais ce n'était plus suffisant.

Sans doute, l'administration continua-t-elle d'administrer ; sans doute également le maréchalisme gardait-il encore de la vigueur au printemps de 1944, d'autant que nombre de Français redoutaient les bombardements, les représailles, et n'avaient nulle envie que la France redevienne un champ de bataille. Mais le régime si flamboyant des débuts n'était plus qu'une coquille qui s'était vidée de sa substance.

Les ambivalences de l'opinion

« La France ne peut être gouvernée qu'avec l'assentiment de l'opinion, assentiment plus nécessaire encore en régime d'autorité. » C'est ce que déclarait — avec raison — Philippe Pétain dans un message du 12 août 1941. Un des enjeux des débats de la mémoire franco-française concerne précisément l'attitude et l'opinion du Français moyen durant les années-Vichy, puisque deux jugements sont couramment formulés, totalement contradictoires : selon le discours officiel gaullo-communiste, le peuple de France aurait eu une attitude presque digne d'éloges, tandis que, surtout depuis la mode rétro, ce même Français moyen est volontiers décrit comme obsédé par son ravitaillement, très veule devant les nouveaux maîtres de Vichy. Les travaux de Pierre Laborie analysant notamment les interceptions postales, téléphoniques et télégraphiques opérées en masse par les services de Vichy nous permettent d'y voir clair [1].

Soulignons d'abord que la très grande majorité des Français a fait montre de beaucoup de défiance à l'encontre de la collaboration d'État. Montoire a surpris, choqué et, de surcroît, déçu, puisque les Français n'ont pas perçu l'amélioration notable de leur sort promise par Pétain. Cela dit, ce rejet quasi épidermique de l'ennemi héréditaire, qui était en outre l'occupant, s'est accompagné souvent d'attitudes plus ou moins « accommodantes » (pour reprendre la formulation heureuse de Philippe Burrin [2]) : survivre impliquait

---

1. Pierre Laborie, *op. cit.*
2. Philippe Burrin, *op. cit.*

pour beaucoup de savoir vivre aux côtés de l'ennemi (présent même en zone sud à compter de novembre 1942), sans franchir la limite de la connivence objective avec l'occupant.

L'attitude du Français moyen à l'égard du régime de Vichy est autrement plus complexe. Les historiens, pour la mieux cerner, ont établi un distinguo entre « maréchalisme » et « pétainisme ». Le premier terme désigne un attachement à la personne même du Maréchal, alors que les divers types de « pétainistes » ont en commun d'approuver l'idéologie de la Révolution nationale et les pratiques du régime, avec des gradations entre les pétainistes revanchards et les pétainistes par tentation (qui ne feront avec le régime qu'un bout de chemin), en passant par les pétainistes de conviction. Notons encore qu'il a existé un nombre probablement assez important de pétainistes par défaut, restés passifs faute de trouver une autre voie crédible.

Selon toute vraisemblance, la grande majorité des Français a été maréchaliste, et une bonne part d'entre eux pétainiste. Mais dès l'automne 1941, le plus grand nombre est devenu attentiste. Pourquoi ? Parce que s'est opérée, notamment chez les pétainistes par défaut, une relative décantation qui a mis fin à un double malentendu : on avait attendu de Pétain d'abord qu'il adoptât un profil bas à l'égard de l'occupant ; or il incitait les Français à entrer dans la voie de la collaboration. Ensuite qu'il mît fin à la crise d'identité nationale ; or la répression de « l'ennemi intérieur » ne cessait d'alimenter la guerre franco-française.

Cela dit, il y aura diverses façons d'être attentiste. Certains s'en tiendront à un repli frileux par peur, lassitude ou calcul, tandis que d'autres manifesteront une solidarité complice avec les résistants. D'autres enfin attendront le mûrissement de la résistance ou une occasion propice (souvent la menace du STO) pour s'engager activement. Inversement, il est vrai, les pétainistes les plus durs deviennent des ultras et certains rejoignent les rangs collaborationnistes. Au total, retenons que le gros de l'opinion se détache progressivement du régime, sinon de son chef.

Est-ce à dire que l'opinion du Français moyen a évolué de façon linéaire, ou selon le principe des vases communicants qui voudrait en l'occurrence que la France pétainiste soit devenue une France résistante ? Non. Il faut insister sur l'ambivalence des attitudes, car nombre de Français ont pu être tiraillés entre des sentiments qui peuvent nous paraître, cinquante ans plus tard, contradictoires. L'ambivalence peut-être la plus significative est la survivance du « maréchalisme » *stricto sensu* : des hommes et des femmes qui souhaitaient vivement la victoire des Alliés aimaient à croire que Pétain était de mèche avec de Gaulle et saurait leur éviter la guerre civile.

Une répression menée tous azimuts

Joseph Barthélemy, un bon connaisseur en la matière puisqu'il fut garde des Sceaux de février 1941 à avril 1943, écrira — non sans quelques remords rétrospectifs — dans ses Mémoires qu'il tenait l'État français pour le « régime autoritaire qui a fait subir à la liberté l'éclipse la plus complète qu'elle ait connue depuis des siècles ». La mémoire a pu se focaliser sur l'État milicien qui allait installer en 1944 une quasi-terreur d'État. Mais on n'aura garde d'oublier que la politique répressive programmée d'en haut, au nom de l'ordre et de la lutte contre « l'Anti-France », débute dès 1940.

Cette politique se durcit avec l'année charnière qu'est 1941, l'année Darlan[1]. Et ce pour deux raisons : il fallait contrer les oppositions, jusque-là éparses, aux choix du régime. Et surtout, l'occupant exige que des mesures draconiennes soient prises à l'encontre des communistes qui ont opté pour la lutte armée. Darlan comme Laval chercheront toujours à convaincre l'occupant qu'ils sont tout à fait capables d'assumer le maintien de l'ordre. Bien plus, soucieux d'affirmer sa légitimité et son entière souveraineté, Vichy entendait que la répression demeure sous le contrôle des forces françaises, ce qui allait l'amener soit à prendre les devants soit à pratiquer une collaboration policière piégée : c'est ainsi que si les deux lettres échangées les 4 août 1942 et 16 avril 1943 par René Bousquet, secrétaire à la Police,

---

1. Denis Peschanski, « Exclusion, persécution, répression », in Jean-Pierre Azéma et François Bédarida (sous la direction de), *Vichy et les Français, op. cit.*

et Oberg, le patron des SS en France, laissaient une relative autonomie à la police française, celle-ci devait en retour se montrer zélée et en tout cas livrer à l'occupant tous ceux qui menaçaient de près ou de loin la Wehrmacht.

Vichy se dota d'une organisation policière renforcée : non seulement il étatisa le 23 avril 1941 des polices jusqu'alors majoritairement municipales, mais il institua d'innombrables polices parallèles spécialisées, notamment le Service de police anticommuniste (SPAC), créé par Pucheu et confié à un ancien militant du PPF, qui deviendra le Service de répression des menées antinationales, ou bien encore la Police aux questions juives (PQJ), transformée en Sections d'enquête et de contrôle. Par ailleurs, dès 1941, Pucheu instituait les Groupes mobiles de réserve (GMR) qui seront avec les miliciens le fer de lance de la lutte contre les maquis. En mai 1944, on dénombrait plus de 120 000 hommes participant au maintien de l'ordre.

L'autre instrument de la répression d'État fut la Justice réorganisée. Si Vichy s'empressa d'utiliser des textes antérieurs, pris notamment contre les communistes, il se dota très vite d'un arsenal autrement expéditif, car, comme le déclarait Pucheu : « Qui s'embarrasserait de scrupules juridiques quand il s'agit de sauvegarde nationale ? » De fait, violant l'un des principes essentiels du droit pénal, celui de la non-rétroactivité des lois, la section spéciale instaurée près la cour d'appel de Paris put condamner des communistes inculpés pour des faits antérieurs. La loi du 17 juillet 1940 permettait déjà de révoquer n'importe quel fonctionnaire ou juge : quant à celle du 3 septembre 1940, elle donnait aux préfets le pouvoir d'interner « tous individus dangereux pour la défense nationale ou pour la sécurité publique ». L'État français inventa de nombreuses juridictions d'exception, notamment la Cour suprême de justice qui s'installa à Riom, les sections spéciales relayées par un tribunal d'État, sans oublier les cours martiales créées en janvier 1944, où siégeaient, le plus souvent masqués, trois juges désignés, sans compétence juridique particulière, et dont la sentence de mort était immédiatement exécutoire.

La répression visa les nombreux ennemis censés menacer la Révolution nationale : les fonctionnaires suspects de tiédeur, les hommes politiques qui n'avaient pas renié l'ancien régime, les francs-maçons et les juifs naturellement, les étrangers et de plus en plus les résistants, gaullistes ou non gaullistes, et surtout, les communistes qui furent traqués et traités de manière impitoyable.

Le sang et les larmes versés allaient peser lourd quand le temps viendrait de rendre des comptes et de s'expliquer sur la collusion avérée *in fine* entre les forces répressives de l'État français et celles de l'occupant.

La montée en puissance de la Milice française

« Milicien assassin, fusillé de demain » : ce slogan écrit à la craie sur nombre de murs de la France de 1944 fut également diffusé sur les ondes de Radio-Londres. Les miliciens allaient symboliser le Vichy répressif et complice de l'occupant[1].

Au début était le Service d'ordre légionnaire, fondé en janvier 1942 par des activistes à l'intérieur de la Légion des combattants qu'ils jugeaient trop molle. Eux se donnaient pour tâche prioritaire d'aider la police en cas de mouvement insurrectionnel. Ils avaient reçu des encouragements, aussi bien de Darlan qui cherchait d'abord l'efficacité que de ce ministre à poigne qu'était Pucheu.

C'est la loi du 30 janvier 1943 qui institue « sous l'autorité du chef du gouvernement », la « Milice française », selon sa dénomination officielle. Laval avait cherché à se doter d'une sorte de garde prétorienne, lui qui sortait très affaibli de l'opération Torch, qui avait entre autres conséquences provoqué la dissolution de l'armée d'armistice.

Le mouvement, qui se réclamait d'un pétainisme autoritaire et répressif, allait connaître un développement relativement modeste jusqu'à l'été 1943. Mais, à cette date, la Milice se dote d'une Franc-Garde en uniforme et encasernée dont l'instruction était orientée vers le maintien de l'ordre le plus musclé. L'homme fort de la Milice, son secrétaire général, Joseph Darnand, avait en outre obtenu de la SS, dont il

1. Jean-Pierre Azéma, « La Milice », *Vingtième Siècle*, octobre-décembre 1990.

devenait, comme son entourage proche, membre à part entière, un armement moderne.

Qui étaient les miliciens ? La Milice était dirigée par un noyau solidaire, provenant dans sa quasi-totalité de la droite extrême. Un deuxième cercle rassemblait des pétainistes purs et durs dont certains, il est vrai, quittèrent le mouvement lorsque Darnand et les siens adoptèrent une stratégie ouvertement collaborationniste ; leur départ fut compensé par l'enrôlement de jeunes peu politisés, issus de milieux plus populaires, donnant au régime l'un des caractères du fascisme plébéien. Ils étaient environ 25 000 en 1944.

C'est la crise de l'automne 1943 et les pressions exercées par l'occupant, suivies de la reddition de Pétain, qui allaient faire émerger une sorte d'État milicien à l'intérieur de l'État français. Car non seulement la Milice était dorénavant autorisée en zone nord, mais surtout des miliciens chevronnés contrôlaient ou influençaient désormais trois domaines particulièrement sensibles dans un régime autoritaire, en lui conférant, de surcroît, au moins dans la dernière période, certaines des caractéristiques d'un régime totalitaire : le maintien de l'ordre, la propagande, l'administration pénitentiaire enfin.

L'Information-Propagande était placée sous la férule du milicien Philippe Henriot, issu des rangs de la droite extrême, pétainiste patenté, qui avait glissé au collaborationnisme par anticommunisme et dont les interventions radiophoniques quotidiennes sur les ondes de Radiodiffusion-Nationale comptaient politiquement. Le poids de la Milice était garanti par les fonctions de Joseph Darnand, promu, lui aussi depuis janvier 1944, secrétaire général au Maintien de l'ordre, et qui avait dorénavant autorité sur l'ensemble des forces de police, corps et services assurant la sécurité publique et celle de l'État. Laval lui avait en effet confié, le 10 janvier, la haute main sur quelque 45 000 gendarmes, 6 000 gardes mobiles, 25 000 GMR (groupes mobiles de réserve, particulièrement répressifs) et tous les corps de police.

Avec le plein accord du gouvernement, Darnand lança ses miliciens et ces forces répressives contre les résistants[1], quelle que fût leur appartenance idéologique : ce sont les miliciens qui investirent notamment le plateau des Glières, traquant voire torturant les survivants, et qui montèrent de véritables opérations de guerre civile après le débarquement. Dans le même temps, la Milice réglait ses comptes politiques en assassinant entre autres Hélène et Victor Basch, Georges Mandel et Jean Zay.

La très grande majorité des Français, sachant qu'on torturait même dans leur château des Brosses, situé à quelques kilomètres de Vichy, les tenait pour des tortionnaires et des traîtres manifestant une complicité active avec l'occupant. A la Libération, ils furent livrés, après un jugement souvent sommaire, aux pelotons d'exécution de l'épuration. Cinquante ans après, la mémoire de la Milice demeure uniformément noire.

1. Pierre Giolitto, *op. cit.*

Comment Vichy a-t-il été revisité ?

On peut lire ou entendre régulièrement que les Français ne connaissent toujours rien de la France de Vichy, que l'enseignement de cette période est insuffisant et que les historiens ne contribuent guère à éclairer l'opinion. Or, c'est au contraire la période de la France contemporaine qui a été la plus scrutée. Il serait donc plus exact de dire que la prise en compte de la France vichyssoise a demandé un certain temps, qu'elle a été tributaire non seulement du rythme d'ouverture des archives publiques mais encore de l'évolution du questionnement des Français sur leur propre histoire[1].

Dans les années de l'immédiat après-Libération, les questions débattues, notamment dans les procès des responsables de l'État français, concernent avant tout les circonstances dans lesquelles ont été signé l'armistice puis bradée la République, et les modalités de la collaboration, considérées sous l'angle de la trahison. L'analyse du régime proprement dit, encore très proche, intéresse relativement peu, comme si ces années avaient été suffisamment noires pour être connues de tous ; comme si également, on préférait faire sienne la thèse instrumentalisée par Charles de Gaulle, donnant quitus à la grande majorité des Français pour leur attitude durant les années sombres. La tragédie de la déportation des juifs de France est non pas occultée, mais relativement méconnue.

---

1. Jean-Pierre Azéma, « Vichy et la mémoire savante : quarante-cinq ans d'historiographie », in *Vichy et les Français, op. cit.*

Jusqu'au début des années soixante-dix prévaut une approche frileuse du régime de Vichy. C'est ce qui explique le succès de l'ouvrage de Robert Aron, *Histoire de Vichy 1940-1944* (publié en 1954), développant la thèse quasi rassurante d'un bon Vichy-bouclier, celui du Maréchal, et d'un Vichy répressif et fantoche, celui de Laval. Cette thèse aronienne est mise à mal par le livre d'Eberhard Jäckel, *La France dans l'Europe de Hitler*, paru en 1968, qui démontre que Pétain n'a cessé de courir après la collaboration d'État, sans pratiquer le moindre double jeu ; mais ce livre passe relativement inaperçu à l'époque. En revanche, l'ouvrage de Robert Paxton, *La France de Vichy, 1940-1944*, traduit en 1973, suscitant débats et polémiques, ouvrait des perspectives nouvelles en établissant une corrélation entre les responsabilités propres de l'État français dans la mise en œuvre de la collaboration et les spécificités du régime. Ce retour sur Vichy suscite un certain nombre de réticences : René Rémond est accusé de vouloir banaliser Vichy quand il organise en 1970 un colloque sur le gouvernement de Vichy, et on sait que le film de Marcel Ophuls, *Le Chagrin et la Pitié*, est alors interdit de télévision pour sa présentation non conformiste de Clermont-Ferrand durant les années noires.

A partir de la seconde moitié des années soixante-dix, l'ouverture plus libérale des archives allemandes puis françaises facilite la multiplication des études de Vichy vu d'en haut. On analyse alors, entre autres choses, les fondements du régime, ses soutiens (notamment l'attitude des catholiques), la politique agrarienne, les mouvements de jeunesse. Tandis que le succès éditorial rencontré par la saga de Henri Amouroux sur la France de l'Occupation, et dont le premier des huit volumes paraît en 1976, montre que le Français moyen porte un vif intérêt à cette période.

Dans les années quatre-vingt, l'accent est porté à la fois sur le Vichy vu d'en bas, comme en témoignent de nombreuses études régionales, et sur le sort des pourchassés, des réprouvés et des parias. La politique d'exclusion et de répression du régime de Vichy est auscultée minutieusement, et notamment sa complicité dans la déportation des juifs de France, mise en lumière par les travaux de Serge Klarsfeld (les deux tomes de son *Vichy-Auschwitz*, parus en 1983 et 1985), reflétant à la fois les exigences de la mémoire douloureuse de la communauté juive et le désir de tous les citoyens de comprendre.

Par la suite, on s'intéressa plus au Français moyen, à l'ambivalence de ses attitudes au long de ces années sombres. C'est à quoi invitait l'étude très neuve de Pierre Laborie, *L'Opinion française sous Vichy*, qui fournit la première synthèse objective sur les avatars de l'opinion publique. Toutes sortes de travaux étudiant la production et la consommation culturelles complétèrent cette auscultation du moral des Français à l'époque.

Dans les toutes dernières années, la production éditoriale s'est orientée autour de trois directions. On a d'abord multiplié les biographies des acteurs (à commencer par celles du trio Pétain, Laval, Darlan). On débat autour d'enjeux de mémoire (Henry Rousso a ouvert la voie avec son *Syndrome de Vichy*) mettant en cause un passé qui ne passe pas, ravivé par les procès intentés à des Français pour crimes contre l'humanité. On pose plus précisément, en analysant l'attitude des élites ou des fonctionnaires, cette question de fond : comment vivre avec l'ennemi, comment agir sous un gouvernement répressif ?

Des curistes singuliers

Au grand dam des municipalités qui s'y sont succédé depuis la Libération, et malgré la sorte d'absolution accordée à la ville par Charles de Gaulle le 18 avril 1959, le nom de Vichy demeure dans la mémoire collective inexorablement accolé aux pires années noires.

A l'époque, il est vrai, la plupart de ses habitants n'étaient pas peu fiers d'abriter le Maréchal et sa suite, alors que rien ne prédisposait cette cité cossue de l'Allier, connue depuis le Second Empire pour ses eaux et ses cures thermales, à devenir la capitale du royaume de Philippe Pétain. Rien si ce n'est précisément sa capacité hôtelière[1]. Sans doute Lyon aurait-elle été plus adaptée à l'installation du gouvernement, mais la cité dont Herriot avait été le maire fut jugée peu sûre politiquement. Le choix de Vichy était en principe provisoire, puisque l'occupant avait laissé entendre que Pétain pourrait revenir à Paris, mais ce provisoire allait durer quatre ans.

Les curistes ayant été chassés quasi *manu militari* des hôtels, les directions des ministères s'y installèrent en force, le reste des services demeurant, eux, à Paris, ce qui rendait pour le moins incommode la gestion administrative. Les palaces se révélèrent peu confortables et peu adaptés à leurs nouvelles attributions. On y gelait l'hiver. L'entassement des officiels et officieux restreignait l'espace. Les personnages de quelque importance s'étaient attribué les chambres,

---

1. Michèle Cointet, *Vichy capitale 1940-1944*, Perrin, 1993.

reléguant dactylos et petit personnel dans les coins, notamment dans les salles de bains.

Dans les premiers temps, la nouvelle capitale politique fut très fréquentée, car s'y mêlaient, si l'on en croit Henri du Moulin de Labarthète [1], « des quémandeurs, des ruffians, des escrocs, des femmes de tout âge et de toute beauté ». Ajoutons-y d'innombrables faiseurs de constitution, et d'encore plus nombreux joueurs à la richissime bourse aux rumeurs et aux bobards.

Le centre du dispositif était le troisième étage de l'hôtel du Parc où Pétain travaillait, recevait et dormait. Jusqu'au bout, les faits et gestes du Maréchal scandèrent les temps forts de la vie aulique vichyssoise : promenade quotidienne, autour de midi, dans les allées du parc thermal, grâce à laquelle il s'ouvrait l'appétit, fort bon au demeurant ; salut aux couleurs exécuté, chaque dimanche, à l'entrée de l'hôtel du Parc ; ou bien encore sortie de la messe dominicale que le Maréchal entendait généralement dans l'église dédiée à Saint-Louis, au cœur d'une paroisse qui avait gagné bien du beau monde. Dans le restaurant de l'hôtel, il fallut placer un paravent pour isoler sa table des regards de ceux qui voulaient l'approcher.

Cela dit, la cure d'État n'était pas forcément très gaie. On y faisait profession d'austérité, voire de vertu : ainsi le port du short fut-il interdit, celui du peignoir rendu obligatoire au bord de la piscine. Bien entendu, la police veillait au respect de la stricte interdiction des bals et, si elle toléra la présence d'un petit nombre de maisons closes, elle multiplia les constats d'adultère. Quant aux distractions autorisées, elles étaient rares et très répétitives : les cinq salles de cinéma, quelques galas donnés au profit des prisonniers ou du Secours national, voire les causeries prononcées par quelques célébrités, Giraudoux, Sacha Guitry, Claudel, laissaient sur leur faim les beaux esprits.

Les plus entreprenants (ou les plus dégourdis) préféraient

---

1. Henri du Moulin de Labarthète, *Le Temps des illusions*, Genève, A l'enseigne du Cheval Ailé, 1947.

s'installer dans les villas avoisinantes ou en tout cas prenaient prétexte du dimanche pour rapporter de leurs esca-
pades dans les environs des victuailles achetées dans des
fermes que s'étaient quasiment partagées les ministères et
les ambassades étrangères.

Au fil des mois et avec la dureté des temps, les rangs des
courtisans et de ceux qui s'étaient jugés importants s'étaient
éclaircis. On y avait gagné des chambres plus grandes, mais
plus de morosité. Les ultimes épisodes furent encore plus
tristes. En mai 1944, déjà, le Reich avait incité Pétain à
séjourner en zone nord, au château de Voisins. Pis, le
20 août, la porte d'entrée de l'hôtel du Parc fut défoncée et
le Maréchal transféré dans l'est de la France. Six jours plus
tard, *Vichy libre*, un quotidien tout neuf, reproduisait à la
une la photo du toast porté par le nouveau maire, Barbier,
au commandant des FFI qui avaient pris le contrôle de la
ville sans combat.

SUBIR

Les Français sous la contrainte

« J'ai lutté à chaque heure du jour et souvent de la nuit, pour assurer une soudure difficile, réduire des prélèvements, empêcher des réquisitions, des départs d'ouvriers, faire rentrer des prisonniers, sauver des condamnés. J'ai voulu, en un mot, maintenir la France, lui conserver ses cadres, son armature et sa vie. Je n'ai pu l'empêcher de souffrir, d'être violentée, meurtrie, mais je lui ai assuré un minimum de vie pour lui permettre d'attendre sa libération et de préparer sa renaissance. J'ai fait de mon mieux, mais qui donc, en face d'un occupant aussi dur, aussi impitoyable, aurait pu faire mieux ? Il aurait, me direz-vous, sauvé son honneur. Oui, peut-être, s'il en avait eu une certaine conception, mais sans doute aurait-il fait crucifier la France », affirme, de sa cellule, Pierre Laval en 1945. Ce plaidoyer *pro domo* ne résiste pas à l'analyse, et les recherches confirment que la France, sans subir le sort de la Pologne, mais au même titre que les Pays-Bas, a traversé cruellement la nuit de l'Occupation. Car, dans sa masse, la population a bel et bien été victime de Vichy comme de l'occupant.

Rares furent les Français à ne pas pâtir de la guerre. La hantise du ravitaillement, les morsures du froid, les pénuries ont touché l'ensemble des civils. Le drame des prisonniers de guerre, redoublé par l'instauration du STO (février 1943), a concerné des familles par millions. Les bombardements alliés ont indistinctement touché quartiers pauvres et riches, semant la terreur et endeuillant les villes. Pendant comme après la guerre, le caractère collectif de ce malheur a incité tant les chefs de la France libre que les responsables de la Résistance à nier l'existence même d'une échelle dans les souffrances endurées. Les impératifs de l'unité nationale comme l'héritage d'un modèle républicain, exaltant le citoyen mais récusant les communautés, concouraient à englober dans le même sanglot toutes les victimes, quelles qu'elles fussent.

Que de cercles, pourtant, dans cet Enfer, et comment comparer — tout en accordant une identique sollicitude aux hommes — le sort réservé aux juifs dans les camps d'extermination et le traitement accordé aux prisonniers de guerre, la vie des requis du STO et le destin des otages, fusillés à titre de représailles ? Les villes mêmes, dans leur malheur, n'échappèrent pas à cette inégalité devant le sort, et Marseille, dont les nazis ont détruit le Vieux-Port, put à coup sûr envier Aix-en-Provence, épargnée par les ravages de la guerre.

Parce qu'ils étaient inégalement menacés, les Français furent donc inégalement victimes, et parce que ces différences furent ressenties avec une intensité inégalée, les clivages sociaux s'intensifièrent durant les années sombres. Aux ouvriers faméliques directement visés par le STO s'opposa ainsi une paysannerie relativement prospère ; les notables républicains, somme toute épargnés, ne se peuvent comparer aux communistes traqués ; les clercs, encensés par le régime vichyste, contrastent avec les francs-maçons, voués à la vindicte officielle et chassés de la fonction publique.

Ces différences — longtemps niées au nom d'un discours unanimiste — incitent à reconsidérer les attitudes observées par la population de 1940 à 1944. Une simplification trop commode invitait traditionnellement à opposer, à une masse globalement passive et créditée de sentiments pétainistes, une minorité d'extrémistes, engagés dans la Résistance ou dans la collaboration. L'analyse dément cette vision sommaire car, ici encore, domine la diversité. Certes, les vertus de l'ordre nouveau comme les âpres disciplines de la clandestinité ne séduisirent qu'une faible frange de la popula-

tion. On ne saurait pour autant affirmer que la masse
accorda à l'État français une confiance passive. Outre que
les sentiments varièrent au fil du temps, les attitudes se révèlent étonnamment complexes [1]. On pourrait d'abord distinguer les consensus actifs — qui incitent des hommes à se
mobiliser dans les structures vichystes pour soutenir le
régime — des consensus passifs. Sans nécessairement partager toutes les options du Maréchal, une partie de la population se résigna à laisser faire, tout en s'accommodant de la
présence allemande. Mais ces consensus passifs eux-mêmes
évoluèrent. Et si une majorité de Français plébiscita l'armistice et le Maréchal en 1940, cette confiance s'éroda et l'opinion publique finit, en 1944, par accepter la légitimité de la
Résistance intérieure et celle du général de Gaulle.

L'étude des attitudes des Français ménage ainsi bien des
surprises. Aux pénuries matérielles répond la créativité des
artistes, soutenus par un public avide de culture. A l'engagement des braves répond l'attentisme des Français moyens.
A une vie qui, par les mariages et les naissances, continue,
s'opposent les ruptures et les drames que le conflit génère.
On renoncera, dès lors, à des généralisations trop
commodes et des jugements hâtifs en mesurant l'infinie
variété des comportements et l'atroce inégalité des destins.
Figure classique d'une Comédie humaine qui, en France
comme en Europe, emprunta trop souvent les traits d'une
inhumaine tragédie.

---

1. Se reporter avant tout à Pierre Laborie, *op. cit.*

Le rationnement

Paniers vides et ventres creux, tel est le sort que la dureté des temps assigne aux Français condamnés à vivre, quatre années durant, au ras des rutabagas. Les ponctions qu'exerce l'occupant et la désorganisation des échanges obligent Vichy à gérer la pénurie. En fixant les prix par la taxation, l'État français tente de juguler l'inflation. En rationnant les denrées, il cherche à préserver une relative équité « afin que tous, pauvres et riches, aient leur juste part des ressources de la nation », pour reprendre la formule dont use Pétain dès le 13 août 1940. Le 31 juillet 1940, une loi interdit de manger le pain frais — pour limiter la consommation — et, le 23 septembre, Vichy instaure les cartes d'alimentation. Les Français sont désormais classés selon leur âge et leur statut en huit grandes catégories. N'en déplaise à Rimbaud, le A ne désigne plus le « noir corset velu des mouches éclatantes » mais les adultes de 12 à 70 ans ; le E s'applique aux enfants de moins de 3 ans et le T aux travailleurs de force. Jonglant avec les lettres de ce nouvel alphabet, la population bataille désormais avec les précieux tickets d'alimentation qui chaque jour, chaque semaine ou chaque mois, donnent droit à de bien maigres agapes [1].

Car la masse souffre terriblement de la faim. En septembre 1940, les adultes de 12 à 70 ans n'ont droit, pour se sustenter, qu'à 350 grammes de pain par jour, 300 grammes

---

[1]. Dominique Veillon, *Vivre et survivre en France, 1939-1947*, Payot, 1995, offre une synthèse complète sur les restrictions.

de viande — avec os — par semaine, 50 grammes de riz par mois. Toutes les denrées font défaut. La viande disparaît des étals et les rations hebdomadaires promises en 1940 se réduisent à 120 grammes en 1943, voire à 60 en janvier 1944 pour le département de la Seine-et-Oise. Le lait, les corps gras, les fruits et les légumes manquent cruellement. Le régime vichyste ne parvient pas même à assurer le minimum vital, les rations officielles n'apportant que 1 200 calories journalières aux adultes alors que 3 000 seraient nécessaires. Les aléas climatiques aggravent souvent cette conjoncture médiocre. A partir de mai 1942, la soudure en blé est à peine assurée ; et la sécheresse, dans la région toulousaine, provoque une grave pénurie de légumes frais entre juin 1942 et mai 1943.

Mais la tyrannie des ventres ne doit pas occulter les autres drames qu'engendre la pénurie. Faute de charbon, la population subit les morsures du froid — l'hiver 1940-1941 est particulièrement rigoureux — et nombre de familles condamnent plusieurs pièces de leur appartement pour en chauffer décemment une partie. Vêtements et chaussures font défaut, et la perte d'un manteau représente un drame pour les milieux modestes. La priorité accordée aux convois allemands, les bombardements et les pénuries désorganisent les transports. Les voyageurs se tassent dans des trains lents et bondés, qui acceptent couramment des surcharges en passagers de 30 à 40 %. Faute d'essence, les voitures particulières ont quasiment disparu, provoquant un nouvel engouement pour la petite reine. On ajoutera, enfin, que de pénibles épreuves redoublent ces malheurs quotidiens. Pour voir leurs rations honorées, les Français consacrent de longues heures à faire la queue — jusqu'à quatre heures à Lyon, Toulouse ou Clermont-Ferrand. Inscrits chez des commerçants attirés, ils passent sous les fourches caudines de ces nouveaux princes qui, fiers de leurs pouvoirs, servent « à la tête du client » — une humiliation à laquelle échappent bourgs et villages mais dont les citadins se seraient bien dispensés.

De fait, le rationnement n'est pas sans conséquences sociales. Un fossé sépare en effet la ville — mal approvisionnée — de la campagne — où les produits abondent. Au dénuement des masses ouvrières, souvent proches de la famine, s'oppose la satiété repue des paysans. « Avec tout le monde qui avait faim, qui parlait de nourriture, on mangeait moitié plus qu'avant. J'engraissais », note ainsi Ephraïm Grenadou, un paysan beauceron [1]. Et si les riches fréquentent les restaurants de luxe (La Tour d'Argent propose son canard Frédéric à 55 francs la portion), les plus modestes sont condamnés aux soupes populaires — Les Fourneaux économiques de Toulouse par exemple — où le plat principal coûte 3 francs. Outre les effets ravageurs exercés sur des organismes affaiblis par les privations, le rationnement a ainsi largement contribué à disloquer une société où chacun lutte âprement pour assurer sa survie.

1. Ephraïm Grenadou et Alain Prévost, *Grenadou, paysan français*, Le Seuil, 1978.

Ersatz et ruses

« Par ces temps de restriction, certaines personnes affamées ne craignent pas de capturer des chats pour en faire un bon civet. Ces personnes ne connaissent pas le danger qui les menace. En effet, les chats ayant comme but utilitaire de tuer et de manger les rats porteurs de bacilles les plus dangereux peuvent être, de ce fait, particulièrement nocifs. » Publié par les journaux le 31 octobre 1940[1], cet avis illustre les ruses — parfois périlleuses — auxquelles recourent les Français pour s'assurer un ravitaillement décent. Pour compenser les pénuries, la population redécouvre les joies saines de l'économie. La récupération s'impose désormais. Les mégots, jusqu'alors ramassés par les clochards, sont traqués dans les cendriers et les nouvelles cigarettes ainsi produites sont revendues 40 ou 50 francs le paquet. Les cheveux sont ramassés dans les salons de coiffure pour fabriquer étoffes ou semelles de chaussures. Et le pain est sévèrement compté.

De même, produits rejetés et coutumes abandonnées reprennent droit de cité. Fanes de carotte et feuilles de rhubarbe sont servies en légumes, topinambours et rutabagas trônent sur les tables familiales. Faute de bas, les élégantes se peignent les jambes. Pour se chauffer, vieilles planches, marrons et pommes de pin sont mis à contribution et les ruraux sillonnent les forêts pour ramasser le bois. Les familles, toute honte bue, célèbrent les vertus de l'autoproduction. Poules et lapins s'élèvent en appartement — une

---

1. Henri Amouroux, *La Vie des Français sous l'Occupation*, Fayard, 1961.

façon somme toute urbaine de célébrer le retour à la terre. Et les jardins familiaux connaissent une fortune inédite, dix millions de personnes bénéficiant, directement ou indirectement, de leurs cultures. Ne surestimons pourtant pas ces modestes apports. Les jardins ouvriers ne fournissent à leurs heureux détenteurs que 200 calories par jour et, dans les villes, la volaille reste l'exception et non la règle.

Ces procédés autarciques sont insuffisants et les familles, pour survivre, doivent recourir à des apports extérieurs. Autorisés par Vichy, les colis familiaux offrent un appoint souvent crucial. Les cousins de la campagne, que l'on toisait avant guerre, sont désormais courtisés et l'on guette avec impatience l'arrivée du paquet salvateur. Pour la seule année 1942, 13 547 000 colis circulent en France. De même, les entreprises s'efforcent, en louant des jardins ouvriers ou en subventionnant largement les cantines, de nourrir décemment leurs salariés. Renault sert quotidiennement 16 000 repas entre 1942 et 1944 contre 5 000 avant guerre. Et, grâce à ses 311 hectares cultivés, la firme récolte 2 000 tonnes de pommes de terre en 1944. Enfin, le marché noir artisanal permet de compléter les maigres rations officielles. Le dimanche, les citadins battent la campagne pour acheter aux agriculteurs les produits de première nécessité. Encore faut-il en avoir les moyens ! Le kilo de beurre, coté officiellement 10 francs en 1940, vaut à Paris 400 francs en 1944... Vichy, débordé, ferme les yeux sur ces péchés véniels. S'il prétend lutter énergiquement contre le marché noir pratiqué à grande échelle par quelques mercantis, il tolère les fraudes destinées à améliorer le ravitaillement familial.

L'État français encourage parallèlement les produits de substitution. Il autorise en 1940 la fabrication du sucre de raisin. En février 1942, il ordonne que les paquets de café soient composés à 75 % de succédané. Il oblige à recourir aux textiles artificiels — rayonne et fibrane. Il encourage enfin la fabrication de gazogènes pour remplacer une essence devenue rare. En 1941, quelque 50 000 véhicules fonctionnant au charbon de bois parcourent les routes françaises [1].

---

1. Dominique Veillon, *op. cit.*, dresse un tableau synthétique et vivant des pénuries. Exhaustif.

Grâce à ces palliatifs, la population française aura donc survécu. Mais à quel prix ? Le ravitaillement tourne à l'obsession et l'opinion publique — prompte à attribuer aux Allemands la responsabilité des pénuries — regrette les abondances de l'avant-guerre. Nombre de familles vivent dans une misère profonde. « Mes quarante francs passent totalement en nourriture. Il m'est impossible de faire face aux autres dépenses ni à mes dettes. Les garçons n'ont plus rien à se mettre. Leurs chemises sont en loques. Toutes leurs affaires sont usées ou trop petites. Je passe un temps fou à les rafistoler », écrit une femme à son époux emprisonné [1]. Pour le Français moyen, les temps, au quotidien, furent décidément bien cruels.

1. Jean-Pierre Le Crom, *Syndicats nous voilà !* L'Atelier, 1995. A lire en outre pour l'action des comités sociaux d'entreprise, l'œuvre des cantines, etc.

Quand le quotidien l'emporte

« A côté d'une minorité agissante, une masse amorphe attend tranquillement que l'orage se passe. Des jeunes gens continuent paisiblement leurs études. Les mariages se célèbrent avec tout le faste des temps heureux, on fait d'aimables voyages de noces. Les vacances prochaines tourmentent les esprits. On danse. On se préoccupe encore de théâtre ou de cinéma », tonne le résistant Philippe Viannay dans *Défense de la France*. Constat sévère, certes, qu'il importe de nuancer.

Car la guerre bouscule assurément le quotidien de la population. La longue captivité subie par 1,6 million de prisonniers contribue à briser les cellules familiales. La moitié des captifs étant mariés — et souvent pères de famille —, des centaines de milliers de femmes se retrouvent seules à assumer la charge d'un foyer et à veiller sur l'éducation des enfants. L'annexion brutale des départements de l'Est précipite 150 000 Alsaciens-Lorrains dans les affres de l'exil. Outre un départ pour le moins hâtif qui les oblige à abandonner tous leurs biens — ces infortunés n'ont le droit d'emporter que 2 000 francs et 30 kilos de bagages —, l'insertion en zone libre de cette population n'est pas toujours aisée. Les départements d'accueil se plaignent de cette surcharge démographique qui complique le ravitaillement. Et comment ne pas comprendre la détresse d'un enfant qui, parti chez le cordonnier à Saint-Jean-d'Angély, revient avec des chaussures non réparées où le mot « Boche » est inscrit à la craie sur les semelles ? S'ajoutent à ces désordres les

contrariétés dues aux pénuries, les perturbations créées par
un ordre vichyste qui frustre la population de plaisirs familiers (les bals comme l'apéro), les drames induits par le
conflit (les bombardements notamment). En disloquant les
liens sociaux, en compliquant la vie matérielle, en multipliant les menaces sur les populations, la guerre exerce une
forte pesée sur le quotidien des Français.

Et pourtant, la vie continue. Les couples passent devant
monsieur le Maire (et parfois le curé) et la France, en 1943,
célèbre 219 000 unions (contre 274 000 en 1939). De même,
la natalité, après une chute brutale de 1940 à 1942, se
redresse. En 1943, le pays enregistre 616 000 naissances —
un chiffre digne des années trente[1]. Prélude au baby-boom
de l'après-guerre, cet étonnant rétablissement résulte d'une
politique familiale amorcée par le gouvernement Daladier et
poursuivie par Vichy. Il marque également le repli sur la
sphère privée d'une population poursuivant, par-delà les
épreuves, la quête du bonheur individuel. Le frémissement
nataliste témoigne ainsi d'une fragile confiance dans l'avenir.

Le développement du sport appelle un constat similaire
— car la population, pérennisant l'œuvre entamée par le
Front populaire, fréquente avec plaisir les stades. Si l'annu-
lation du Tour de France durant les quatre années de guerre
prive le public d'une épreuve appréciée, quelques compétitions rassasient les amateurs de sport-spectacle, la Coupe
de France de football par exemple. Mais surtout, nombre
d'anonymes découvrent les saines vertus de l'effort. Les
boulistes eux-mêmes n'échappent pas à ce succès du sport
et confirment la stabilité de leurs effectifs — 164 000 licenciés en 1942 contre 170 000 en 1939. Tout un symbole.

En exaltant la prouesse, le sport incite, il est vrai, au
redressement un pays saigné par la défaite. En développant
les sociabilités collectives, il recoud une société déchiquetée
par la guerre. A l'école comme dans les Chantiers de la jeu-

---

1. Analyse complète in Jacques Dupâquier (sous la direction de), *Histoire de la population française, de 1914 à nos jours*, PUF, 1995.

nesse, l'État français s'efforce donc d'encourager la pratique sportive qui forge, de surcroît, une France saine et virile[1].

Faut-il dès lors ratifier le sévère constat dressé par Philippe Viannay ? Certes, les Français, perturbés au quotidien par les ravages de la guerre, ont eu tendance à se replier sur la sphère privée, privilégiant les distractions et les impératifs de tous les jours sur les engagements résistants. Mais la reprise de la natalité, le goût pour la lecture, le développement d'un sport de masse ne signent pas nécessairement une démission des civils. A leur humble manière, ils témoignent aussi d'une farouche volonté de survivre.

1. Un examen exhaustif de la politique vichyste in Jean-Louis Gay-Lescot, *Sport et éducation sous Vichy*, Lyon, PUL, 1991.

Les bombardements

Le 18 avril 1944, des ballonnets lumineux tombés du ciel éclairent d'une étrange lueur la nuit rouennaise avant que ne s'abattent sur la cité normande 350 torpilles lâchées par la Royal Air Force. Au petit matin, le bilan se révèle accablant. Aux monuments historiques sévèrement touchés s'ajoutent quelque 900 victimes civiles atteintes, selon les termes de Mgr Petit de Julleville, par les « méthodes d'une guerre trop sauvage ». Frappant Rennes, Saint-Nazaire, Marseille ou Bordeaux, les bombardements alliés entrent, avec fracas, dans la vie quotidienne des Français, au Nord comme au Sud [1].

Les Alliés, en effet, accordent une importance décisive à une stratégie aérienne qui vise tant à détruire le potentiel militaire allemand qu'à briser, sous un déluge de bombes, le moral de l'adversaire. Certes, la France ne subit que des attaques destinées à dégrader ses installations industrielles ou ses communications et non à démoraliser la population. Mais les attaques subies par les usines Renault (3 mars 1942, 4 avril 1943, 15 septembre 1943...) comme les raids lancés pour détruire les ponts enjambant la Seine à Rouen répondent à une orientation tactique qui, malgré tout, touche durement les civils. En privilégiant les bombardements diurnes à haute altitude, l'US Air Force n'épargne guère les vies humaines puisque ses appareils pratiquent des bombardements imprécis. Et si la Royal Air Force recourt aux vols

---

1. « Les bombardiers alliés sont passés », in *Le Journal de la France*, n° 148, Historia-Tallandier, 1972.

nocturnes à basse altitude, ses lâchers de bombes, moins
aléatoires, restent cependant meurtriers pour les habitants
résidant près des cibles qu'elle vise[1].

La population vit dès lors sous la menace du ciel. Sommée
de dissimuler les sources lumineuses pour ne pas aider les
aviateurs alliés, elle calfeutre ses fenêtres et recouvre d'une
peinture bleutée les phares des véhicules. A chaque
immeuble est par ailleurs attribué un abri où les habitants
doivent se réfugier en cas d'alerte. Dès que les sirènes
mugissent, la vie s'interrompt et tous courent se réfugier
dans une cave, un sous-sol, voire, pour les Parisiens, le
métro. Dans les secteurs menacés (la côte normande par
exemple), les populations vulnérables (enfants et vieillards)
sont même évacuées, début 1944, vers des régions jugées
plus sûres. Ces mesures, on le devine, perturbent gravement
l'ordre du quotidien en interrompant la production, en
hachant le sommeil, en obligeant les professeurs à poursuivre leurs cours dans des caves inhospitalières. Elles sont
malgré tout impuissantes à limiter l'ampleur des pertes
puisque quelque 60 000 victimes meurent entre 1940 et
1944 sous les bombes alliées[2].

Soumise à ces terribles épreuves, l'opinion publique
adopte à l'égard des Alliés une attitude ambivalente. Elle
comprend, en règle générale, les contraintes militaires qui
lui imposent ces rudes sacrifices et ne blâme pas le principe
de cette guerre aérienne. Quand la Flak abat des appareils,
elle ne lynche pas les équipages rescapés qu'elle s'efforce de
soustraire aux occupants et elle fleurit la tombe des aviateurs morts au combat. En revanche, le caractère inefficace
de certaines attaques aériennes est blâmé par des civils qui
maudissent les échecs cuisants (la ville de Modane est pilon-
née pour détruire la gare mais cette dernière reste intacte)
ou l'utilisation de procédés jugés scandaleux (les bombes à
retardement compliquent l'action des sauveteurs).

De même, la Résistance déplore qu'on ne fasse guère

1. Patrick Facon, *Le Bombardement stratégique*, Éditions du Rocher, 1995.
2. Dominique Veillon, *op. cit.*

appel à ses services, alors que des sabotages se substitue-
raient avantageusement à ces bombardements meurtriers.
Cette exaspération est soigneusement attisée par Vichy et
l'occupant qui espèrent, en discréditant les Alliés, obtenir
que les civils, dégoûtés, s'abstiennent à la libération de soutenir militairement ceux qui ont été leurs bourreaux. Le très
maréchaliste Secours national s'efforce ainsi de secourir les
populations en détresse, en aidant à déblayer les décombres
et en offrant aux sinistrés une aide matérielle. Le maréchal
Pétain se déplace, à Rouen comme à Paris, pour réconforter
ses infortunés concitoyens. Dans l'ensemble pourtant, et
bien que la propagande de Philippe Henriot produise « un
effet considérable sur tous les malheureux qui ont eu à souffrir des bombardements » (Jean Galtier-Boissière), les civils
serrent les dents et acceptent une stratégie qui sert la libération tant attendue du pays.

L'heure allemande

« Notre troupe longeait encore la colonne de camions arrêtés. Tout de suite, j'en ai profité pour le questionner. « Krigue fertiche ? » Je n'ai pas bien compris ce qu'il a répondu. Mais il m'a pris la main. Sa figure restait dans l'ombre, je ne la voyais pas, je ne le reconnaîtrais pas, j'ai serré. Une bonne poignée de main, solide et qui ne voulait pas tromper, donnée d'un homme à un autre. J'ai peu de bons souvenirs de guerre, ou de paix ; c'en est un. » Tous les Français ne suivent certes pas l'exemple d'un Henri Calet, fait prisonnier en 1940, et acceptant une fugace fraternisation avec l'ennemi [1]. Tous, en revanche, fraient avec un occupant dont l'obsédante présence marque le paysage et rythme la vie quotidienne.

L'occupant impose sa loi et ses signes à la population française. Obligés de s'aligner sur le fuseau horaire berlinois, les civils de la zone nord assistent à la transformation de leurs villes, pavoisées de croix gammées et désormais couvertes de panneaux indicateurs rédigés dans la langue de Goethe. Ils doivent à l'occasion respecter un couvre-feu que les Allemands, pour surveiller ou punir, imposent parfois. A l'arrivée de la Wehrmacht (12 novembre 1942), les Marseillais sont interdits de sortie après 21 heures pour dix jours. Les habitants, qui croisent quotidiennement des soldats en armes et ne dédaignent pas toujours de fréquenter les concerts que les harmonies de la Wehrmacht dispensent avec générosité, s'évertuent à baragouiner quelques mots

1. Henri Calet, *Le Bouquet*, Gallimard, 1995 (1ʳᵉ éd. 1945).

d'allemand. 100 000 hommes relevant des troupes de sécurité quadrillent la zone nord en 1941, 200 000 surveillent l'ensemble du territoire en 1943. Et plus d'un million de soldats veillent, l'arme au pied, dans l'attente du futur débarquement. Difficile d'occulter une présence aussi massive — et bien peu discrète. D'autant que les troupes réquisitionnent en masse les immeubles civils, des lycées aux bâtiments administratifs, et se logent chez les particuliers, imposant une présence dont les foyers français se seraient bien passés. Certes, l'occupant affiche une relative discrétion. Si les troupes sont invitées à adopter une attitude « correcte », elles ne sont pas encouragées à fraterniser avec la population. Et les autorités militaires veillent au grain, érigeant de solides barrières entre les autochtones et les guerriers : les troupes disposent de restaurants réservés (la brasserie du Chapitre à Marseille), de Soldatenkino (le cinéma Gaumont à Toulouse) — sans oublier les lieux dévolus au repos du guerrier germanique (un bordel est exclusivement attribué aux Allemands à Clermont-Ferrand). Les hiérarchies ne peuvent pour autant interdire tout contact entre occupants et occupés dans les cafés, les hôtels, les magasins, et les Français doivent donc, bon gré mal gré, s'accommoder de cette présence inopportune[1].

Certes, la population, initialement, confesse son lâche soulagement en constatant la « correction » de ses maîtres. Et si un Jacques Chardonne avoue ne pas aimer les Allemands, il juge leur occupation « d'une décence remarquable ». Pure affaire d'opinion. Dès l'automne 1940, toutefois, le ton change. L'omniprésence des troupes et les difficultés du quotidien induisent une mutation, la résignation se muant en rejet avant de tourner, en 1942, à l'hostilité. « Une jeune fille, qui servait les clients, m'a frappé par l'expression de son visage ; il est évident qu'elle me considérait avec une haine prodigieuse. Ses yeux bleu clair, dont la pupille s'était rétractée jusqu'à ne plus former qu'un point, plongeaient droit dans les miens, avec une sorte de volupté — celle-là

1. Philippe Burrin, *op. cit.*

peut-être qu'éprouve le scorpion enfonçant son dard dans sa proie », écrit Ernst Jünger après avoir acheté un agenda dans une papeterie le 18 août 1942[1].

L'attitude des civils à l'égard des occupants évolue donc globalement vers le durcissement et un rejet de plus en plus manifeste. De 1940 à 1942, Vichy bénéficie par contrecoup de cette situation. Car si les nordistes et les Alsaciens-Lorrains, se sentant abandonnés, récusent un État français qui les sacrifie, les habitants de la zone sud se réjouissent d'échapper à une occupation que tous redoutent. Les voyages triomphaux de Philippe Pétain, à Lyon par exemple (novembre 1940), révèlent l'ampleur de ce soulagement. L'invasion de la zone libre alignera ces modestes privilégiés sur le lot commun en les confrontant à une présence allemande que peu, minorité collaborationniste exceptée, apprécient.

1. Ernst Jünger, *Premier Journal parisien*, Christian Bourgois, 1980.

Marseille

« Marseille a toujours été une ville animée, gaie, bruyante. Sur le cours Belzunce ou la Canebière, la rumeur même de la foule est inimitable ; les yeux fermés, je la reconnaîtrais. En ce début d'août 1940, il en est tout autrement. Une bonne partie de la France s'est repliée sur le Vieux-Port phocéen, en même temps que des groupes de toute origine, de toute condition : Tchèques, Polonais, Belges, Hollandais et, parmi eux, de nombreux juifs, redoutant les persécutions nazies. Plus une place d'hôtel, plus une chambre à louer, des gares surpeuplées, des dormeurs la nuit dans les squares, étreignant leurs valises ; la Croix-Rouge et les organisations d'entraide incapables de faire face à leurs tâches habituelles. Dans cette mer humaine, travaillée par le drame, vulnérable aux fausses nouvelles, se mêlent de pauvres gens, parfois sans argent mais portant souvent avec eux des biens précieux, et un monde interlope de mercantis, de trafiquants, ainsi que de nombreux agents plus ou moins secrets de toutes nationalités. » Muté, en août 1940, de Toulouse à Marseille, le capitaine Henri Frenay — futur fondateur du mouvement Combat — ne cache pas sa stupeur devant cette vision d'apocalypse. Porte méditerranéenne de l'espoir, Marseille accueille libéralement les candidats à l'exil vers l'Afrique du Nord ou d'autres cieux plus cléments. Mais malgré le soleil et l'atmosphère insouciante qu'on lui prête, la cité phocéenne subit durement les atteintes de la guerre[1].

Ne pouvant compter sur les richesses agricoles d'un arrière-pays voué à la triade méditerranéenne (blé, vin, olive), Marseille peine à assurer à sa population un ravitaillement décent. Avant guerre, elle dépendait entièrement des autres régions pour la viande de bœuf et le poisson provenait quatre fois sur cinq de la Manche et de l'Atlantique — un comble pour la capitale de la bouillabaisse. Avec la désorganisation des courants d'échanges, la ville connaît des temps difficiles. Dès le 23 septembre 1940, le rationnement — comme pour l'ensemble du pays — s'impose mais la population est vite réduite à la portion congrue. En novembre 1941, les Marseillais ne reçoivent que 2 kilos de pommes de terre par semaine et le blé sera toujours fourni en quantité insuffisante pour fabriquer les 200 000 kilos de pain consommés quotidiennement. La ration journalière chute à 125 grammes en juin 1944 et le pain n'est plus vendu qu'un jour sur deux. La ville, par ailleurs, pâtit directement du conflit. Le 21 juin 1940, l'aviation italienne la bombarde, causant 143 morts. Et le raid aérien que lancent les Alliés le 27 mai 1944 provoque près de 2 000 victimes.

La guerre n'aura donc pas épargné la cité phocéenne qui échappe, malgré tout, à l'occupation allemande jusqu'en 1942. La présence nazie reste fort discrète, malgré la propagande diffusée par l'Institut allemand de la rue Édouard-Delanglade et les inspecteurs de la Commission d'armistice. Grâce à cette relative liberté, Marseille fait un temps figure de capitale intellectuelle. De grands journaux parisiens se replient, débâcle oblige, dans la ville qui accueille, entre autres, *Le Mot d'ordre* de Ludovic-Oscar Frossard ou *Le Franciste* de Marcel Bucard. Dans son château de Montredon, la comtesse Lily Pastré offre l'hospitalité à Samson

1. Lucien Gaillard, *Marseille sous l'Occupation*, Ouest-France, 1982, et Pierre Guiral, *Libération de Marseille*, Hachette, 1974, offrent de bonnes analyses sur les années sombres à Marseille.

À compléter par Jean-Michel Guiraud, « Marseille, cité-refuge des écrivains et des artistes », in J.-P. Rioux (sous la direction de), « Politiques et pratiques culturelles dans la France de Vichy », *Cahiers de l'IHTP*, juin 1988.

François, à Lanza del Vasto comme à Clara Haskil. *Les Cahiers du Sud*, revue fondée en 1933, héberge des réfugiés de marque (Benjamin Crémieux, Simone Weil...) et publie des textes de qualité, des poèmes d'Éluard, Saint-John Perse et André Breton notamment. Et Robert Laffont édite ses premiers ouvrages. Le pouvoir pétainiste s'efforce au demeurant de contrôler cette effervescence culturelle, le cinéma avant tout. Il n'arrive pas toujours à ses fins : après avoir brièvement pactisé avec le régime, en intégrant le discours du Maréchal dans *La Fille du puisatier*, Marcel Pagnol prend ses distances et refuse tous les subsides de l'État français, vendant même, en 1942, ses studios à la Gaumont. Quoi qu'il en soit, ce dynamisme culturel reflète le soulagement d'échapper à l'occupation allemande, sentiment qui vaut à Philippe Pétain une solide popularité. Le voyage qu'il effectue à Marseille les 3 et 4 décembre 1940 prend ainsi des allures de triomphe.

L'arrivée des Allemands, le 12 novembre 1942, marque une profonde césure. Pour les juifs qui, grâce à l'American Joint Committee, espéraient s'enfuir — comme pour les artistes menacés qu'aidait l'Emergency Rescue Committee —, les portes de l'exil se referment. L'occupant entend en effet imposer sa loi à une cité qu'il juge indocile. Dès l'entrée des troupes, l'autorité militaire ordonne, pour dix jours, le couvre-feu. Le Reich, par ailleurs, métamorphose la ville par sa présence — la brasserie du Chapitre devient un Soldatenheim. A l'instar des autres cités françaises, Marseille doit soutenir l'effort de guerre nazi. Le Reich exige ainsi la fonte de quelques statues (dont celle du poète Victor Gelu). Il prélève surtout son tribut en envoyant 23 000 requis du STO outre-Rhin. Dirigés par Rolf Mühler et le redoutable Ernst Dunker, les services répressifs (SIPO et Gestapo) font régner la terreur, aidés par quelques auxiliaires français. Proche du milieu, Simon Sabiani, un ancien combattant couvert de gloire, place les troupes du Parti populaire français (PPF) aux ordres de l'occupant. Discrets jusqu'en 1942 — encore qu'ils aient tiré sur la foule

qui défilait sous les fenêtres de ses locaux le 14 juillet
1942 —, ses militants se déchaînent après l'arrivée des Allemands, participant activement au marché noir, rançonnant
juifs et commerçants, traquant les réfractaires au STO (dont
la capture valait des primes juteuses). Aux yeux des nazis,
Marseille l'indolente devait rentrer dans le rang.

Sa sulfureuse réputation valut en effet à la ville toute l'attention du Führer. Jugeant que Marseille, suivant la formule
d'Adolf Hitler, était « le chancre de l'Europe, l'asile de la
pègre internationale », le Reich décida de détruire les quartiers nord du Vieux-Port[1]. Le 22 janvier 1943, la police française et les SS bouclaient ce périmètre et fouillaient de fond
en comble les immeubles. Procédant à quelque 40 000 véri-
fications d'identité, ils arrêtaient près de 2 000 personnes
— juives pour la plupart — dont 1642 furent aussitôt diri-
gées — *via* la gare d'Arenc — sur Compiègne avant d'être
déportées vers les camps d'extermination. Dans le même
temps, les habitants du Vieux-Port étaient sommés d'éva-
cuer leurs logements et 20 000 personnes furent conduites
au camp de Caïs, près de Fréjus, où rien n'avait été prévu
pour leur hébergement. Après un criblage ayant permis de
nouvelles arrestations, les rescapés, relâchés, furent autorisés
à retourner dans leur maison pour déménager leurs biens
— ou ce qu'il en restait puisque les habitations avaient souvent été pillées. Enfin, entre le 1er et le 17 février, les Allemands firent systématiquement sauter les immeubles. Le
bilan se révéla accablant : 14 hectares avaient été rasés, 1 494
immeubles détruits. Après avoir pour certains tout perdu,
27 000 sinistrés erraient dans la ville ravagée, cherchant
— parfois en vain — un toit.

La dureté de l'occupation et les exactions commises incitaient en retour quelques hommes à résister. Aux efforts
d'Henri Frenay et de son adjoint, Chevance-Bertin, s'ajouta
l'action menée par les communistes et quelques socialistes
intrépides, André Boyer et Gaston Defferre notamment. Le

---

1. Récit complet de ce drame in Jacques Delarue, *Trafics et Crimes sous l'Occupation*,
Fayard, 1968.

2 décembre 1942, le premier attentat était commis, inaugurant une série qui se poursuivrait par l'exécution d'Allemands ou de collaborateurs : le docteur Bouysson, chef de la propagande milicienne, était ainsi assassiné le 29 mai 1943. Les sabotages se multipliaient et, le 20 avril 1944, le poste de brouillage allemand installé au collège Michelet sautait. Des salariés, révoltés par leurs conditions de vie misérables, lançaient une grève générale le 25 mai 1944, amenant l'occupant à saisir 400 otages — fort heureusement relâchés après les bombardements alliés. Ces actes courageux se payaient au prix fort, puisque la ville pleurera à la Libération 2241 déportés et 206 fusillés. Volontiers symbolisée par d'aimables clichés — transformant chaque Marseillais en buveur de pastis ou en joueur de pétanque —, la ville a acquitté un lourd tribut au dieu Mars. Un temps transformée en capitale culturelle du royaume de Bourges, elle a subi, dans ses murs comme dans ses chairs, une impitoyable occupation.

Petits accommodements ordinaires

Le 22 juin 1944, le directeur des Aciéries du Nord — une entreprise marseillaise réparant le matériel ferroviaire — recevait la visite d'une petite délégation allemande venue « inspecter l'usine au point de vue des attaques terroristes possibles sur les installations ». Le directeur pouvait se rassurer. Il recevait cinq fusils pour armer ses gardes — une rare faveur témoignant de la confiance qu'il inspirait à l'occupant. Au vrai, M. Portal avait multiplié les gestes pour entretenir cette concorde, invitant même le colonel Erbel — un responsable des services économiques — à venir chasser le sanglier dans les massifs de l'Estérel[1]. Tous les ponts, donc, n'étaient pas coupés entre vainqueurs et vaincus, et les seconds fréquentèrent volontiers les premiers, tant pour maintenir d'élémentaires liens de sociabilité que pour obtenir quelques faveurs. Les Français se sont ainsi « accommodés » de l'occupant, refusant de rejoindre en masse la Résistance sans pour autant basculer dans une collaboration rejetée par la population. Une accommodation qui obéit toutefois à des logiques plurielles.

L'amabilité que déploient les occupés à l'égard de leurs maîtres illustre d'abord la crainte que ces derniers inspirent. Face à une armée dont la brutalité est connue, la population préfère afficher sa soumission que de risquer, par bravade, d'indisposer un vainqueur arrogant. La logique du compromis vise à éviter des confrontations jugées inutiles. Les Français s'habituent docilement à servir leurs clients allemands

1. Renaud de Rochebrune et Jean-Claude Hazéra, *op. cit.*

et à renseigner le feldgrau égaré. De même, la fréquentation répétée des individus facilite le développement de liens personnels. Et, si une attitude froide devrait idéalement s'imposer, il est souvent difficile, au fil des jours, d'éviter toute conversation avec un officier qui occupe votre domicile — 198 maisons et appartements sont par exemple réquisitionnés par l'occupant à Clermont-Ferrand.

Mais des considérations plus sordides dictent parfois des conduites guidées par un opportunisme brutal. En disloquant les repères familiers et en semblant garantir la victoire à l'Allemagne, la débâcle de 1940 incite en effet une partie des Français à préserver leurs intérêts privés, sans se soucier des conséquences générales de leurs attitudes. Pour sauvegarder leurs entreprises, les patrons entretiennent de fructueux contacts avec l'occupant. Dès 1941, les fabricants de pneumatiques installés dans la région clermontoise — Michelin et Bergougnan — négocient de juteuses commandes avec le Reich, et les établissements Ducellier fournissent en pièces détachées Bosch et Ford-Köln[1]. Les intellectuels suivent parfois le même chemin. En 1942, le responsable allemand de l'édition, le lieutenant Heller, spontanément contacté par Giono — pourtant réfugié en zone sud —, le trouve « extrêmement bien disposé » à l'égard de la collaboration. De même, en zone nord cette fois, les universités anticipent l'application des textes antisémites et chassent les enseignants juifs sans attendre que les Allemands en formulent la demande. Le sous-directeur de l'École libre des Sciences politiques, Roger Seydoux, élimine professeurs juifs ou anti-allemands, avant de proposer quelques cours aux nouveaux mentors, Benoist-Méchin ou Jean Legay[2].

Rarement teintée de conviction idéologique, cette accommodation dessine une « zone grise » qui occulte l'idéologie au profit d'une défense parfois vindicative des intérêts personnels. On comprend dès lors que la Résistance, à ses

1. John Sweets, *Clermont-Ferrand à l'heure allemande*, Plon, 1996.
2. Philippe Burrin, *op. cit.*

débuts, ait avant tout tenté de contrer des stratégies que le
civisme inspirait rarement. « Le Français doit ignorer l'Allemand [...]. Il faudrait que l'Allemand puisse dire à son
retour : "La France s'est refusée à moi, elle s'est détournée
de mon contact. Même les prostituées m'ont fui avec dégoût
et les boudoirs des courtisanes m'ont été fermés" », espère
Viannay dans les colonnes de *Défense de la France*. « France,
prends garde de perdre ton âme », alerte *Témoignage chrétien* en novembre 1941. La récurrence de ces avertissements
prouve à elle seule le caractère massif de l'accommodation.
Le « silence de la mer » que ses logeurs opposent à Werner
von Ebrennac reste bien, en 1941, un phénomène minori-
taire. Mais la disparition progressive de ces mises en garde
dans la presse clandestine démontre à rebours la progressive
érosion du phénomène. Supportable en 1940 — puisqu'elle
incitait les civils à la résignation —, la vie avec l'ennemi,
intolérable en 1944, les pousse désormais à la révolte.

Le temps des profiteurs

En 1946, la justice française condamnait Mme X à vingt ans de travaux forcés. Afin de filer le parfait amour avec un sous-officier allemand, elle n'avait pas hésité à dénoncer son mari pour détention d'armes. Torturé par la Gestapo, le malheureux, après avoir reconnu son appartenance à la Résistance, fut déporté et mourut en avril 1945 au camp de Flossenbourg. Par-delà ses conséquences tragiques, ce fait divers illustre l'imbrication des sphères publiques et privées qui prévaut durant les années sombres. En temps de guerre, la quête légitime du bonheur intime n'est pas sans incidence, matérielle ou morale, sur les intérêts collectifs. Et si les relations qui unissent occupants et occupés se sont parfois exonérées de toute connivence idéologique, elles n'en ont pas moins été marquées du sceau de la duplicité.

Les impératifs de la survie incitent parfois les individus à devenir complices des autorités allemandes. Outre le chômage qui sévit jusqu'en 1941, les avantages matériels que proposent les entreprises du Reich poussent quelque 200 000 Français à se porter volontaires pour travailler outre-Rhin. En France même, les organisations allemandes embauchent à tour de bras. Au printemps 1942, 275 000 Français construisent aérodromes et fortifications, et contribuent, sous l'égide de l'organisation Todt, à ériger le Mur de l'Atlantique[1]. Certes, on pourra à bon droit invoquer les duretés du quotidien pour expliquer une décision qui concerne le plus souvent des déclassés mal insérés dans la

1. Eberhard Jäckel, *op. cit.*

société française. Que les vaincus, par leur travail, aident les occupants à conforter leur domination ne manque cependant pas d'ironie.

Quelques Français, par ailleurs, n'hésitent pas à instrumentaliser la présence allemande pour conquérir de nouveaux fiefs. Pour les individus, cette stratégie passe souvent par le recours à la délation qui permet d'éliminer, pour les motifs les plus divers, des obstacles jugés gênants. « Il ne semble pourtant pas admissible que les Aryens soient soumis au bon vouloir d'un israélite », écrit un candidat au permis de conduire en avril 1941. Et un père, pour éviter que son fils n'épouse une juive, dénonce Annette Z, déportée en juin 1942[1]. Sur un plan plus général, les mercantis se précipitent pour bénéficier de l'aryanisation des biens juifs et 70 000 familles participent, directement ou indirectement, à la confiscation de ces biens. Quelques aventuriers de haut vol traitent de fructueuses affaires avec l'occupant. Joseph Joanovici trafique sur une grande échelle avec les bureaux d'achats allemands et amasse une fortune qui varie, selon les estimations, de un à quatre milliards de francs.

La complicité par intérêt excède parfois ces motivations sordides et se pare volontiers de plus hautes vertus. En négociant avec l'occupant, quelques acteurs espèrent tout simplement sauver leurs entreprises ou leurs institutions. Tablant sur la victoire allemande et constatant que le rapport des forces sert l'occupant, ils privilégient une logique défensive visant à préserver leurs structures. Le patron de la Société générale, Henri Ardant, reçoit ainsi à de multiples reprises le capitaine Radecke, un haut responsable de l'Abwehr, et se rend outre-Rhin pour éviter, sacrilège, l'installation de banques allemandes sur la place française. Stratégie couronnée de succès puisque les grands établissements germaniques ne s'imposent pas sur le marché national. « Toute son attitude extérieure du début de l'Occupation marque qu'à cette époque il a cultivé des contacts répétés avec les dirigeants économiques de l'ennemi, auprès de qui il ne

---

1. Henri Amouroux, *op. cit.*

pouvait manquer ainsi de ménager sa haute situation et son avenir personnel », tranchera pourtant le parquet de la Seine en 1948. En procédant à de subtils échanges de services, responsables sociaux, économiques ou administratifs visent à assurer la pérennité de leurs organisations sans pour autant adhérer aux mots d'ordre nazis [1].

Qu'elle suive une logique défensive ou offensive, la complicité par intérêt constitue donc un phénomène largement répandu. Récusant *a priori* toute connivence idéologique avec le nazisme, cette collaboration semble fidèle à l'esprit vichyste puisqu'elle se borne à entériner un rapport de force. Elle sert surtout le dessein de la puissance occupante et ne s'embarrasse guère de scrupules en remisant les considérations éthiques au magasin des accessoires inutiles.

1. Renaud de Rochebrune et Jean-Claude Hazéra, *op. cit.*

La collaboration idéologique

Le 18 juillet 1941, au Vélodrome d'Hiver, les ténors de la collaboration — Jacques Doriot en tête — annoncent devant une salle comble la création de la Légion des volontaires français contre le bolchevisme (LVF). Pétain, en novembre, salue son chef, le colonel Labonne, en soulignant qu'il détient « une part de notre honneur militaire. En participant à cette croisade dont l'Allemagne a pris la tête, acquérant ainsi de justes titres à la reconnaissance du monde, vous contribuez à écarter de nous le péril bolchevique : c'est notre pays que vous protégez ainsi, en sauvant également l'espoir d'une Europe réconciliée », conclut-il. L'attaque allemande contre l'Union soviétique incitait les tenants de l'ordre brun à s'engager toujours plus avant aux côtés du IIIᵉ Reich.

Souhaitant mener leur action dans une relative indépendance à l'égard de Vichy, les collaborationnistes [1] privilégient des vecteurs variés. La guerre des chefs amène ainsi la multiplication des partis. Rassemblement national populaire de Marcel Déat, Parti populaire français de Jacques Doriot, Mouvement socialiste révolutionnaire d'Eugène Deloncle. Quelques officines spécialisées distillent par ailleurs leur venin. L'Institut d'études des questions juives, dirigé par Paul Sézille, se cantonne à la propagation d'un antisémitisme abject, tout comme le Centre d'action et de documentation que coiffe le journaliste Henry Coston. Sans rompre avec Vichy, le groupe Collaboration milite — son nom

---

1. Sur cette question, se reporter d'abord à Ph. Burrin, *op. cit.*

l'indique — pour une entente avec l'Allemagne. Le petit monde parisien contrôle également la presse nordiste. Journaux de large diffusion prétendant informer à l'instar des *Nouveaux Temps* de Jean Luchaire ou feuilles visant à endoctriner — à l'image de *Je suis partout* ou du *Pilori* — sont également stipendiés par les Allemands et reprennent les consignes de leurs maîtres. Les collaborationnistes, enfin, ne répugnent pas à des engagements plus musclés. La LVF entend combattre le péril rouge sur ses terres. Et la Milice se spécialise dans la chasse aux terroristes.

La diversité de ces pratiques militantes explique la nature interclassiste du recrutement collaborationniste. Les notables préféreront ainsi fréquenter les sages conférences tenues sous les auspices du groupe Collaboration — dont le Comité d'honneur prend des allures de Bottin mondain puisque s'y mêlent académiciens (Pierre Benoit...), aristocrates (Melchior de Polignac) et scientifiques réputés (Georges Claude). Aux milieux plus modestes seront réservées les tâches moins gratifiantes que représentent la guerre contre le bolchevisme ou la lutte contre la Résistance.

Le phénomène collaborationniste a été socialement situé. Certes, l'engagement en faveur du IIIe Reich prolonge fréquemment des options souscrites de longue date et l'on ne s'étonnera pas de voir l'extrême droite fournir le gros des troupes d'un nazisme badigeonné aux couleurs françaises. Les itinéraires d'un Brasillach, d'un Drieu, d'un Alphonse de Châteaubriant (converti à l'hitlérisme avant même 1940), dans cette mesure, ne surprennent guère. Mais les formations collaborationnistes recrutent également dans des milieux socioprofessionnels précis. Les élites — de 1940 à 1942 surtout — ne dédaignent pas ces nouvelles croisades qui vont permettre, du moins l'espèrent-elles, d'en finir avec un péril rouge redouté et maintes fois combattu. Mais le monde des petits fournit également ses bataillons et apporte, selon Philippe Burrin, un adhérent sur quatre. Nombre de déclassés, marqués par des itinéraires professionnels pour le moins erratiques, trouvent enfin dans le collaborationnisme le moyen de s'intégrer dans une société qui les a rejetés et de prendre une revanche sociale. La Milice offre par exemple de confortables salaires (de 2 500 à 3 000 francs par mois pour un membre de la Franc-Garde contre 1 300 pour l'ouvrier ariégeois), la possibilité de vivre de rapines, de porter une arme, d'effacer un casier judiciaire parfois chargé, d'assouvir enfin sans risque d'épouvantables instincts sadiques[1]. Motivations idéologiques et matérielles se conjuguent pour expliquer l'attrait d'un collaborationnisme fort éloigné du modèle notabiliste proposé par Vichy, et auquel auront succombé quelque 250 000 Français.

1. Pierre Giolitto, *op. cit.*

Le spectacle continue

« M. Jean Clergue conduira les concerts classiques. Il présentera d'abord à partir du 19 décembre, chaque semaine, quatre concerts classiques commentés par ce musicographe averti, Émile Vuillermoz, qui mettront tour à tour en valeur la sensibilité musicale devant la nature, le sentiment religieux, l'enfance, l'amour. Sur le plateau défileront des comédies, un spectacle varié avec Max Dearly et une création de Suzy Prim : *Le Vrai visage de la Dame aux Camélias.* » Au casino municipal de Cannes, la saison 1942 s'annonce pour le moins brillante ! Mais ces fêtes du goût et de l'esprit ne sont pas réservées aux seuls habitants de la Côte d'Azur. Dans toutes les villes de France, spectacles et pièces de théâtre font recette et les salles obscures ne désemplissent pas, signe d'une offre culturelle particulièrement abondante.

Le cinéma français connaît ainsi une heure de gloire. Malgré la division en deux zones, le nord dépendant de la Propaganda-Abteilung et le sud relevant dans un premier temps de Jean-Louis Tixier-Vignancour, secrétaire général adjoint à l'Information, la France produit dans la nuit de l'Occupation 225 films et 400 documentaires. Et si l'histoire a oublié *Coup de feu dans la nuit* (un film de Robert Péguy) et *Le Loup des Malveneurs* (signé Guillaume Radot), elle a en revanche retenu *La Nuit fantastique* de Marcel Lherbier, *Les Inconnus dans la maison* (qui marque les premiers pas d'Henri Decoin), *Le Corbeau* d'Henri-Georges Clouzot, sans omettre *Les Visiteurs du soir* du trio Prévert-Carné-Kosma [1].

1. Jean-Pierre Bertin-Maghit, *Le Cinéma français sous l'Occupation*, PUF, 1994.

De même, le théâtre connaît des jours fastes. Car les auteurs, loin de se cantonner dans un mutisme réprobateur, ont produit avec une belle constance. Henry de Montherlant donne *La Reine morte*, Jean-Paul Sartre propose *Les Mouches* et *Huis clos*. Et Jean-Louis Barrault crée l'événement de la saison 1943 en montant en novembre *Le Soulier de satin* de Paul Claudel. Une large majorité d'écrivains suit le même chemin et propose à un public affamé de roboratives nourritures intellectuelles. Car les valeurs consacrées n'ont pas toutes rangé leur plume, tant s'en faut. Georges Duhamel publie le tome IX de *La Chronique des Pasquier*, François Mauriac *La Pharisienne*, Louis Aragon *Les Voyageurs de l'impériale* — mais dans une version expurgée. Et de jeunes talents font leurs premières armes, de Marguerite Duras (*Les Impudents)* à Albert Camus — *L'Étranger* et *Le Mythe de Sisyphe* sortent en 1942 —, sans oublier le Castor dont *L'Invitée* figure aux étals des libraires en 1943. Les jurys littéraires persistent à siéger et le prix Goncourt récompense en 1941 Henri Pourrat pour *Vent de mars*, en 1942 Marc Bernard pour *Pareils à des enfants* [1]...

L'offre musicale est tout aussi brillante. Si les artistes allemands honorent de leur présence les scènes françaises (Herbert von Karajan, Wilhelm Kempf, Elizabeth Schwarzkopf se produisent à Paris), les maîtres français multiplient les concerts, d'Alfred Cortot à Pierre Fournier. Et le 16 juillet 1941, Paul Paray, à la tête de l'Orchestre national de France, dirige à Vichy des œuvres de Pierné et Ravel avant de conclure par la IXe *Symphonie* de Beethoven. Sur un registre moins austère, chanteurs et chansonniers proposent leurs spectacles. En 1941, Édith Piaf se produit à Bobino et Charles Trenet à l'Avenir-Music-Hall. Et le 23 mars 1942 se succèdent, salle Pleyel, pour la Nuit du Printemps, André Baugé, Noël-Noël, Léo Marjane... « Le corps de ballet de l'Opéra, qu'accompagnait l'orchestre Pascal, était venu donner à cette soirée sa note vraiment printa-

---

1. Philippe Burrin, *op. cit.*

nière », conclut *Le Matin*[1]. Peinture et sculpture, enfin, ne perdent pas leurs droits. Car si l'art maréchal aligne des productions pour le moins convenues — des bustes de Pétain que réalise un Cogné aux images d'Épinal gravées par Gérard Ambroselli —, nombre d'artistes poursuivent leur œuvre, dans le silence ou sous le feu des projecteurs. Proches du régime qui les célèbre, Vlaminck et Bonnard continuent à créer, ainsi que Braque ou Picasso, parfois fort éloignés des canons officiels. S'affirme dans ces années une certaine relève que symbolisent les noms de Bazaine, Pignon ou Tal-Coat[2]. Réduits à la portion congrue et condamnés à subir les atteintes du froid, les Français auront, modeste compensation, bénéficié d'une offre culturelle pour le moins abondante.

1. André Halimi, *Chantons sous l'Occupation*, Olivier Orban, 1976.
2. Laurence Bertrand-Dorléac, *L'Art de la défaite*, Le Seuil, 1993.

Oublier la guerre ?

« Un soir, je sentis ma résolution vaciller. Nous étions allés, Hélène et moi, écouter au palais de Chaillot la *Neuvième Symphonie* dirigée par Charles Munch qui, ce jour-là, était comme un démiurge. La salle absolument pleine, où se trouvait de nombreux Allemands en uniforme, communiait dans la même ferveur. Où était l'ennemi ? Il n'y avait là que des hommes rassemblés. Pourquoi fallait-il se haïr ? » s'interroge Philippe Viannay dans ses souvenirs. L'activité culturelle ouvre un espace d'évasion permettant d'oublier, fût-ce pour un instant, les réalités de la guerre. Un sentiment que les spectacles proposés confortent, en s'abstenant de sombrer dans les travers d'un art militant.

Les spectateurs fréquentent avant tout les salles obscures pour se distraire. Afin de répondre à cette demande, les réalisateurs évitent les œuvres de propagande et inscrivent leurs fictions dans des temporalités fort éloignées de l'époque. *Les Visiteurs du soir* se déroulent au Moyen Age et *Pontcarral, colonel d'Empire* se situe sous le règne de Charles X. Sur 220 films, 10 seulement se réfèrent explicitement à la guerre ou à l'Occupation. Certes, quelques auteurs défendent, dans leurs films, les idéaux d'une France nouvelle. Dans *Forces occultes*, Jean Mamy dénonce la franc-maçonnerie, et Marcel Pagnol, dans *La Fille du puisatier*, adhère aux valeurs pétainistes, comme on a pu le voir plus haut. De même, les censeurs vichystes et allemands veillent au grain, et interdisent les films anglo-saxons comme les œuvres où jouent les ennemis de l'ordre nouveau, Erich von

Stroheim ou Michèle Morgan — exilée aux États-Unis — par exemple.

Le Reich et l'État français parviennent même à s'accorder en 1941 pour proposer un unique journal d'« actualités » diffusé dans les deux zones et vantant, comme on le devine, les joies de la collaboration. Mais ces entreprises ne séduisent guère le public. Les films de propagande, tel *Le Juif Süss*, sont sifflés, à Marseille comme à Paris. Et les actualités provoquent de tels tumultes que les autorités exigent que leur projection s'effectue dans des salles à demi éclairées, pour repérer les éventuels perturbateurs. Pouvoir politique et réalisateurs préfèrent dès lors alimenter les rêves de la population, plutôt que de procéder à une éducation politique pour le moins risquée. Goebbels n'aurait-il pas recommandé de proposer aux Français des « films légers, vides et si possible stupides » ? Une recommandation qui croise l'assentiment des auteurs. « Pourquoi a-t-on fait *Les Visiteurs du soir* ? Eh bien, toujours pour la même raison, essayer de faire s'évader les gens de la vie courante qui était pleine de coercitions et d'obligations », expliquera par exemple après coup Jean Delannoy. Le cinéma comble cette attente. Mais il présente également l'avantage d'être chauffé, peu coûteux, et d'offrir une longue plage de détente puisque le film, heureux temps, est toujours précédé des actualités et d'un documentaire. On comprend que le public s'y presse, même si les restrictions amènent les autorités à ne plus autoriser que deux séances quotidiennes (une matinée, une soirée) en semaine [1].

Le théâtre appelle un constat similaire. Proposant des places peu onéreuses, honorablement chauffées, les salles drainent des foules massives qui se précipitent pour applaudir les pièces légères de Marcel Achard ou de Sacha Guitry, voire des classiques éprouvés — Raimu triomphe au Français dans *Le Bourgeois gentilhomme* et le public plébiscite Corneille dont le culte de l'honneur offre de peu flatteuses comparaisons avec l'époque. En revanche, les œuvres entre-

---

1. Jean-Pierre Bertin-Maghit, *op. cit.*

tenant un rapport, fût-il étroit, avec le temps présent, sont rares. Certes, le public ovationne quelques formules qui semblent dénoncer la dureté des occupants. « Toute la fleur du royaume se trouve en prison », réplique de *La Reine morte*, est régulièrement applaudie, comme le « Je suis venue pour mourir, pour dire non et pour mourir » de l'Antigone d'Anouilh. On ne confondra pas pour autant fronde et résistance. Soumise à une occupation désespérante, la population avait soif de distraction. Sans grands scrupules patriotiques, les artistes l'étanchèrent [1].

1. André Halimi, *op. cit.*

Entre francisque et croix gammée

Le 15 mai 1942, le Gotha artistique et mondain se précipitait à l'Orangerie des Tuileries pour honorer de sa présence le vernissage des œuvres d'Arno Breker[1]. De passage à Paris, l'artiste préféré du Führer allait de réception en réception, accueilli au musée Rodin par Landowski et Vlaminck, reçu à Matignon par Pierre Laval, fêté dans les salons de l'ambassade par Arletty, Brasillach et Copeau. Certes, la curiosité mondaine expliquait la présence des élites françaises à cette débauche de cocktails, de même qu'une servilité certaine à l'égard de l'occupant incitait quelques artistes à partir outre-Rhin dans des voyages savamment orchestrés par la propagande. Mais les motivations intéressées ne sauraient voiler l'intérêt que suscitait, pour les adeptes de l'Europe nouvelle, le nazisme. Nombre d'intellectuels ne considéraient-ils pas Berlin comme une nouvelle Athènes où puiser désormais les sources d'une inspiration renouvelée ?

Car artistes et intellectuels se sont mobilisés en nombre aux côtés du nazisme. Engagés dès l'avant-guerre à l'extrême droite, quelques écrivains poursuivent leur combat contre la décadence à l'ombre de la croix gammée. Brasillach et Drieu la Rochelle militent dans *Je suis partout*, pour l'Europe nouvelle et Lucien Rebatet, avec *Les Décombres*, règle en 1942 ses comptes avec la gauche, les juifs et la droite (Maurras inclus) dans un pamphlet d'une

1. Sur la scène artistique pendant la guerre, se reporter à Laurence Bertrand-Dorléac, *op. cit.* On pourra compléter par Pascal Ory, *op. cit.*, et Jean-Pierre Rioux, *op. cit.*

violence inouïe. Et si un Céline poursuit, tout en s'engageant, son œuvre littéraire, nombre d'écrivains préfèrent
abandonner les rives de la création pour produire des textes
de circonstance, à l'instar de Drieu. De même, quelques édi-
teurs célèbrent les vertus de l'ordre nouveau, tels Robert
Denoël (éditeur de Céline et de Rebatet) ou Bernard Gras-
set, très empressé auprès de l'occupant. Le monde des arts
enfin n'échappe guère à une séduction qui touche tant un
Serge Lifar qu'un Alfred Cortot. Le poids des engagements
ultras souscrits avant guerre, la fascination qu'exerce une
Allemagne victorieuse, le sens des intérêts matériels bien
compris, autant d'éléments qui poussent ces hommes dans
les bras d'un collaborationnisme forcené, certes inégal selon
les milieux, le cinéma échappant à des attraits qui séduisent
en revanche une large part du monde littéraire et
journalistique.

Quelques artistes ont, par ailleurs, soutenu le projet culturel défendu par l'État français. L'occasion était belle, il est
vrai, de reprendre les combats menés avant la guerre et que
pourrait appuyer la force d'un État complice. Alfred Janniot
tisse *La Renaissance de la France sous les auspices du chef de
l'État*, René Benjamin se voue, dans ses livres, au culte du
héros de Verdun, et Gérard Ambroselli illustre l'album du
Maréchal mais également *Les Beaux Métiers de France* —
thème cher à la mythologie pétainiste. De même, quelques
artistes tentent d'instrumentaliser le régime, pour réaliser
des projets qui leur tiennent à cœur. Le groupe Jeune
France veut ainsi décentraliser la culture pour la rendre
accessible à tous, en implantant des équipes dans toutes les
régions françaises, popularise quelques formes nouvelles (les
ondes Martenot), défend la tradition française sans pour
autant combattre les modernes. Quelques artistes, appuyés
par de hauts fonctionnaires (le secrétaire général des Beaux-
Arts Louis Hautecœur, par exemple), réhabilitent également
folklore, tradition ou art figuratif, parfois en s'engageant
contre les excès du cubisme. Enfin, d'autres soldent plus
brutalement quelques arriérés de compte. En juin 1942,

Maurice de Vlaminck exécute dans *Comoedia* Picasso, coupable d'avoir « entraîné la peinture française dans la plus mortelle impasse, dans une indescriptible confusion ». Terrible attaque dans la mesure où le peintre catalan se sait tout juste toléré par des autorités occupantes qui lui reprochent tant son art décadent que ses engagements politiques. Se rangeant au côté de l'Allemagne nazie ou misant, parfois naïvement, sur le régime vichyste, nombre d'artistes se sont soumis aux nouvelles règles du jeu, aliénant ainsi leur indépendance créatrice, bridée ou mise au service d'un combat politique. La défaite, décidément, était tout un art.

Sortie(s) des artistes

Avec la guerre, « l'artiste ne sait plus où donner de la tête ou du cœur. Requis de toutes parts et n'y pouvant suffire, il renonce, il est désemparé. Il ne lui reste plus qu'à chercher refuge en lui-même ou qu'à trouver refuge en Dieu », note Gide dans son *Journal* le 12 octobre 1940. L'auteur des *Faux-Monnayeurs* parlait en orfèvre, puisqu'il devait sous l'Occupation s'abîmer dans la contemplation mélancolique — mais attentive — de son moi. Tous les artistes, pourtant, ne suivirent pas ce chemin et certains tentèrent, par leurs actes ou dans leurs œuvres, de s'opposer à l'ordre nouveau. Une voie parfois difficile à ouvrir.

Certes, quelques grands noms choisirent les amers inconforts de l'exil. Breton, Léger, Man Ray, Saint-John Perse... trouvèrent ainsi un amical asile aux États-Unis. En rompant avec leur pays, ils refusaient publiquement de se commettre avec le nazisme et rejetaient, par leur ostensible absence, l'ordre moral sentencieusement prêché par Vichy. En maintenant outre-Atlantique la flamme de la culture française, ils démontraient avec éclat que Vichy, malgré ses proclamations, ne pouvait seul incarner la France éternelle. Pourtant — et malgré leur hostilité à l'égard du nazisme —, ces dissidents ne militèrent pas toujours dans les rangs gaullistes. Saint-John Perse refusa de servir de Gaulle à qui il reprochait d'avoir été fidèle à Reynaud. André Maurois manifesta longtemps une grande indulgence à l'égard de Pétain, parce que le Maréchal avait favorisé son entrée à l'Académie française. Quelques exilés franchirent toutefois le pas. Henri

Focillon, Jacques Maritain et Georges Bernanos soutinrent publiquement la France libre. Claude Dauphin et Pierre Dac animèrent de leur humour les ondes anglaises, Jean Gabin s'enrôla dans la Marine et Jules Supervielle, dans ses *Poèmes de la France malheureuse* (1941), adressa d'Argentine un signe fraternel à ses compatriotes.

L'essentiel, pourtant, se jouait en métropole. Artistes et intellectuels devaient-ils combattre par leurs œuvres, au risque de se compromettre avec les autorités ? Ou devaient-ils lâcher plumes et pinceaux pour lutter les armes à la main ?

Les artistes ayant froidement décidé d'abandonner les Muses pour la Résistance furent peu nombreux. Et si un René Char décida de ne rien publier, choisissant de combattre dans la Résistance puis au maquis, il fut une exception. Dans son ensemble, le monde artistique préféra lutter ès qualités, en défendant, par sa production, une certaine idée de l'homme ou de la France. Une stratégie à hauts risques. En refusant la clandestinité, en évitant de dépasser les bornes, les saltimbanques pouvaient satisfaire un occupant soucieux de distraire la populace et de prouver au monde que le génie français se maintenait, malgré l'occupation. Les attitudes furent donc souvent placées sous le signe de l'ambivalence. Aragon et Mauriac publièrent au grand jour — au risque de se compromettre avec les censeurs allemands — mais offrirent leurs textes aux Éditions de Minuit. De même, Jean Bazaine exposait, mais il truffait ses tableaux de références à la France éternelle, les dotant de titres symboliques (*La Messe de l'homme armé*) et utilisant abondamment le bleu, le blanc et le rouge — discret signal de patriotisme. André Fougeron, en représentant une *Rue de Paris 43* peuplée de passants faméliques où un personnage explorait les poubelles, montrait une réalité sordide bien éloignée de l'ordre nouveau que vantait la Propagandastaffel. Ces stratégies, pourtant, comportaient peu de risques : rarement univoques, les messages pouvaient également satisfaire vichystes et rebelles. En peinture, l'utilisation des couleurs nationales pouvait difficilement choquer les hiérarques de l'État français[1]...

Limitées, les ruptures ouvertes n'en sont que plus remarquables. Les communistes tentèrent ainsi d'organiser les Arts *via* le Front national ou quelques revues (*Les Lettres françaises* notamment). Mais les Éditions de Minuit restent le plus éclatant symbole de la Résistance intellectuelle[2]. Fondées par Pierre de Lescure et Jean Bruller (*alias* Vercors), elles concilièrent les exigences du combat et les impératifs de la création littéraire, en refusant le piège de la propagande. Non sans ambiguïté. Les gaullistes célébrèrent *Le Silence de la mer* — publié sous le manteau en février 1942 — parce qu'il symbolisait la dignité de la France captive. Les communistes le dénoncèrent car, en se bornant à une protestation muette, il exaltait à leurs yeux l'attentisme...

1. Laurence Bertrand-Dorléac, *op. cit.*
2. Anne Simonin, *Les Éditions de Minuit, 1942-1955*, IMEC Éditions, 1994.

Paris, Ville lumière

« La ville est comme un jardin de longue date familier, maintenant à l'abandon, mais où l'on reconnaît cependant sentiers et chemins. Étonnant, cet état de conservation, en quelque sorte hellénistique, où probablement interviennent certaines habiletés de la haute administration. Sur quoi jouent les panneaux blancs de signalisation dont l'armée a tapissé la ville — déchirures en quelque sorte dans un ensemble organique d'ancienne formation », note Ernst Jünger le 6 avril 1941[1]. Aux yeux du feldgrau, Paris, pourtant, ne ressemblait guère à la ville-musée décrite par l'austère auteur de *Sur les falaises de marbre*. L'abondance des lieux de plaisir et l'excellence de la chère offraient de suffisants attraits pour que la troupe préfère servir dans la Ville lumière et ne revendique guère l'honneur de combattre sur le front russe.

L'administration militaire allemande comme les bonnes volontés françaises n'avaient pas épargné leurs efforts pour que Paris reste fidèle à sa réputation. Dès le 23 juillet 1940, Joseph Goebbels avait ordonné à ses fonctionnaires de ranimer « à tout prix » l'activité et la gaieté de la capitale pour qu'elle continue à briller de ses feux dans la nouvelle Europe. L'intendance suivait. Pour montrer au monde que la guerre était définitivement gagnée par le Reich, les autorités occupantes encourageaient le retour à la normale. Théâtres, musées, music-halls et autres lieux de plaisir rouvrent dès l'automne et les artistes sont chaleureusement

1. Ernst Jünger, *op. cit.*

conviés à déployer leurs talents. Ils ne s'en privent guère et les saisons sont exceptionnellement brillantes. Au théâtre, les gloires confirmées triomphent — à l'instar de Charles Dullin, aussi brillant dans *L'Avare* que dans *Huis clos* — mais de jeunes prodiges — Maria Casarès, Serge Reggiani ou Gérard Philipe — recueillent leurs premiers applaudissements. De même, quelques expositions drainent un public nombreux — Monet-Rodin à l'Orangerie en 1940, « Le paysage français de Corot à nos jours » en juin 1942. Quelques concerts brillants, enfin, attirent les mélomanes et Charles Munch dirige à l'Opéra un mémorable *Requiem* de Berlioz interprété par 613 exécutants. Certes, l'idéologie impose parfois ses droits. L'occupant veille à expulser des scènes artistes juifs ou jugés déviants et expurge, par les listes Otto, les auteurs indésirables. De même, quelques expositions militantes (« Le juif et la France » en septembre 1941, « Le bolchevisme contre l'Europe » en mars 1942) d'inspiration allemande mais de réalisation bien française sont organisées pour mobiliser l'opinion publique. Dans l'ensemble, pourtant, les manifestations apolitiques l'emportent sur les témoignages militants et Paris reste, à bien des égards, une ville fort appréciée par le vainqueur [1].

Les Allemands profitent donc des multiples attraits qu'offre la capitale. Au départ, les autorités d'occupation, souhaitant placer sur le noble autel de l'Art la réconciliation franco-allemande, organisent pour leurs permissionnaires des visites guidées dans les hauts lieux de la culture française. Les feldgrau prennent en masse le chemin du Louvre ou de Versailles. De même, elles obligent les directeurs à offrir aux amateurs éclairés des places réservées dans leurs théâtres (mais le barrage de la langue reste un obstacle sérieux) et les salles de concert. La troupe préfère, le plus souvent, des spectacles plus profanes. Au Moulin de la Galette, « La bière et le nu » (tout un programme...) est quasiment permanent, et les revues légères du « Grand Jeu » font salle comble. Les lieux de plaisir — comme le One-

1. Gilles Perrault, *Paris sous l'Occupation*, Belfond, 1987.

Two-Two — confirment enfin la réputation du Gai-Paris auquel un Ernst Jünger ne reste pas insensible — encore que si les corps féminins, au Tabarin, sont bien faits, les pieds restent « déformés par la chaussure ». Pour le vainqueur décidé à faire de la Ville lumière le Luna-Park du Reich, Paris a bien été, malgré de rares attentats, une fête. « Vous nous regretterez », confiera avant son départ un officier SS à la patronne du One-Two-Two[1]...

1. André Halimi, *op. cit.*

Derrière les barbelés

« Art. 1 : Les prisonniers de guerre (PG) sont astreints au travail et, en cas de nécessité, même les dimanches et jours fériés (travail dans les étables, pendant les récoltes, etc.). En tout cas, les prisonniers de guerre doivent travailler aussi longtemps que les paysans allemands [...]. Tout PG qui refuse le travail ou cherche à abandonner son travail en simulant la maladie sera sévèrement puni et, selon les circonstances, déféré au Conseil de Guerre. » Daté du 20 janvier 1941, cet ordre destiné aux prisonniers du stalag VB illustre le sort réservé aux 1,6 million de soldats capturés après l'étrange défaite — dont un million bénéficieront, pendant quelque cinq années, de l'hospitalité toute relative offerte par le Grand Reich.

Car les prisonniers de guerre — sous-officiers ou officiers exceptés — sont, aux termes de la Convention de La Haye, soumis au travail forcé. Loin d'être cantonnés dans des camps immenses — au rebours de l'image transmise par la photographie ou le cinéma (*La Grande Évasion*, par exemple), les PG sont, pour plus d'un million, répartis dans des kommandos où ils œuvrent massivement dans l'agriculture (pour 58 % d'entre d'eux) ou l'industrie (28 %). Le travail borne l'horizon quotidien du détenu. Soumis à de rudes efforts physiques, dans les fermes, les mines ou les forêts, le PG reste en outre tributaire de l'arbitraire de ses employeurs, ce qui explique l'infinie variété des destinées subies. Comment en effet comparer le havre de paix que constituent certaines fermes — où le Français fait partie de la famille — au bagne de Hemer, dans la Ruhr, où les malheureux travaillent au fond d'une mine de charbon ? Maigre consolation : le travail permet de lutter contre le pire ennemi du captif : l'ennui.

Tous les prisonniers, en effet, sont rongés par ce terrible fléau. Par définition privés de liberté, ils sont de surcroît séparés de leur famille et victimes d'une frustration sentimentale et sexuelle que l'on devine. Les jours s'égrènent dans une triste monotonie qui affecte encore plus les officiers, cantonnés dans les oflags et condamnés à l'inactivité, que la troupe. Certes, quelques initiatives rompent les rythmes du quotidien. Grâce aux bibliothèques parfois bien fournies (celle de l'oflag VI D comprend 22 000 volumes), grâce aux cours ou aux concerts que proposent quelques talents (le philosophe Gusdorf organise une véritable université et Olivier Messiaen donne, dans son camp, la première représentation du *Requiem pour la fin des temps*), les détenus trompent leur ennui sans pour autant modifier les conditions d'un internement éprouvant — tant moralement que physiquement. La faim, en effet, reste omniprésente, malgré les colis qu'expédient les familles ou l'État français sous la forme des célèbres « colis Pétain », composés de produits alimentaires qui améliorent l'ordinaire ou permettent de tenir le coup.

Aux yeux du régime vichyste, les prisonniers représentent un réel enjeu qui justifie ces multiples attentions. Protégés par les services vichystes que dirige un aveugle de la Grande Guerre, Georges Scapini, ils sont également soumis à une propagande qui s'efforce de les mobiliser en faveur du Maréchal. Outre la lecture d'un journal qui exalte sans vergogne la Révolution nationale (*Le Trait d'union*), les PG sont conviés à rallier les cercles Pétain, créés à la mi-1941, pour discuter des orientations de la Révolution nationale et manifester leur dévotion au vainqueur de Verdun. Ces tentatives, pourtant, tournent court. Bien placés pour mesurer au quotidien les réalités du nazisme — puisqu'ils travaillent souvent aux côtés des Allemands —, les captifs rejettent sans ambages la collaboration. Et s'ils manifestent, au départ, un maréchalisme de bon aloi, ils prennent dès 1942 leurs distances avec un régime qui tend, au fil du temps, à les oublier. A partir de 1943, en effet, les « chers absents » sont moins présents dans la propagande officielle et la population de métropole, obnubilée par sa propre survie, délaisse les captifs qui ne bénéficient plus que d'une solidarité plus diffuse. Ainsi, les colis expédiés par les institutions — écoles, villages... — diminuent. Cette dégradation symbolique et matérielle ne constitue pourtant pas la dernière épreuve infligée aux PG. Soupçonnés de vichysme, tenus pour responsables de la débâcle subie en 1940, ne pouvant comparer leurs souffrances à la tragédie endurée par les déportés, parfois abandonnés par leurs épouses, les prisonniers de guerre connurent à la Libération un retour bien amer [1].

---

1. Se reporter à Yves Durand, *op. cit.*

Le STO

« Travailleurs mes amis ! En ces jours, ayez sans cesse présente à l'esprit la certitude que, loin de vos foyers, vous travaillez encore pour la France », affirmait Philippe Pétain dans son message de la Noël 1943. Ce discours laissa de marbre les 640 000 requis. Arrachés à leurs familles, sommés de travailler pour l'ennemi, ces hommes rêvaient d'un paisible retour en France plutôt que de sacrifice. Le travail forcé — fût-ce dans le Grand Reich — est rarement prisé.

Le 4 septembre 1942, une loi autorisait l'État français à réquisitionner les hommes (âgés de 18 à 50 ans) comme les femmes célibataires et sans enfants (de 21 à 35 ans) pour « effectuer tous les travaux que le gouvernement jugera utiles dans l'intérêt supérieur de la nation ». Sous la pression de Sauckel, négrier du Führer, Laval, après avoir vainement négocié, instaurait le 16 février 1943 un Service du travail obligatoire auquel les hommes nés entre le 1er janvier 1920 et le 31 décembre 1922 étaient désormais soumis. La jeunesse devait soutenir par son travail l'effort de guerre nazi. Elle dut trop souvent répondre à cette pressante injonction.

La dérobade, il est vrai, n'était pas toujours facile. Un Commissariat général au STO, relayé par des antennes régionales et départementales, veillait à l'application de la loi et chaque homme âgé de 18 à 50 ans devait présenter un certificat de travail. Ces procédures obligèrent une frange de la jeunesse à répondre aux convocations qui lui étaient adressées. S'enclenchait alors un processus implacable. Après une visite médicale, le requis recevait un ordre d'af-

fectation et se rendait, le jour dit, à la gare. Pour éviter toute
rébellion, GMR et soldats allemands surveillaient le départ,
interdisant souvent aux familles l'accès aux quais. Les requis
grimpaient ensuite dans les wagons, non sans les avoir au
préalable ornés de quelques graffiti — « Pétain au dodo,
Laval au boulot » étant l'un des plus populaires.

Internés à leur arrivée dans des camps de triage, les requis
étaient ensuite choisis par leurs employeurs. S'inspirant de
coutumes antiques, certains jaugeaient la marchandise en
tâtant les biceps. Les élus étaient alors affectés à une entreprise et logés dans des installations de fortune — internats,
camps de vacances, voire navires (à Stettin, le *Hamburg* et
le *Bremerhaven* furent ainsi réquisitionnés). A la faim
— omniprésente — s'ajoutaient de rudes conditions de travail. Affecté au mépris de ses qualifications (le coiffeur devenait fondeur...), le requis travaillait de longues heures —
54 heures par semaine en août 1942, 72 heures en août 1944.
Certes, il percevait en retour un modeste pécule, mais blan-
chisserie, cantine et marché noir l'absorbaient en quasi-totalité. Coupés de leur famille, soumis aux bombardements
alliés, les STO auront connu de bien pénibles épreuves.

On comprend, dès lors, que la jeunesse ait tenté d'échapper à ce moderne esclavage. Pour bénéficier des exemptions
légales, des requis se ruèrent vers les métiers protégés
(mines, police, voire Milice). D'autres se félicitèrent de travailler dans les Sperr-Betrieben, exemptées des quotas
imposés par Sauckel. Tablant sur le faible zèle de l'administration, la plupart prirent surtout la tangente. Mais contrairement à une légende tenace, tous ne choisirent pas le
chemin du maquis. Dans le Tarn, 19 % des réfractaires seulement gagnèrent les montagnes ; 27 % dans l'Isère. En obligeant les individus à une décision personnelle, le STO
pouvait certes faire basculer des jeunes qui jusque-là hésitaient. Mais ce mécanisme, les statistiques le prouvent, fut
loin d'être automatique.

Quoi qu'il en soit, cette mesure honnie érodait un peu
plus la popularité de l'État français. En livrant au Reich

24 000 jeunes cantonnés dans les Chantiers de la jeunesse, en multipliant les contrôles destinés à traquer les réfractaires, le régime ne se grandissait pas. Par la voix du cardinal Liénart, l'Église confirma que le travail outre-Rhin n'était pas un devoir. Et de fait, deux tiers des requis fuirent le STO. Le tiers sacrifié, en revanche, maudit le régime qui les avait placés au ban de la nation. Face aux souffrances des déportés, le drame des requis pesait peu. Et les Français compareront leur apathie au courage de la Résistance. Entre les martyrs et les héros, il restera peu de place à la Libération pour ces hommes ordinaires — qui furent pourtant les victimes d'une guerre cruelle [1].

1. Jacques Évrard, *La Déportation des travailleurs français dans le IIIe Reich*, Fayard, 1972.

Les Alsaciens-Lorrains

Le 28 juin 1940, Hitler, après avoir visité Strasbourg, se rendait au col de la Schlucht et promettait à ses fidèles de garder « pour toujours » ce « beau pays ». L'Alsace et la Lorraine étaient aussitôt soumises à une annexion de fait et subissaient la dure férule de deux gauleiters, Joseph Bürckel pour la Lorraine, Robert Wagner pour l'Alsace. Aux protestations de Vichy, le Reich fit la sourde oreille. Forts de l'assentiment donné par le Führer, les deux hommes promirent au contraire d'aligner en dix ans les deux provinces sur la *lex germanica*.

Ils tinrent parole, et les populations d'Alsace-Lorraine furent soumises à une germanisation forcenée. Dès l'été 1940, les habitants n'eurent plus le droit de s'exprimer en français, puis l'enseignement en langue allemande s'imposa (14 février 1941). De même, le Reich débaptisa les rues — non sans bavures puisque, à Mulhouse, la rue du Sauvage devint l'Adolf Hitlerstrasse. De même, le port du béret basque fut formellement interdit, dans la mesure, expliquaient les *Strassburger Neueste Nachrichten*, où il était « fait pour les hommes petits, bruns et agiles de la Méditerranée. Vous n'avez qu'à mettre à un de ces hommes un bonnet ou un casque allemand pour voir à quel point le port d'un béret basque est impossible à des hommes de race allemande » (13 mai 1941). Par ailleurs, les fêtes allemandes se substituèrent aux fêtes françaises et, au théâtre comme dans les bibliothèques, Goethe succéda à Corneille.

A la germanisation s'ajouta la nazification. Destinés à s'intégrer au Grand Reich, les habitants furent sommés de rallier les structures d'encadrement nazies. 25 000 Alsaciens militaient au Parti national-socialiste (NSDAP) en juin 1944 et les Jeunesses hitlériennes comptèrent sur ces terres quelque 130 000 adhérents. De même, la population fut conviée à soutenir l'effort de guerre du Grand Reich. En novembre 1941, les heures ouvrées passèrent donc de 48 à 60 heures hebdomadaires. Et la jeunesse, après avoir été invitée à rejoindre le Service du travail d'État — pendant teuton des Chantiers de la jeunesse —, fut soumise, moyennant l'octroi de la nationalité allemande, à la conscription (25 août 1942). Non sans hésitation : ces soldats, marqués par l'influence française, allaient-ils être fidèles à leur Führer ? Prenant ce risque, Adolf Hitler enrôla les « Malgré-nous » dans la Wehrmacht et les envoya pour 80 % sur le front russe. Sur 130 000 soldats, 90 000 rentreront au pays mais 22 000 mourront au feu et 18 000 disparaîtront, la plupart dans les camps soviétiques où ils furent traités, malgré les efforts gaullistes, en ennemis.

Le triste exemple des Malgré-nous, contraints de revêtir l'uniforme allemand, traités comme des chiens par les Soviétiques dans le bagne de Tambov, prouve que les Alsaciens-Lorrains furent, d'abord et avant tout, les victimes du nazisme. Nombre de familles, au demeurant, ne se méprirent pas sur les réalités de l'hitlérisme. Sur les quelque 800 000 évacués de l'an 1940, 130 000 choisirent de demeurer dans leur département d'accueil. Les Allemands, par ailleurs, expulsèrent les éléments jugés peu fiables (140 000), ou refoulèrent les indésirables (100 000). Des Alsaciens-Lorrains, enfin, s'opposèrent à la nazification de leur région. Outre la résistance déployée contre la conscription, quelques filières d'évasion furent montées, et des manifestations patriotiques éclatèrent. Le 15 août 1940, la statue de Saint-Jacques-de-Metz fut ainsi couverte de fleurs. Cette résistance était pour le moins périlleuse. Le 1er octobre 1943, les autorités allemandes décidaient de tenir les familles responsables des actes hostiles commis par leur parents. Et le camp de rééducation de Schirmeck comme le camp de concentration du Struthof se chargèrent de ramener les rebelles à la raison.

Pourtant — et au rebours d'une légende pieuse — les Alsaciens-Lorrains furent parfois les complices du nazisme. Outre les autonomistes qui croyaient — fort naïvement — que Hitler reconnaîtrait leur identité régionale, des milliers d'individus, par opportunisme ou par conviction, aidèrent les Allemands à imposer leur loi. En Alsace, un tiers des maires furent maintenus — preuve que leurs maîtres leur accordaient pleine confiance. Et 74 000 petits chefs, en Alsace, prêtèrent main-forte aux nazis pour encadrer la population. Certes, la Moselle resta très réservée à l'égard de l'ordre brun. Mais une partie de l'Alsace succomba à ses charmes. A la Libération, un voile pudique dissimula cette étrange connivence, et les Alsaciens, refusant tout examen de conscience, endossèrent l'habit — respectable — de victimes. Une vision pour le moins optimiste que l'historien se doit de nuancer[1].

1. Pierre Rigoulot, *L'Alsace-Lorraine pendant la guerre 1939-1945*, PUF, 1997.

Le temps des otages

« BEKANNTMACHUNG. » Apposés sur les affiches allemandes, ces « avis », jusqu'en septembre 1941, désignaient
placidement les mesures et autres règlements que le Militärbefehlshaber in Frankreich (MbF) imposait aux populations
de zone nord. Mais après les premiers attentats commis
contre les troupes d'occupation, le terme se chargea d'une
sinistre signification. Les avis annonçaient désormais de sanglantes exécutions d'otages — une mesure destinée à briser,
par la terreur, le terrorisme naissant.

Jusqu'à l'été 1941, l'armée allemande avait épargné à la
France le bain de sang qu'elle infligeait à la Pologne. Certes,
la Wehrmacht fusillait sans état d'âme les francs-tireurs et,
en juin 1940, un Étienne Achavanne était aussitôt passé par
les armes pour avoir sectionné un câble de communication.
En revanche, l'occupant s'abstenait de sacrifier des otages
pour imposer, par la peur, le silence aux civils. Mais la stratégie suivie par le Parti communiste français à l'été 1941
incite le MbF à modifier son attitude. Débarrassés du pacte
germano-soviétique pour cause d'invasion, les communistes
se lancent en effet, après le 22 juin 1941, dans une campagne
d'attentats. Pour aider une Union soviétique aux abois et
obliger le Reich à maintenir des forces à l'Ouest, le parti de
Thorez multiplie les assassinats d'Allemands isolés, espérant
également, en enclenchant un cycle attentat/répression,
séparer par un fossé de sang la population de ses bourreaux.
Le 21 août 1941, l'aspirant Moser tombait sous les balles de
Fabien à la station Barbès-Rochechouart. Le 20 octobre

1941, le lieutenant-colonel Holtz, feldkommandant de Nantes, était abattu.

Pour briser net cette escalade, le MbF, après quelques hésitations, décidait d'appliquer une stratégie de représailles. Dès le 22 août, les Français arrêtés étaient considérés comme des otages potentiels. Et le 3 septembre, après un nouvel attentat perpétré à Paris, Stülpnagel faisait fusiller trois innocents « pour l'exemple » avant de promulguer, le 28, le « code des otages » selon lequel les Français détenus ou emprisonnés pour menées communistes ou anarchistes répondraient sur leur vie des atteintes portées contre l'occupant. 471 otages tombèrent sous les balles des pelotons allemands entre septembre 1941 et mai 1942.

Cette politique ne fit pourtant pas l'unanimité. Persuadé qu'un complot ourdi par le Komintern menaçait ses arrières, Hitler exigeait que 50, voire 100 otages paient les attentats commis contre ses hommes. A l'inverse, Stülpnagel — épaulé par Abetz — refusait de transformer des innocents en martyrs car cette répression conduisait de fait à élargir le fossé entre occupants et occupés. Il ne fut pas entendu et démissionna le 15 février 1942. Paradoxalement, le nouveau responsable de la police, Karl Oberg, suivra un raisonnement similaire — malgré son appartenance à la SS. Mesurant l'inanité de ces mesures, il limitera les représailles massives — tout en couvrant la fusillade de 254 innocents entre juin 1942 et décembre 1943.

Les interventions de Vichy ne pesèrent guère dans cette évolution. Le Maréchal, le 23 octobre 1941, avait un temps pensé se constituer prisonnier, mais — fidèle à son tempérament — il se rétracta après quelques cris poussés par son entourage. Son ministre de l'Intérieur, Pierre Pucheu, n'eut pas, en revanche, cette pudeur. Sitôt l'attentat de Barbès-Rochechouart connu, il proposa l'exécution publique de six responsables communistes. Le 26 août 1941, une Section spéciale se formait et, se fondant sur un texte à effet rétroactif, condamnait trois malheureux à la peine capitale. Les Allemands jugèrent ce tribut un peu mince. Pour leur complaire, Vichy institua derechef un tribunal d'État qui envoya à la mort quatre présumés communistes (7 septembre 1941). Malgré ces signes de bonne volonté, le Reich décida, sans rechercher le blanc-seing vichyste, de fusiller, après l'attentat de Nantes, 48 innocents — à Bordeaux et à Châteaubriant.

La stratégie suivie par les communistes se payait donc au prix fort et alimentait un débat dans les rangs de la Résistance. Le 23 octobre, le général de Gaulle, sortant de sa réserve, blâmait leur tactique jugée prématurée. Et nombre de mouvements (Franc-Tireur, Défense de la France...) refusèrent de mener des actions si coûteuses en vies humaines. Dans l'ensemble pourtant, la population française ne blâma pas les auteurs d'attentats. Solidaire des victimes, elle condamnait en revanche sans réserve des bourreaux qui violaient cyniquement les lois les plus élémentaires de la guerre [1].

1. Eberhard Jäckel, *op. cit.*

La traque des résistants

« Le procureur est venu "faire ma connaissance". Il m'a promis de demander et d'obtenir ma tête. Cela ne m'a pas impressionné. Plus tard, en y réfléchissant, je fus impressionné alors par mon impassibilité. Non que j'aie des doutes sur le sérieux de ses paroles. Bien au contraire. Mais cela ne me paraît pas avoir une telle importance. Et pourtant j'aime la vie. Dieu, que je l'aime ! Mais je n'ai pas peur de mourir », note dans son *Journal* de prison Boris Vildé à la date du 21 octobre 1941. Arrêté le 26 mars 1941 par les SS, l'ethnologue, animateur du « réseau » du musée de l'Homme, devait, après son procès (8 janvier-17 février 1942), être fusillé au Mont-Valérien le 23 février 1942[1]. Triste mais lumineux symbole du tribut que la Résistance a acquitté à la répression que menèrent conjointement le Reich et Vichy.

Énergiquement combattue, la Résistance représentait-elle, pour autant, un danger ? L'ampleur des pertes subies incite à répondre par l'affirmative. Mais l'analyse des archives invite à nuancer la brutalité de cette réponse. Jusqu'en 1943, en effet, le Reich se sent peu menacé par les actions que mènent les forces clandestines. Certes, il lutte contre une presse rebelle qui, sans représenter un réel péril, « crée une atmosphère de disponibilité pour la lutte contre l'Allemagne », comme le précise le MbF dans un rapport d'avril-mai 1941. De même, il redoute les réseaux qui, en transmettant des informations militaires à l'ennemi, nuisent à l'effort de

1. Boris Vildé, *Journal et lettres de prison*, Allia, 1997.

guerre nazi. Jusqu'en 1943, toutefois, la traque des résistants s'assimile à une action politique et policière (cette dernière englobant le contre-espionnage), elle n'est pas encore envisagée en termes militaires. A partir de 1943, en revanche, l'imminence du débarquement allié transforme la donne. La multiplication des passages à la dissidence — de Giraud à Couve de Murville — alarme les Allemands qui tablaient jusque-là sur Vichy pour maintenir l'ordre. Le développement des maquis et l'intensification des sabotages — préludes à une éventuelle insurrection — inquiètent par ailleurs les généraux qui craignent pour la sécurité de leurs troupes. A l'orée de 1944, la lutte contre la Résistance acquiert, phénomène inédit, une dimension militaire.

L'État français privilégie des approches différentes. Vieux contentieux oblige, il lutte énergiquement contre l'ennemi communiste. Obsédé par sa survie, il traque les gaullistes qui menacent sa légitimité. Obnubilé par le maintien de l'ordre, il brise toute contestation susceptible de saper son autorité. Soucieux de conserver le maximum de souveraineté, il s'efforce enfin de contrôler la répression tout en favorisant une collaboration policière destinée à séduire l'occupant[1].

Polices françaises et allemandes collaborent donc étroitement pour traquer les rebelles. Certes, un partage des tâches semble initialement s'esquisser. En zone nord, la lutte contre la Résistance relève au départ du MbF qui, outre son service de contre-espionnage (l'Abwehr), dispose de la Geheim Feldpolizei. Afin d'éviter que les Allemands ne réquisitionnent ses forces, Pierre Pucheu crée en octobre 1941 trois services destinés à traquer ceux que Vichy et les nazis pourchassent conjointement : la Police aux questions juives, le Service de police anticommuniste et le Service des sociétés secrètes. S'il veille sur sa souveraineté, l'État français tolère pourtant quelques entorses. Le 28 septembre 1942, quelque 280 Allemands, couverts par de fausses identités françaises,

1. Olivier Wieviorka, *Une certaine idée de la résistance. Défense de la France, 1940-1949*, Le Seuil, 1995.

pénètrent en zone libre à la recherche des radio-émetteurs clandestins et arrêtent à Lyon, Marseille ou Toulouse des dizaines de « pianistes ».

Avec l'envoi de Karl Oberg — nommé en mars 1942 « chef supérieur de la police et des SS pour la France » —, la collaboration des polices s'accentue, avant même que l'invasion de la zone libre ne précipite les choses. Les accords Bousquet-Oberg, conclus en juillet 1942, prétendaient ainsi distinguer la résistance politique (relevant des Français) des actes commis contre les troupes du Reich (réprimés par les Allemands). Dans la pratique pourtant, cette distinction resta lettre morte et Vichy comme Berlin pourchassèrent tout ce qui pouvait ressembler à un résistant. Certes, la police française réserve ses coups les plus durs aux opposants communistes, montrant parfois une certaine indulgence à l'égard des gaullistes que protègent l'origine sociale (quand ils appartiennent à la bourgeoisie) et les options politiques (quand ils sont conservateurs). Mais la Milice, placée aux ordres de l'occupant, ignore ces distinctions et ses exactions prouvent la connivence unissant Français et Allemands en matière répressive [1].

La clandestinité adoptée par de nombreux rebelles offrait pourtant une protection relative. Disposant de modestes ressources — parfois allouées par Londres —, le résistant, protégé par de faux papiers, pouvait échapper longtemps à la vigilance de la police. Michel Debré traversa sans dommage la nuit de l'Occupation, malgré un engagement souscrit dès 1940. Face à la Résistance, les méthodes policières classiques restaient, il est vrai, inopérantes. Les enquêtes traditionnelles débouchaient rarement sur l'interpellation des coupables et les contrôles donnaient peu de résultats. Les hécatombes subies par la Résistance s'expliquent donc surtout par le retournement de militants arrêtés ou l'infiltration d'agents doubles. L'arrestation de René Hardy permit par exemple à Klaus Barbie de capturer Jean Moulin et l'état-major de l'Armée secrète à Caluire, le 21 juin 1943. Par

1. Eberhard Jäckel, *op. cit.*

anticommunisme, Grandclément, responsable pour le Sud-Ouest de l'Organisation civile et militaire (OCM), donna à l'ennemi dépôts d'armes et emplacements de maquis. Sans ces concours divers — parfois obtenus sous la contrainte —, la Résistance aurait subi des pertes incontestablement moins lourdes.

Arrêté, le clandestin n'était pas systématiquement torturé. Ainsi, les diffuseurs de *Défense de la France* furent rarement soumis à la question. En revanche, les communistes, les agents de renseignements, les envoyés de Londres et les résistants pris les armes à la main subirent fréquemment d'atroces sévices. Pour échapper à leurs bourreaux, Jacques Bingen avala une capsule de cyanure et Pierre Brossolette se défenestra. Après interrogatoire, les résistants n'étaient pas souvent emprisonnés. Les autorités préféraient fusiller les agents jugés dangereux — 30 000 hommes périrent sous les salves françaises ou allemandes — et les Allemands déportèrent 60 000 résistants.

Avec le développement des maquis et la multiplication des sabotages, la répression prit un tour nouveau. Le 23 septembre 1943, l'état-major allemand ordonnait de traiter les maquisards en francs-tireurs et de les « liquider ». L'État français, quant à lui, installait en janvier 1944 des cours martiales chargées de juger les terroristes, généralement fusillés sur-le-champ. Le Reich, secondé par Vichy, tentait enfin de réduire les maquis par la force. En février 1944, les troupes allemandes, secondées par la Milice, se lançaient à l'assaut des Glières, dans les Alpes. Et, après le débarquement de Normandie, elles s'attaquaient au Vercors comme au Mont-Mouchet (un maquis du Massif central), la division Das Reich nettoyant pour sa part les bandes de terroristes au fur et à mesure qu'elle remontait vers le front ouest. Le 9 juin 1944, les SS de Lammerding pendaient 99 otages à Tulle et, le lendemain, ils brûlaient vifs 642 Français à Oradour-sur-Glane. La Milice multipliait les exactions, tuant 11 résistants à Saint-Victurnien le 27 juin 1944, massacrant 25 personnes à Magnac-Laval le 8 juillet suivant. Au total, 20 000 FFI

— s'ajoutant à une liste déjà longue — devaient mourir au combat. Mais malgré les souffrances endurées, les résistants regrettèrent rarement leur combat. « Je désire, *sur le plan moral*, que ma mère, ma sœur, mes neveux, ma nièce [...] ainsi que mes amis les plus chers, *hommes et femmes*, sachent bien combien j'ai été *prodigieusement heureux* durant ces derniers huit mois », écrivait Jacques Bingen, quelques jours avant sa disparition.

* Jacques Delarue, *Histoire de la Gestapo, op. cit.*

La persécution antisémite

« Sans aucune considération pour sa Légion d'honneur, ses croix de guerre, ses citations, en vertu du fameux, du monstrueux décret des juifs, [mon père] va être renvoyé, rayé des cadres de l'armée française, mis sur le pavé. [...] Je veux croire que vous avez dû, quoi qu'il vous en coûte, offrir les Juifs en holocauste au Moloch hitlérien, dans l'espoir d'assouvir ses féroces appétits », écrivait au Maréchal un jeune éclaireur de Grenoble, Bernard Bloc. Symbolisant la confiance que la France inspirait à la communauté juive, cette lettre révélait surtout une crédulité naïve à l'égard d'un État français qui entendait à sa manière régler « la question juive »[1].

Dès 1940 en effet, le régime vichyste persécute les juifs, français ou étrangers. Outre qu'il promulgue, sans avoir subi de pressions allemandes, deux statuts (le 3 octobre 1940 et le 2 juin 1941), il oblige les juifs à se faire recenser en zone libre (2 juin 1941), suivant le processus inauguré par les Allemands au Nord le 27 septembre 1940. Des recensements qui cherchent évidemment à faciliter les opérations de police dans l'une et l'autre zones[2]. Ces opérations administratives se doublent de mesures policières visant principalement les juifs d'origine étrangère. Le 27 septembre 1940, une loi permet d'intégrer tout étranger en « surnombre dans l'économie française » dans des Groupements de travailleurs étrangers (GTE). Enrôlés au mépris de leurs compétences

1. Renée Poznanski, *op. cit.*
2. Le « *fichier juif* », *op. cit.*

(le tailleur devient bûcheron...), les juifs, astreints au travail forcé, sont privés des libertés élémentaires — droit de correspondre et de sortir du camp librement. Enfin, une loi du 4 octobre 1940 permet aux préfets d'interner les étrangers à leur guise et, en février 1941, 40 000 juifs croupissent dans les camps (Gurs, Rivesaltes, Les Milles...).

Recensés, enrôlés, internés, les juifs sont également soumis à de multiples interdits professionnels. Le 2 juin 1941, le second statut leur barre les fonctions électives, les chasse de l'administration, de la magistrature et de l'armée, les exclut de la culture et des médias. Un *numerus clausus*, enfin, bride leur accès à l'Université (3 %) comme aux professions libérales (2 %). De même, pour rompre leur influence économique supposée, Vichy, désireux d'aligner le Sud sur les mesures prises dès le 18 octobre 1940 par les Allemands, aryanise les entreprises (22 juillet 1941). Les propriétaires juifs sont dépossédés de leurs biens, confiés à des « administrateurs-gérants » qui réalisent souvent de fructueuses affaires. Pour un bien aryanisé, les services français reçoivent couramment de 10 à 15 demandes émanant de bons Français... Ces dispositions ont un but affiché : marginaliser. De fait, on estime qu'à l'été 1941, plus de la moitié de la communauté se trouve privée de tout moyen d'existence.

Des persécutions morales redoublent ces attaques matérielles. Certes, les juifs, paradoxalement, exercent librement leur culte, au Nord comme au Sud, les autorités ne souhaitant pas enclencher une persécution religieuse pour, *dixit* Laval, respecter les traditions de tolérance françaises. Et hormis les attentats déclenchés à Paris par quelques collaborationnistes dans la nuit du 2 au 3 octobre 1941, les synagogues restent relativement préservées. En revanche, les juifs sont mal protégés contre la haine des nazis français. Dans les magasins juifs, les bris de vitres se multiplient, à Paris mais également à Vichy (le 16 octobre 1940) ou à Nîmes (en avril 1941). De même, les papillons antisémites fleurissent, en février, en avril, en mai 1941 à Nice, Cannes, ou Antibes. Certes, les juifs échappent à l'étoile jaune que les Allemands imposent au Nord en mai 1942. De même, le tampon « juif » n'est au Sud apposé sur les cartes d'identité qu'à partir du 11 décembre 1942. La persécution semble donc plus brutale en zone occupée — d'autant qu'en juin 1942, l'occupant multiplie les mesures vexatoires (interdiction de fréquenter piscines, bibliothèques, parcs...). Le Sud semble alors offrir un refuge qui attire, dès 1940, des milliers de familles — tablant sur la protection de l'État français. Erreur. Menant une politique antisémite propre, Vichy, pour sauver les ressortissants français, sacrifie froidement étrangers et apatrides. Mais après l'invasion de la zone Sud, cette distinction odieuse n'a plus guère de sens. Placés au ban de la société, dépossédés de leurs biens, privés des libertés fondamentales, les juifs seront alors traqués par la police française et livrés, par Vichy, à leurs bourreaux nazis [1].

1. Voir note 1, p. 269.

La traque des juifs

« Soudain, j'ai entendu des coups terribles contre la porte. On s'est dressé le cœur battant. Les coups ébranlaient la porte et résonnaient dans la maison. Ça tapait fort, dans mon cœur, dans ma tête. Je tremblais de tout mon corps. Deux hommes sont entrés dans la chambre, grands, avec des imperméables beiges. "Dépêchez-vous, habillez-vous, ont-ils ordonné, on vous emmène." Brusquement, j'ai vu ma mère se jeter à genoux, se traînant, enserrant les jambes des hommes beiges, sanglotant, suppliant : "Emmenez-moi, mais, je vous en prie, ne prenez pas les enfants." Eux la repoussaient du pied [...]. Les inspecteurs ont relevé maman. "Allons, Madame, ne nous compliquez pas la tâche et tout se passera bien." » Cette scène, rapportée par un témoin alors âgé de 9 ans, se répéta des centaines de fois lors de la rafle du Vél'd'Hiv', les 16 et 17 juillet 1942[1]. A la persécution visant à exclure succédait désormais une politique d'anéantissement menée par les Allemands, mais dont Vichy allait devenir le servile auxiliaire.

Le travail bureaucratique de l'administration française avait facilité la tâche de la police. Recensés au Nord en octobre 1940, au Sud à partir du 2 juin 1941, les juifs, désormais fichés, devenaient des proies faciles puisque les autorités répressives disposaient de leur nom et de leur adresse. Les arrestations s'appuyèrent sur l'exploitation rationnelle de ces fichiers. Le 14 mai 1941, la première grande rafle se déroulait à Paris. Grâce aux données dont elle disposait, la

---

1. André Kaspi, *Les Juifs pendant l'Occupation, op. cit.*

préfecture de Police convoquait, par « billets verts », 6494 juifs étrangers. 3747 personnes se présentaient et étaient aussitôt transférées vers les camps de Pithiviers et de Beaune-la-Rolande. A Paris (12 décembre 1941) comme en Ille-et-Vilaine (16 juillet 1942), dans l'Hérault (26 août 1942) comme à Clermont-Ferrand (août 1942), les rafles se conformèrent en règle générale à un schéma que celle du Vél'd'Hiv', déclenchée à Paris les 16 et 17 juillet 1942, suivit elle aussi. Parfois, en revanche, les services répressifs bouclaient un quartier entier et, après filtrage, arrêtaient les juifs. Le 10 août 1941, la police cerna ainsi le XIe arrondissement de Paris et procéda à 4232 arrestations. De même, elle profita du dynamitage du Vieux-Port pour interpeller quelque 800 juifs marseillais entre le 22 et le 27 janvier 1943. Les autorités répressives ne répugnaient pas à effectuer des descentes de police. Le 9 février 1943, elle transformait en souricière le siège lyonnais de l'Union générale des israélites de France (UGIF) et raflait les personnes qui s'y présentaient. Et le 6 avril 1944, 44 enfants juifs étaient arrêtés dans un foyer à Izieu, dans la région lyonnaise.

Mais les camps d'internement et les Groupements de travailleurs étrangers fournirent également de lourds contingents à la déportation. Initialement conçus comme des instruments de ségrégation, ils devinrent, après l'adoption de la Solution finale, un réservoir où Allemands et Français puisaient les victimes destinées à compléter leurs convois. En août 1942, quelque 3920 juifs étrangers internés dans les camps de la zone et 1 150 travailleurs incorporés dans les GTE sont ainsi remis, par le gouvernement français, aux autorités allemandes puis dirigés vers les camps d'extermination[1].

La traque des juifs constitue donc un lieu privilégié de la collaboration franco-allemande. Sans le concours de la police et de la gendarmerie françaises — qui assument seules la quasi-totalité des arrestations, voire la garde des camps — le Reich n'aurait pu conduire comme il l'a fait

---

1. *Ibid.*

sa politique antisémite. Malgré tout, les trois quarts de la communauté juive échappent aux rets tendus par le Reich et Vichy. Sur 330 000 juifs français, sans doute un tiers, il est vrai, avait prudemment refusé de se faire recenser, compliquant ultérieurement la tâche des services de police. Mais l'attitude de la population française explique surtout que tant de vies aient pu être sauvées. Choquée par les rafles, comprenant que les familles « tombées entre les mains des Allemands étaient vouées à la mort », elle s'efforça par une « solidarité agissante »[1] d'aider ceux que la mort guettait. On ne confondra pas, dès lors, le rôle coupable joué par le régime vichyste et l'attitude, somme toute digne, d'une population prête, à compter de l'été 1942, à limiter les effets dévastateurs de la traque antisémite.

1. Serge Klarsfeld, *op. cit.*

Drancy

« Ceux qui n'ont pas vu de leurs propres yeux quelques-uns des libérés de Drancy ne peuvent avoir qu'une faible idée de l'état épouvantable dans lequel se trouvent les internés de ce camp unique dans les annales de l'histoire. On affirme que le camp de Dachau, de réputation si fameuse, n'est rien en comparaison avec Drancy », précisait un rapport des autorités françaises daté du 9 décembre 1941. De fait, Drancy, antichambre de la déportation, marqua souvent une première étape, sordide et misérable, sur le chemin qui conduisit tant de juifs aux camps d'extermination[1].

Rien ne destinait cette petite cité à acquérir un tel renom. Les trois bâtiments, dessinant un U à angles droits, devaient primitivement abriter une caserne de la gendarmerie. Mais en août 1941, les autorités allemandes exigèrent que ces immeubles, pourtant inachevés, accueillent les juifs qu'elles entendaient rafler. De fait, le 21 août 1941, plus de 4 000 personnes s'installaient là, dans une totale improvisation. Seuls 1 200 lits avaient été prévus et la majorité des détenus durent coucher à même le sol, sur le ciment, sans paillasse, sans couverture. Dans les chambrées s'entassèrent de 50 à 60 captifs qui reçurent, pour se nourrir, 250 grammes de pain et trois soupes sans légumes. Il était enfin quasiment impossible de se laver, chaque chambre ne disposant que d'un robinet — dont l'eau ne s'écoulait pas toujours. A cette improvisation initiale succéda bientôt un semblant d'organi-

---

1. Michaël Marrus et Robert Paxton, *op. cit.*

sation. Les juifs purent recevoir des colis de vêtements et de
nourriture, obtenir quelques paillasses et correspondre avec
leurs proches — une correspondance évidemment contrôlée. De même, ils purent, pour les plus fortunés, recourir au
marché noir dont les gendarmes chargés de les garder
étaient les honteux pourvoyeurs. Le camp, enfin, se struc-
tura, 5 chefs de bloc et 22 chefs d'escalier se chargeant d'organiser la vie de cette collectivité misérable. Mais cette
amélioration — toute relative — ne compensait pas les
éprouvantes souffrances morales s'abattant sur les détenus.
Hommes et femmes étaient séparés, ce qui brisait l'unité des
familles et nourrissait les pires inquiétudes. Par pur sadisme,
il fut au départ interdit de se rendre d'un escalier à l'autre.
Enfin, et surtout, Drancy fonctionna bientôt comme une
réserve à otages puis à déportés. Dès le 12 décembre 1941,
en effet, le chef des Affaires juives, Théo Dannecker, préle-
vait 300 hommes (bientôt transférés vers les camps) avant
de choisir, le 14, 43 détenus, qui devaient être fusillés au
Mont-Valérien le lendemain. Le 27 mars 1942, un premier
convoi de déportés raciaux emportait 567 détenus de
Drancy. Sur 79 convois formés en France, 67 partirent de
Drancy — le dernier en août 1944 — et quelque 70 000
juifs franchirent les portes de ce camp — pour la plupart
sans chance de retour.

Les départs, désormais, scandaient la vie quotidienne suivant un rituel affreux. Le chef d'escalier énumérait les noms
des partants, soumis le lendemain à une fouille humiliante
et à une ultime visite chez le coiffeur. Les futurs déportés
étaient ensuite isolés dans les escaliers de départ, privés de
tout contact avec leurs compagnons de détention. Ils étaient
conduits à la gare du Bourget avant d'être déportés. L'arbitraire de la sélection ajoutait par ailleurs au drame. Drancy
dépendant jusqu'en juillet 1943 d'un commandement français, la police française se chargeait d'établir la liste des
convois. Elle épargnait en théorie les plus faibles (les
femmes enceintes, les enfants dont les parents restaient
libres...) mais fondait sur les moins protégés, les juifs étran-

gers avant tout. Pour garnir les trains, les autorités françaises n'hésitaient pourtant pas à transgresser leurs critères, déportant, par exemple, les parents des enfants malades, laissés à l'infirmerie du camp (septembre 1942). Une terrible angoisse pesait donc sur Drancy lorsque la formation d'un convoi se dessinait. Où la déportation conduisait-elle ? Les familles seraient-elles séparées ? Pourrait-on résister à un voyage pénible ? Ces interrogations nourrissaient la crainte des détenus. En imaginant qu'on les ferait travailler en Pologne et que le Reich procéderait à des regroupements familiaux, ils s'efforçaient de calmer leur anxiété et ne pressentaient guère le sort tragique qui leur était réservé [1].

1. Renée Poznanski, *op. cit.*

La déportation

« J'assiste, chaque après-midi, à un spectacle épouvantable ; à travers les fils barbelés, nous apercevons [...] "la rampe" [...]. Tous les jours, des milliers d'hommes, de femmes et d'enfants descendent des convois, chargés de colis, de valises, de paquets de toutes sortes. Ils sont aussitôt alignés par rangs de cinq et défilent devant le médecin SS qui, d'un geste de la main, les sépare. A droite, ceux qui vont aller à la désinfection, puis, de là, au camp de travail. A gauche, ceux qui vont au four crématoire, les inutilisables. Mais ces derniers ignorent tout encore. A pas lents, vieillards, femmes, enfants se dirigent dans l'enceinte du four qu'ils prennent pour un lieu de désinfection. Ils pénètrent dans une salle souterraine dans laquelle ils se déshabillent. [...] Ils sont entassés peu à peu dans la salle, et cela ne manque pas de commencer à les effrayer. Puis quand tous sont là, complètement nus, bien serrés les uns contre les autres, ce n'est pas de l'eau chaude qui arrive, mais le gaz qui tue. » 75 721 juifs déportés de France vers les camps d'extermination vivent ce cauchemar — rapporte après guerre un témoin de ces drames [1].

Le 20 janvier 1942, la conférence de Wannsee avait arrêté les mesures techniques destinées à organiser, dans l'Europe entière, la Solution finale. Le 11 juin 1942, Eichmann réunissait les responsables des affaires juives pour la France, la Belgique et les Pays-Bas, et imposait ses quotas. La France

---

1. Léo Cambier, cité par Annette Wieviorka, *Déportation et Génocide. Entre la mémoire et l'oubli*, Plon, 1992.

devait, zone libre incluse, fournir 100 000 juifs au Moloch hitlérien. La machine exterminatrice tourne dès lors à plein. Le 27 mars 1942, un premier train — exceptionnellement composé de voitures de 3ᵉ classe — quitte l'Hexagone pour rejoindre Auschwitz. 78 autres suivront, les autorités allemandes s'acharnant, malgré le débarquement en Normandie, à former à Paris un ultime convoi le 17 août 1944.

Les disponibilités ferroviaires rythmaient alors les départs pour l'Est. Lorsque les autorités allemandes disposaient d'un train, elles prévenaient les Français qui, à leur tour, alertaient la direction de Drancy pour que le camp fournisse les contingents requis. Mais à partir de juillet 1943, les occupants traitent directement avec le commandement — désormais allemand — de cette antichambre de la déportation. Suivant une technique éprouvée en Pologne, les administrateurs juifs étaient chargés de dresser la liste des déportés. Ils s'efforcèrent, vaille que vaille, de respecter des critères objectifs, mais les divergences d'appréciation (faut-il sacrifier les jeunes ou les plus vieux ? Conserver les familles ?) comme les pressions allemandes pour obtenir des convois complets rendirent vaine cette hypothétique justice. Une fois sélectionnés, les déportés, isolés, passaient une ultime nuit au camp avant de gagner, par autobus, la gare du Bourget. Là, ils s'entassaient dans des wagons à bestiaux — regroupant de 100 à 125 personnes. Munis de maigres provisions (une miche de pain, parfois un saucisson qui avivera la soif), les déportés ne disposaient que d'un seau hygiénique par wagon. On imagine, par conséquent, la dureté d'un trajet qui en moyenne durait trois jours, mais s'éternisait parfois durant quatre ou cinq journées. Comment les bébés, les vieillards, les invalides auraient-ils pu résister à de telles épreuves ? A l'arrivée, les déportés étaient brutalement tirés des wagons, frappés, parfois même tués avant de passer à la sélection du médecin SS qui déciderait de leur sort. On devine la terreur et l'angoisse qui leur furent imposées[1].

Ajournée ou immédiate, la mort les attendait. 75 721

1. André Kaspi, *Les Juifs pendant l'Occupation, op. cit.*

déportés raciaux prirent le chemin des camps d'extermination — Auschwitz avant tout. Un bon tiers (24 000 selon les calculs de Serge Klarsfeld) étaient de nationalité française, preuve que Vichy, en dépit de ses proclamations, ne parvint pas même à protéger ses propres ressortissants. 6012 enfants âgés de moins de 12 ans furent déportés — conséquence de la proposition émise par Laval en juillet 1942. 8 687 vieillards prirent également le chemin des camps. Au total, 2 500 déportés — 3 % de ces macabres convois — survécurent, par on ne sait quel miracle, à l'enfer concentrationnaire[1].

---

1. Serge Klarsfeld, *Le Mémorial de la déportation des juifs de France*, Paris, 1978.

L'opinion publique

Le 26 avril 1944, le maréchal Pétain, au cours d'un voyage imprévu, assure la population parisienne — éprouvée par les bombardements — de sa sollicitude. Après une messe à Notre-Dame, il adresse à la foule, rassemblée sur le parvis de l'Hôtel de Ville, une brève allocution avant d'être ovationné par les étudiants du Quartier latin, massés le long du boulevard Saint-Germain. Quatre mois plus tard, le général de Gaulle, descendant les Champs-Élysées, provoque un enthousiasme comparable. Étonnante symétrie que témoins et historiens ont d'emblée tenté de décrypter. Aux yeux des sceptiques, ce parallélisme illustre la passivité des masses, promptes à s'enflammer pour n'importe quel Sauveur suprême. Les optimistes se sont réjouis de voir les Français — foncièrement patriotes — acclamer tour à tour et sans esprit de revanche deux hautes figures nationales. Pour quelques vichystes enfin, le succès du 26 avril démontrait que le vainqueur de Verdun conservait, après quatre sombres années, une pleine popularité — preuve que l'État français n'avait, somme toute, pas démérité.

De fait, la complexité régit les sentiments qui animent les Français de 1940 à 1944[1]. Certes, la population dans son ensemble rejette la collaboration et n'apprécie guère l'occupant, espérant en revanche la victoire des Alliés. Mais elle adopte à l'égard de Vichy et de Pétain des attitudes ambivalentes qui, par surcroît, évoluent au fil du temps. D'emblée considéré comme une entreprise provisoire destinée à gérer

1. Se reporter à Pierre Laborie, *op. cit.*

l'attente de jours meilleurs, l'État français ne suscite guère l'enthousiasme. Dans cette optique, dès 1941, la Révolution nationale ne mobilise que faiblement les Français qui s'engagent peu dans les structures d'encadrement prévues par le régime. Après quelques succès, la Légion s'étiole : ses militants se plaignent de n'être ni écoutés ni entendus et déplorent la dérive policière de cette institution. De même, les Chantiers de la jeunesse ne font guère recette et certains, à partir de 1942, pourvoient les maquis en recrues. Les consignes de l'État français sont en général ignorées, et ses appels à la mobilisation contre le marché noir rencontrent peu d'écho. Unanimement haïe par la population, la Milice conduit enfin à assimiler Vichy à un État policier liant son sort à celui de l'Allemagne — une identification que conforte l'instauration du STO. Obnubilés par les difficultés matérielles, les Français ont commencé, dès 1941, à se détourner du régime de Vichy en refusant de se mobiliser pour soutenir une politique impopulaire. Le 12 août 1941, le maréchal Pétain prend acte de cette rupture en dénonçant « le vent mauvais » qui se lève sur le pays.

Malgré cette conjoncture maussade, le Maréchal conserve, lui, quatre années durant, une réelle popularité. A une population traumatisée par une inexplicable défaite, il offre de robustes repères, sentencieusement énoncés dans ses discours et messages. Son glorieux passé le classe en patriote sourcilleux, garant de l'intérêt et de l'identité nationale. Le Maréchal endosse donc les habits du thaumaturge, s'intégrant dans une immémoriale lignée de sauveurs — un thème développé à l'envi par la propagande. Les images d'Épinal diffusent l'image d'un homme providentiel, assurant, de Verdun à l'an 40, le salut de la Nation. Certes, lorsque les événements contredisent cette mythologie, la popularité de Pétain subit de sérieuses éclipses. Interprétant Montoire et le retour de Laval comme deux gages complaisamment offerts au Reich, l'opinion publique, en octobre 1940 comme en avril 1942, se détache.

Mais quand les faits correspondent à la représentation

d'un Pétain protecteur et patriote, sa popularité se redresse. Frappée par les bombardements, craignant un débarquement — prélude à de nouvelles destructions —, l'opinion publique, en 1944, se tourne de nouveau vers l'homme qu'elle considère comme son protecteur naturel. En encourageant les Français à s'abstenir dans les combats de la Libération, Pétain, en outre, flatte les penchants attentistes des masses. Craignant de s'engager, la population trouve dans le patriotisme qu'elle prête au Maréchal la justification de sa politique d'abstention. Les Français auront ainsi constamment distingué Philippe Pétain de son régime. Commode dissociation qui permettait d'allier aux douceurs du non-engagement la certitude d'agir dans un sens patriotique. Pourquoi entraver l'action d'un héros qui, mieux que quiconque et par définition, savait où se trouvait l'intérêt du pays ?

Quelques itinéraires de droite

« L'acte de résistance est un acte anticonformiste et, en ce sens, de gauche. Il implique également une politique de mouvement par rapport à l'ordre établi, aux valeurs traditionnelles, et il est, en ce sens également, de gauche. De plus, la composition de la Résistance est majoritairement issue de la gauche plutôt que de la droite, surtout si l'on compte les bataillons communistes [...]. Mais une fois dépassé cet argument... Vichy est à droite, la Résistance est une pulsion de gauche. L'acte de résistance est un acte porteur de gauche. Je n'irai pas plus loin », déclarait François Mitterrand en 1991[1]. La publication d'*Une jeunesse française*, ouvrage de Pierre Péan consacré au passé du Président, allait justifier rétrospectivement cette prudente analyse. En dévoilant les connivences qui avaient uni le rénovateur du socialisme français au régime vichyste, Péan, outre les révélations troublantes apportées sur François Mitterrand, restaurait les années sombres dans une complexité parfois occultée. La figure d'un jeune Rastignac, venu de la droite et tenté par Vichy, basculant dans la Résistance avant d'être touché par la grâce socialiste, illustrait la diversité d'itinéraires rebelles à toute généralisation.

Vichy présentait pour la droite de sérieuses garanties. Son idéologie autoritaire, corporatiste et cléricale, séduisait une mouvance hantée par le souvenir du Front populaire, peu rebutée, en outre, par un antisémitisme auquel elle avait couramment adhéré durant l'entre-deux-guerres. Le passé

1. In Olivier Wieviorka, *Nous entrerons dans la carrière*, Le Seuil, 1994.

du Maréchal semblait offrir, en prime, une solide garantie patriotique. Pour ces motifs, la droite, dans son ensemble, ralliait le camp pétainiste. Pacifiste patenté, un Pierre-Étienne Flandin, patron de l'Alliance démocratique, soutenait Pétain, persuadé que la victoire du Reich amenait à sacrifier son cher libéralisme à un dirigisme de bon aloi, mâtiné d'un corporatisme résolvant en douceur la question sociale. De même, Jean de Lattre de Tassigny, pensant que l'État français défendait l'intérêt national, se soumettait de bonne grâce à ses consignes. François Mitterrand, pour sa part, voyait dans la Révolution nationale le moyen de rebâtir une France nouvelle. Rares furent les hommes de droite à rejeter d'instinct et l'armistice, et le régime vichyste. Dans cette mesure, tôt rallié à de Gaulle, Philippe de Hauteclocque — futur maréchal Leclerc — fait bel et bien figure d'exception.

Le temps, pourtant, allait dessiller les yeux. L'invasion de la zone libre comme le durcissement du régime vichyste démontraient l'inanité du double jeu prétendument attribué à Pétain et incitaient une partie de la droite à se désolidariser de Vichy. Écarté du pouvoir par l'amiral Darlan (9 février 1941), Pierre-Étienne Flandin, constatant la nullité de son poids politique, partait pour l'Afrique du Nord le 25 octobre 1942 et tentait — en vain — de se faire adouber par les Américains. De Lattre, s'opposant militairement aux troupes allemandes en novembre 1942, rompait également avec un régime qui, pour le remercier de sa bravoure, le plaçait à la retraite d'office et le condamnait à dix années de prison. Il parviendra toutefois à s'évader pour combattre aux ordres du général de Gaulle. François Mitterrand, enfin, comprenant tardivement les méfaits du vichysme, s'engage pleinement dans la Résistance non sans avoir, au préalable, été décoré de la francisque (printemps 1943)[1].

Une minorité droitière, en revanche, s'enlisait dans la collaboration et radicalisait au fil du temps ses engagements. Un Philippe Henriot, député catholique conservateur avant

---

1. Pierre Péan, *Une jeunesse française. François Mitterrand. 1934-1947*, Fayard, 1994.

guerre, s'alignait sur le Reich parce que celui-ci menait la croisade antibolchevique qu'il appelait de ses vœux. De même, Joseph Barthélemy, ex-membre de l'Alliance démocratique, garde des Sceaux de 1941 à 1943, couvrait de son autorité les pires turpitudes, heureux d'être enfin devenu ministre, persuadé qu'il pouvait, à la mesure de ses moyens, atténuer les malheurs du pays.

Massivement ralliée à Vichy, la droite finit donc par prendre ses distances à l'égard d'un régime qui bradait sans panache l'intérêt national. Mais son chemin de Damas, souvent long à trouver, fut parfois semé d'embûches et un nationalisme dévoyé entraîna quelques personnalités — modérées mais aveuglées par l'anticommunisme et l'antisémitisme — sur les pentes glissantes d'une collaboration effrénée.

Quelques itinéraires de gauche

Une légende pieuse présente la gauche massivement sou-
dée dans la lutte contre Vichy et l'occupant. Des mémoria-
listes, tel Jacques Duclos, se sont chargés d'en accréditer
l'idée : « La classe ouvrière, comme l'avait annoncé l'Appel
du 10 juillet, fournissait l'avant-garde de l'opposition aux
occupants et à leurs valets. Sur elle pesaient, dès le début,
les conséquences les plus lourdes de la perte de la liberté et
de l'indépendance ; le Parti communiste avait conservé et
reconquis des bases sérieuses parmi les ouvriers. La
conscience de la double oppression sociale et nationale que
subissait le pays s'y faisait donc jour beaucoup plus vite
qu'en d'autres milieux. » On se doute que ce tableau idyl-
lique appelle quelques retouches.

Certes, la gauche se défie de Vichy, instantanément iden-
tifié comme ennemi. Ce sont les socialistes, épaulés par
quelques radicaux, qui composent la large majorité des 80
parlementaires opposés aux pleins pouvoirs le 10 juillet 1940. Les actes suivent. Si Pierre Mendès France,
embarqué à bord du *Massilia* et arrêté pour désertion, préfère, plutôt que de s'évader, être jugé pour se défendre (une
fois condamné, il tentera la belle et rejoindra de Gaulle à
Londres), un Daniel Mayer s'emploie, dès 1940, à reconstruire la « vieille maison » *via* le Comité d'action socialiste.
De même, le député-maire de Roubaix, Jean Lebas, résiste
assez tôt, allant jusqu'à tenir des réunions d'opposition quasi
publiques dans sa ville. Quelques communistes, par ailleurs,
n'attendent pas les consignes du Parti pour se mettre à

l'ouvrage. Charles Tillon plonge ainsi dans la clandestinité dès 1940.

Ces itinéraires ne reflètent pourtant pas l'attitude suivie par la gauche dans son ensemble en 1940. Une partie des élus socialistes cherche les voies d'un compromis avec Vichy, espérant, par une politique de la présence conforme à sa culture de notables, préserver ses administrés des atteintes de Vichy ou de l'occupant. Le secrétaire général de la SFIO, Paul Faure, multiplie par exemple les interventions ponctuelles destinées à sauver des militants de la prison ou de la mort, tout en refusant de se solidariser avec Blum lors du procès de Riom. Espérant jouer un rôle politique à Vichy, peu hostile à la collaboration, Faure prend soin de ne pas s'engager ouvertement en faveur de l'Allemagne. Les communistes, pour leur part, privilégient en 1940 une ligne légaliste. Exigeant que les élus sortent de la clandestinité, ils quémandent des autorités allemandes la reparution légale de *L'Humanité*. En l'absence de Thorez, prudemment réfugié à Moscou, Jacques Duclos dirige le Parti et suit à la lettre les consignes données par l'Internationale. S'opposant dès 1940 à Vichy, il attendra la dégradation des relations germano-soviétiques et l'invasion de l'URSS pour organiser la résistance active du PCF.

Sautant le pas, quelques hommes de gauche rallient Vichy, voire le Reich. Ayant, dès 1939, rompu avec le PCF auquel ils reprochent le pacte germano-soviétique, quelques ex-communistes basculent ouvertement dans la collaboration. Marcel Gitton, ci-devant membre du Bureau politique, réclame l'alliance avec le Reich, fonde un éphémère Parti ouvrier et paysan français avant de périr, le 4 septembre 1941, sous les balles d'un commando communiste. Quelques socialistes, par ailleurs, espèrent influencer Pétain et le guider vers un socialisme national et autoritaire. Découvrant les vertus du corporatisme, René Belin préside à Vichy aux destinées de la Charte du travail (1941). Et l'ancien ministre des Finances de Léon Blum, Charles Spinasse, lance un hebdomadaire, *Le Rouge et le Bleu*, qui milite pour l'Europe nouvelle. Refusant toutefois la haine antisémite et affirmant sa fidélité à Jaurès et Proudhon, la revue sera interdite en 1942, l'occupant n'appréciant guère sa liberté de ton.

Ces itinéraires l'attestent, la gauche n'est pas exempte de toute compromission avec le Reich ou Vichy. Le pacifisme et l'anticommunisme dessinaient, il est vrai, de possibles connivences. Dans l'ensemble pourtant, Vichy tenta peu la mouvance progressiste. La légitimité du modèle républicain, l'imprégnation marxiste et le réflexe laïcard rendaient difficile le ralliement à un régime qui se vantait d'étrangler la gueuse et célébrait les noces du sabre et du goupillon. Les flottements de l'an 40 furent, dans l'ensemble, assez tôt dissipés et si toute la gauche ne bascula pas dans la Résistance, elle prit assez tôt ses distances avec l'État français.

* Marc Sadoun, *Les Socialistes sous l'Occupation,* Presses de Sciences-Po, 1982 ; Stéphane Courtois, *Le PCF dans la guerre,* Ramsay, 1980.

SOLDER

Oublier Vichy ?

Le 14 juin 1944 à l'aube, le contre-torpilleur *la Combattante*, appareillant de Portsmouth, débarquait Charles de
Gaulle sur les plages normandes. Revenant sur le sol français
après un long exil, le général se murait dans un profond
silence qu'osait rompre Hettier de Boislambert, l'un de ses
proches compagnons. « Avez-vous pensé, mon Général,
qu'il y a quatre ans, jour pour jour, les Allemands entraient
dans Paris ? ». « Ils ont eu tort, Boislambert », rétorqua le
chef de la France libre[1]. Tout était dit — ou presque. Car
l'ampleur de la tâche qui attendait le chef du Gouvernement
provisoire de la République française (GPRF) justifiait à
bien des égards son mutisme.

Certes, l'opération Overlord, lancée le 6 juin 1944, tour-
nait à l'avantage des Alliés qui gagnaient la bataille des
plages et réussissaient — au prix de lourdes pertes — à
consolider une modeste tête de pont. Que d'inconnues
pourtant subsistaient ! En opposant une résistance achar-
née, les Allemands retardaient une libération dont aucun
stratège n'osait prédire le terme. L'attitude de la population
française nourrissait également quelques craintes. Les civils
attendraient-ils passivement leur délivrance, ou participe-
raient-ils activement aux combats, déclenchant une insurrection nationale que la Résistance et les communistes
préparaient fiévreusement ? Charles de Gaulle, surtout,
pourrait-il imposer son autorité à un pays que Vichy avait
muselé durant près de quatre ans ? Les services gaullistes

1. Cité par Jean Lacouture. *De Gaulle*, t. 1. *Le rebelle*, Le Seuil, 1984.

n'ignoraient pas les sentiments d'une opinion publique exaspérée par l'État français, menacée par le STO, confrontée à des difficultés matérielles qui allaient grandissant. Mais Philippe Pétain conservait une réelle popularité que les voyages effectués en zone nord, à Paris notamment, confirmaient. La conquête du pouvoir se présentait ainsi sous d'incertains auspices. Par leurs ultimes manœuvres, Laval et Pétain montraient qu'ils n'entendaient pas accepter passivement d'être dépossédés de leur pouvoir. Et rien ne prouvait que l'administration — largement impliquée dans l'aventure vichyste — accepterait de remettre civilement les clés aux responsables investis par de Gaulle. Et pourtant... Débarqué le 14 juin 1944 sur la plage de Courseulles, le chef de la France libre recevait le 26 août un accueil triomphal à Paris. Le GPRF imposait son autorité dans des délais incroyablement brefs. Et le régime vichyste s'effondrait dans l'indifférence générale. En moins de trois mois, la messe était dite, la cause entendue. Aux exilés de Sigmaringen puis aux proscrits de la déroute, l'oubli était promis. Et le procès des chefs, Philippe Pétain et Pierre Laval, s'achevait en 1945 par un verdict que peu sur l'heure contestèrent.

La condamnation du régime vichyste semblait donc sans appel, d'autant que les nouvelles élites, à commencer par Charles de Gaulle, forgèrent dès 1944 le mythe d'une France unanimement résistante. L'exaltation de la France libre et la célébration de la geste clandestine permettaient de solder à bon compte les errements de l'État français dont peu revendiquaient le funeste héritage. La mémoire de Vichy se réduisait à une curieuse amnésie dont la population se satisfaisait, reportant à d'improbables lendemains les examens de conscience. Certes, quelques voix, de temps à autre, rompaient l'_omerta_. Las d'être traités en parias, les anciens vichystes, dans leurs souvenirs, se livrèrent assez tôt à une défense et illustration de leur action, montrant, disaient-ils, qu'ils avaient lutté pied à pied contre l'occupant. Mais ces plaidoyers _pro domo_ se heurtaient à une indifférence polie, confirmant à rebours l'inconsistance des héritages vichystes.

Les années soixante-dix sonnèrent pourtant un dur réveil. Jusqu'alors enseveli dans le linceul de l'oubli, l'État français suscitait désormais une curiosité passionnée. Stimulées par des œuvres sacrilèges (achevé en 1969, *Le Chagrin et la Pitié* sort sur les écrans en 1971), les jeunes générations exigèrent des comptes, transformant la question vichyste en un enjeu de mémoire pour le moins polémique. Invitées à se taire par un pouvoir gaulliste privilégiant le rassemblement sur l'exaltation des différences, rappelées à l'ordre par un Parti communiste défendant — sans distinction — la masse des opprimés dans sa globalité, des minorités exigèrent leur dû. Ne supportant plus le silence qui entourait la politique anti-sémite de l'État français, la communauté juive demanda des comptes. Les résistants métropolitains, ignorés par le pou-voir gaulliste, revendiquèrent leur identité. Les patriotes vichystes exigèrent qu'on les dissocie de la lie collaboration-niste et que l'on distingue l'avant 1942 de l'après. La mémoire devint donc un champ de bataille. A l'amnésie consensuelle refoulant Vichy succédait la dénonciation de l'État français ; à la construction d'une mémoire nationale succédait l'émergence de mémoires spécifiques qui enten-daient accéder à la reconnaissance. Quelques affaires, de Paul Touvier à François Mitterrand, relancèrent les débats, prouvant que Vichy, aujourd'hui encore, reste « un passé qui ne passe pas [1] ».

---

1. Se reporter à Henry Rousso, *Le Syndrome de Vichy, op. cit.*, et Éric Conan et Henry Rousso, *op. cit.*

Vichy contesté

« Parmi les jeunes qui se sont rendus, combien portaient encore sur eux le prix de leurs forfaits : des bijoux dérobés en quelques villas ou maisons isolées, des bijoux arrachés à de pauvres fermiers. Combien ont senti la honte leur monter au front quand, au grand jour, on a vu ce qu'ils étaient devenus, eux qui, il y a quelques mois encore, étaient d'honnêtes jeunes gens, au contact de ces bandits de droit commun qu'ils avaient subis comme chefs, ou de cette jeunesse oisive et zazoue formée au maquis par le marché noir. » Décidément, *La France socialiste* du 4 mars 1944 ne faisait pas dans la dentelle ! En ramenant l'épopée des Glières à une sordide affaire criminelle, elle discréditait l'armée des ombres pour semer la peur au cœur des honnêtes gens. Une stratégie contestable. Car le soin qu'apportait la propagande à dénoncer la Résistance prouvait que la contestation clandestine, traitée jusqu'alors par le mépris, était désormais perçue comme un danger réel par le pouvoir vichyste.

Jusqu'en 1942, l'État français n'avait prêté qu'une attention distraite à la dissidence. Certes, *Le Figaro* ou *La Croix* condamnaient le félon Charles de Gaulle et dénonçaient la « British Bobards Corporation ». Blâmant les émigrés de Londres, la presse en revanche adoptait un ton mesuré à l'égard des troupes, dénonçant parfois leur traîtrise, plaignant le plus souvent ces soldats égarés par une propagande fallacieuse[1]. Les modestes effectifs qu'alignaient la France

---

1. Vincent Tiberj, « L'Image de la Résistance dans la presse collaborationniste et vichyste », mémoire IEP-Paris, 1995.

libre et la Résistance intérieure inspiraient, il est vrai, peu de craintes. Malgré quelques défections, Vichy tenait l'Empire en main. Et la Résistance ne menaçait guère l'ordre pétainiste. Si les ondes anglaises étaient massivement écoutées, la presse clandestine ne diffusait que quelques milliers d'exemplaires ronéotés. Les sabotages restaient rares. Et les mouvements ménageaient Pétain. Qu'ils aient cru, comme Viannay, au double jeu pétainiste, ou souscrit, tel Frenay, « à l'ensemble des grandes réformes qui ont été entreprises » par Vichy, les organes résistants épargnaient prudemment un Maréchal que l'opinion publique semblait avoir plébiscité.

1942 marquait en revanche un tournant. Les forts tirages de la presse clandestine (*Défense de la France* imprime en moyenne 120 000 exemplaires par numéro en 1943) et l'audience acquise par la BBC contrebalançaient efficacement la propagande vichyste. Refusant le bourrage de crâne — un gage de crédibilité —, elles n'hésitaient pas à diffuser des nouvelles exactes, désespérantes parfois lorsqu'elles énuméraient les défaites alliées, en Asie par exemple. Surtout, radios et journaux donnaient à la population des consignes d'action. Jusqu'en 1943, les mots d'ordre se cantonnaient à de vagues exhortations appelant les Français à conserver leur dignité ou invitant « à combattre le boche par tous les moyens » (*Le Franc-Tireur*). Vaste mais trop vague programme prouvant que la Résistance peinait à encadrer la population. Le STO ouvrit de nouvelles perspectives. Cette mesure impopulaire offrait à l'armée des ombres un immense vivier — celui des réfractaires — et lui conférait désormais une mission concrète : protéger les travailleurs de l'exil, les transformer en combattants. Fabriquant des faux papiers par milliers, encadrant les maquis — structure refuge et matrice militaire —, la Résistance abandonnait la protestation morale pour devenir un mouvement de masse[1]. Son action plaçait Vichy en porte à faux. Incapable de protéger les Français, l'État français attribuait *de facto* ce rôle à

---

1. Olivier Wieviorka, *Une certaine idée de la Résistance, op. cit.*

la Résistance. Et le Maréchal avait beau « haïr les mensonges », la vérité se trouvait à présent dans la presse résistante plutôt que dans le verbe enflammé de Philippe Henriot.

Étendant son manteau protecteur sur les populations, la Résistance contestait alors Vichy par son verbe comme par ses actions. Le 11 novembre 1943, les maquisards de Romans-Petit défilaient, en ordre impeccable, dans les rues d'Oyonnax, libéré pour un jour. Les manifestations patriotiques attiraient, à partir de 1942, des foules croissantes — le 14 juillet notamment. La Résistance s'enhardissait. Tout en multipliant les attentats (le trafic SNCF baisse de 37 % en avril 1944), elle noyautait les administrations publiques. Le 25 février 1944, Leo Hamon et cinq camarades détruisaient le fichier du STO. Et, le 28 juin, un commando exécutait le secrétaire d'État à l'Information et à la Propagande, Philippe Henriot. L'ordre vichyste ne régnait plus tout à fait sur la France.

Vichy délégitimé

« Pendant cette période, j'ai tenu en très haute estime votre amitié personnelle et votre dévouement au bien du peuple français. Vous m'avez souvent exprimé votre espoir fervent de voir annihiler les envahisseurs nazis. Pendant cette période, vous avez à diverses occasions et à ma demande agi contre les désirs de l'Axe et favorablement à la cause alliée », écrit le 22 juin 1945 l'amiral Leahy, invité à témoigner au procès de Pétain. Par cette lettre valant indulgence, l'ancien ambassadeur dévoilait les troubles calculs de la diplomatie américaine durant les années sombres. Mais il révélait surtout l'ampleur des soutiens dont Vichy put se prévaloir. Qu'on le déplore ou non, l'État français bénéficia longtemps d'une pleine légitimité internationale.

De fait, les nations dans leur ensemble acceptèrent le régime vichyste, des puissances neutres ou favorables à l'Axe aux pays placés dans l'orbite britannique (l'Égypte ou le Canada). De même, l'amiral Leahy représenta dignement les États-Unis jusqu'en avril 1942 — plus de quatre mois après Pearl Harbor. Si les ponts furent rompus avec Moscou en juillet 1941, ce fut à l'initiative de Vichy.

Certes, de solides arguments étayaient cette reconnaissance. Philippe Pétain avait été régulièrement investi par l'Assemblée nationale et, dans la classe politique, peu de voix s'étaient élevées pour dénoncer le mauvais coup porté à la démocratie le 10 juillet 1940. On comprend que la communauté internationale, entérinant le fait accompli, ait accordé un blanc-seing au régime vichyste et ignoré Charles de Gaulle — à la notoire exception de Churchill.

Le vent, pourtant, devait tourner. Les défaites allemandes et le durcissement de l'État français poussaient une partie de la classe politique française vers l'attentisme, voire dans la Résistance. En janvier 1943, le PCF dépêchait à Londres un représentant, Fernand Grenier. Le 15 mars 1943, la SFIO, par la voix autorisée de Léon Blum, se ralliait au général de Gaulle. Suivant l'exemple de Pierre Mendès France, des radicaux prêtaient allégeance au Rebelle, à l'instar du docteur Queuille. Même les modérés se dérobèrent. Souhaitant ouvrir son gouvernement à des hommes de l'ancien régime, Laval n'attira qu'un menu fretin dans ses filets, en avril 1942. Car si le radical Cathala accepta les Finances, de vieux routiers du Parlement se dérobèrent, Victor Bérard par exemple.

De Gaulle, en corollaire, recueillait de nouveaux soutiens[1]. La multiplication des ralliements individuels le servit, car ils concernaient toutes les familles politiques, du PSF (Vallin,) à la SFIO (Gouin), et tous les milieux (le général Juin se ralliait en 1943). Surtout, en institutionnalisant ces allégeances, il les dota d'une forte charge symbolique. Fondé le 27 mai 1943, le Conseil national de la Résistance (CNR) opposait ainsi aux prétentions vichystes la réalité d'une union nationale forgée dans le combat. Regroupant mouvements de Résistance, partis politiques et syndicats, il associait dans une pluralité œcuménique les forces vives de la nation. De même, l'Assemblée consultative d'Alger, créée le 17 septembre 1943, mêlait responsables de la Résistance (49), anciens parlementaires (20), représentants des Conseils généraux (12), délégués de la Résistance extérieure (12). Dotée du seul pouvoir consultatif, elle joua un rôle modeste mais sa composition révélait que le gaullisme s'appuyait maintenant sur une assise politique étendue.

Les puissances tirèrent les conclusions qui s'imposaient. En août 1943, les Alliés reconnaissaient le Comité français de libération nationale, signe qu'ils tenaient enfin compte des signaux adressés par l'opinion publique et la classe poli-

1. Jean-Louis Crémieux-Brilhac, *op. cit.*

tique. Le rôle militaire croissant joué par les armées gaullistes, en Italie notamment, comme les nouveaux territoires contrôlés par Alger (la Corse est libérée en septembre 1943) prouvaient la force du CFLN et consacraient la délégitimité vichyste. En décembre 1943, le Reich, paradoxalement, parvenait à une conclusion identique. En imposant sa loi à Pétain, l'Allemagne privait Vichy de son autonomie, preuve que l'État français avait pour Berlin définitivement perdu la légitimité qui aurait justifié l'octroi d'une maigre marge de manœuvre.

La France, un champ de bataille

« Malgré la supériorité aérienne adverse, si nous réussissons à jeter au cours des premières heures qui suivront le débarquement une grande partie de nos forces mobiles à la rencontre de l'ennemi dans les secteurs côtiers menacés, je suis persuadé que l'assaut de l'adversaire sera brisé dès le premier jour », écrivait Erwin Rommel au général Jodl (de l'OKW) le 23 avril 1944. A la différence de von Rundstedt, son supérieur hiérarchique, Erwin Rommel entendait donc gagner la bataille des plages. En choisissant de laisser les Anglo-Saxons débarquer afin de les anéantir, Hitler, désavouant le « Renard du désert », favorisa paradoxalement leur dessein. Mais la seconde bataille de France ménageait d'autres surprises et la campagne, loin de se conformer aux plans élaborés par les états-majors, emprunta des chemins sinueux[1].

Certes, l'opération Overlord, dans sa phase initiale, se solde par un indéniable succès. Convoyées sur 4 266 péniches que protégeaient 467 bâtiments de guerre, cinq divisions anglo-saxonnes prennent pied sur les plages normandes à l'aube du 6 juin 1944. L'État-Major allemand ayant toujours tablé sur un débarquement dans le Pas-de-Calais, les Alliés bénéficient d'un effet de surprise et cette erreur d'appréciation permet à Eisenhower de consolider une tête de pont qui, au 8 juin, s'étend de l'embouchure de l'Orne au nord-ouest de Carentan. Bientôt, pourtant, l'offensive piétine et Caen — qui devait tomber le 6 juin —

1. Basil Liddell Hart, *Histoire de la Seconde Guerre mondiale*, Marabout, 1985.

n'est conquis que le 9 juillet. De fait, des obstacles imprévus contrarient l'avance des Alliés. Les mauvaises conditions atmosphériques les privent de leur couverture aérienne ; quelques généraux, Montgomery en tête, montrent une prudence excessive ; les Allemands, surtout, résistent avec acharnement. Le spectre de l'enlisement se profile puisque, dans la première quinzaine de juillet, les Alliés ne progressent que d'une dizaine de kilomètres — contrariant les plans échafaudés par les états-majors.

La situation, pourtant, évolue. Bénéficiant d'une météo clémente et de renforts conséquents, Eisenhower tente bientôt la percée. Le 25 juillet, il engage le combat dans la région d'Avranches. Malgré une farouche résistance allemande, il perce les lignes ennemies, stoppe une contre-offensive déclenchée à Mortain (7-12 août) et encercle, dans le chaudron de Falaise, dix divisions ennemies. Reste aux Alliés à pousser l'avantage. A l'ouest, le VIIIᵉ corps d'armée américain libère l'ensemble de la Bretagne — Rennes tombe dès le 4 août. A l'est, la IIIᵉ armée du général Patton caracole, prenant Le Mans, Chartres et Orléans dans la première quinzaine d'août avant de se porter sur Paris, libéré le 25. Au sud enfin, les 325 000 hommes débarqués le 15 août en Provence (opération Dragoon) remontent la vallée du Rhône à marche forcée, s'emparant de Sisteron le 20 août, de Grenoble le 23, de Lyon le 2 septembre, avant d'effectuer leur jonction avec les troupes venues de Normandie à Montbard, le 12 septembre.

Fin 1944 s'ouvre le dernier acte. Malgré une résistance opiniâtre, les Alliés conquièrent Lorraine et Haute-Alsace. Mais si Leclerc entre dans Strasbourg le 23 novembre — honorant le serment qu'il avait prêté à Koufra —, les Allemands conservent Colmar et lancent dans les Ardennes une contre-offensive qui incite Eisenhower à envisager l'abandon de Strasbourg (décembre 1944). L'échec de von Rundstedt, toutefois, rend cette alarme vaine et, le 2 février 1945, les Alliés entrent dans Colmar. Hormis quelques poches qui résistent (Brest, Lorient, Saint-Nazaire...), la France, à la mi-février, goûte enfin aux joies de la libération.

La bataille de France aura ainsi présenté un scénario original et qui ne règle pas, loin s'en faut, les questions pendantes. En juillet 1944, l'enlisement imprévu des forces alliées se révèle inquiétant mais les foudroyantes avancées de l'été déjouent le pessimisme des stratèges. De même, si la France connaît une libération relativement rapide puisqu'elle s'étale sur six mois, l'Allemagne est loin d'être défaite. Les hésitations de l'État-Major allié lui permettent de reconstituer ses défenses à l'été 1944. Et malgré ses pertes, la Wehrmacht sauve le gros de ses troupes : von Blaskowitz, chef de la région sud, replie ainsi 130 000 combattants sur 209 000. On se gardera dès lors de confondre retraite et déroute.

Les Français victimes de la guerre

Le 6 juin 1944, Charles de Gaulle demandait aux « fils de la France où qu'ils soient, quels qu'ils soient » de « combattre par tous les moyens ». Le même jour, Pierre Laval prônait une attitude symétriquement inverse. « Les armées anglo-saxonnes s'efforcent d'aborder notre territoire. Elles font la tentative de débarquement si souvent annoncée. Nous ne sommes pas dans la guerre. Vous ne devez pas prendre part au combat. Ceux qui vous demandent de cesser le travail ou vous incitent à la révolte sont des ennemis de notre patrie. Vous vous refuserez à aggraver la guerre étrangère sur notre sol par horreur de la guerre civile. » En recommandant aux Français de s'abstenir dans une lutte qui, pourtant, les concernait au premier chef, Pierre Laval manifestait une fidélité obstinée à la non-belligérance tronquée qu'il affichait depuis les origines.

Dès 1940, Vichy avait prétendu en effet retirer la France et les Français d'un conflit meurtrier. Les consignes données en 1944 à la population reprenaient à la lettre ce principe. Malheureusement, les temps avaient changé. En portant le fer sur le territoire national, les Anglo-Saxons ne pouvaient guère épargner les populations. Et le sort des civils ne passionnait pas davantage les Allemands qui, acculés sur deux fronts, menaient une lutte impitoyable où se jouait leur destin. Dans ce contexte, les mots d'ordre attentistes de Vichy furent largement ignorés et les Français devinrent victimes d'une guerre à laquelle ils assistaient en spectateurs parfois passifs et souvent impuissants[1].

1. Jean-Pierre Azéma et Olivier Wieviorka, *Les Libérations de la France*, La Martinière, 1993.

De fait, les opérations militaires n'épargnèrent pas les civils. La suprématie aérienne conditionnant largement la fortune des armes, les Alliés usèrent — et parfois abusèrent — des bombardements destinés à préparer le terrain avant chaque offensive. L'opération Overlord fut ainsi précédée et accompagnée d'un déluge de bombes. Entre le 4 et le 10 juin 1944, 27 000 tonnes de feu s'abattirent sur la Normandie, détruisant les villes et semant la mort. Caen, sinistré à 73 %, pleura 3 000 victimes et la population normande déplora au total quelque 52 000 morts. Mais les bombardements ne se limitèrent pas à l'Ouest. Entre le 6 et le 17 août, Toulon subit ainsi un pilonnage systématique destiné à faciliter la progression de l'armée de Lattre.

Aux drames que provoquèrent les opérations militaires s'ajouta la terreur que semait l'occupant. Bien décidé à ne pas tolérer l'existence des « bandes armées » qui entravaient sa marche, celui-ci détruisit méthodiquement les maquis qui barraient son chemin. Le 2 avril 1944, des SS, prenant prétexte d'un sabotage ayant immobilisé leur train, organisèrent une chasse à l'homme dans les rues d'Ascq, dans le Nord, causant la mort de 86 innocents. Ce massacre inaugurait une longue série d'atrocités, les Allemands recourant aux méthodes les plus barbares pour réduire les maquis ou punir des civils jugés, à tort ou à raison, complices des « terroristes ». Entre le 28 juillet et 3 août 1944, SS et chasseurs alpins bavarois exercèrent une répression sauvage contre le maquis du Vercors. Achevant les maquisards blessés, ces reîtres n'hésitèrent pas à abattre 201 habitants du plateau, dont de nombreuses femmes et enfants. Lors de sa remontée vers le front normand, la division Das Reich commandée par Heinz Lammerding viola, tortura et assassina. Aux drames de Tulle et d'Oradour s'ajoutèrent des dizaines de bourgades martyrisées par ces bourreaux. La France entière subit cette terreur, de Montluçon (où 42 résistants et otages furent fusillés dans la carrière des Grises) à la Meuse (où 52 civils trouvèrent la mort dans le village de Robert-Espagne).

En résistant dans des « poches » durant de longs mois,

les Allemands enfin prolongèrent les peurs de milliers de Français en les maintenant — inutilement — sous un régime d'occupation. La garnison de Lorient attend ainsi le 7 mai 1945 pour déposer les armes, celle de La Rochelle se rend le 8 et l'amiral Frisius, à Dunkerque, arbore le drapeau blanc le 9. Et si la capitulation de Royan, maigre consolation, intervient le 17 avril, elle a été précédée par un terrible bombardement qui, le 2, a causé la mort de plus de 1 000 civils.

Les mains sales

Le 5 juillet 1944, le gratin de la collaboration, dénonçant dans un Manifeste « la désintégration de ce qui reste de l'État français », exigeait que la France s'engage aux côtés de l'Allemagne. Exigence que Laval, le 12, balayait d'un revers de la main. « Vous voulez que la France entre dans la guerre aux côtés de l'Allemagne ? Avec quoi ? Pour quel résultat, si ce n'est d'aggraver nos malheurs, entraîner dans la guerre la France qui, sans armée, sans flotte, sans armes et profondément divisée, est moralement et matériellement incapable de le faire ? » déclarait-il en Conseil des ministres. A l'heure où les armées anglo-saxonnes consolidaient leur tête de pont en Normandie, Laval et Pétain s'évertuaient à maintenir les derniers faux-semblants d'une neutralité qui n'abusait plus ni Berlin, ni Washington.

Pierre Laval et Philippe Pétain tentaient, en fait, de sauver les meubles. Par l'intermédiaire de Lemaigre-Dubreuil, Vichy sondait discrètement les Américains, pour éviter que de Gaulle ne s'empare du pouvoir. Laval, par ailleurs, s'efforçait de réunir à Paris l'Assemblée nationale, afin que cette dernière, après avoir renouvelé sa confiance au maréchal Pétain, transmette le pouvoir au général de Gaulle. Le chef de l'État, de son côté, songeait à démettre l'Auvergnat pour le remplacer par l'amiral Auphan. Moins marqué par la collaboration, ce dernier, traitant directement avec les Anglo-Saxons, voire avec le général de Gaulle, pourrait procéder à une dévolution « acceptable » des pouvoirs entre le vainqueur de Verdun et l'homme du 18 juin. En inscrivant une continuité entre l'État français et le Gouvernement provisoire de la République française et en posant de Gaulle en héritier de Vichy, Pétain et Laval espéraient légitimer leur action. Scénario séduisant qui présentait une faiblesse : son irréalisme [1].

La politique de collaboration menée par l'État français l'avait en effet irrémédiablement compromis aux yeux des Alliés. Prônant l'entente avec le Reich, laissant les ouvriers français édifier le Mur de l'Atlantique sur nos côtes, autorisant des soldats français à combattre sous l'uniforme allemand, Vichy avait donné trop de gages à l'occupant pour espérer bénéficier *in extremis* de l'indulgence alliée. Ceux-ci, en conséquence, refusèrent de traiter avec les émissaires envoyés par Vichy. Certes, Laval et Pétain se démarquaient des ultras. Déat et Brinon militaient, eux, pour une co-belligérance aux côtés de l'Allemagne ; Laval la récusa. Les ultras exigeaient, le 14 juin, que les Français enrôlés dans la LVF et les Waffen-SS (de 8 à 10 000 hommes) reviennent dans l'Hexagone pour combattre les Alliés ; le chef de l'État demanda à la population de rester à l'écart des combats. On sait enfin que les exactions de la Milice provoquèrent des protestations indignées, notamment de Pierre Laval qui s'éleva contre l'assassinat de Zay et de Mandel, tués au cours de l'été par des commandos miliciens. Et Philippe Pétain, le 6 août, refusait qu'on se prévale de son autorité « pour édifier dans le pays un système de terreur qui n'a qu'un but : celui d'imposer ses propres vues politiques ».

Pudeurs tardives dont Darnand s'étonnait. « Pendant quatre ans, j'ai reçu vos compliments, vos félicitations. Vous m'avez encouragé. Et aujourd'hui, parce que les Américains sont aux portes de Paris, vous commencez à me dire que je vais être la tache de l'histoire de France [...] On aurait pu s'y prendre un peu plus tôt. » Le dédouanement pétainiste était bien mince pour masquer les connivences associant aux vichystes le camp des « collabos ». Certes, l'attentisme des

1. Sur ces manœuvres, cf. Marc Ferro, *op. cit.* (les citations sont extraites de cet ouvrage). Consulter également Fred Kupferman, *op. cit.*

premiers contrastait avec l'activisme des seconds ; mais la hantise du maintien de l'ordre soudait les deux camps et incitait l'appareil d'État à réprimer la Résistance avec sauvagerie. La germanophobie des uns s'opposait au philonazisme des autres ; mais Vichy comme les collaborateurs avaient lié leur sort au destin du Reich. Philippe Pétain pouvait, le 17 août, annoncer qu'il cessait d'assurer ses fonctions — dont Brinon et Doriot briguaient aussitôt l'exercice auprès de Ribbentrop ; mais les uns comme les autres devaient gagner le Reich. Pétain et Laval clamaient qu'ils étaient prisonniers ; Déat, Doriot, Brinon restaient des hommes libres. Tous pourtant prenaient le chemin de Coblence, retrouvant leurs maîtres avant le dernier acte, mais après avoir bien démérité de la Patrie.

La guerre civile n'aura pas lieu

« Considérés comme des ennemis de la France, les francs-
tireurs et partisans, les membres de la prétendue armée
secrète et ceux des groupements de résistance. Attaquez-
vous aux saboteurs, qu'ils soient ou non parachutés. Tra-
quez les traîtres. A partir de ce soir, je mobilise la Franc-
Garde de la Milice française. J'appelle tous les hommes à
quitter leur métier, à rassembler leur famille dans des lieux
sûrs et à rejoindre leurs corps. Miliciens français, debout, et
nous sauverons le pays [1]. » En invitant ses troupes à ne pas
faire de quartier, Darnand, fraîchement promu secrétaire
d'État à l'Intérieur, appelait après le débarquement à la
guerre civile — et cet appel ne demeura pas sans écho.

La Milice sème en effet terreur et épouvante dans le pays.
Pour réduire les maquis, elle torture et fusille les résistants
qu'elle capture. S'égrène une longue liste de drames sanglants. A Saint-Victurnien, dans le Limousin, 11 résistants
sont exécutés le 27 juin. Le 21 juillet, 3 miliciens achèvent
3 maquisards blessés près de Saint-Germain-les-Vergnes. A
Marigny — près de Moulins —, 6 maquisards sont fusillés
le 27 août après avoir été au préalable suppliciés et dévalisés.
Mais si ces opérations répondent à des objectifs militaires
— ce qui ne saurait excuser leur bestialité —, d'autres s'ap-
parentent à de purs actes de banditisme. Le 8 juillet, une
bande dirigée par Jean Chardonneau pille à titre de représailles la bourgade de Magnac-Laval (Haute-Vienne), éphé-
mèrement libérée par les maquis, et fusille 22 otages — dont

1. Cité par Fred Kupferman, *op. cit.*

un gamin de quinze ans. A Orléans, la Milice s'empare, chez les fermiers et les commerçants, de denrées qu'elle prétend distribuer à la population mais qu'elle conserve pour sa propre consommation. Parce que ces opérations frappent des innocents, parce que des Français luttent, pour le compte du Reich, contre d'autres Français, parce que les miliciens usent du racket, de la terreur et de la délation pour imposer leur loi, se profile le spectre d'une guerre civile — dans tous les sens du terme.

Car la Résistance oppose une contre-terreur aux haines que déchaîne l'État milicien. Elle dénonce dans la presse clandestine les hommes de Darnand. Elle les intimide, multipliant les coups de téléphone anonymes et l'envoi de petits cercueils au domicile même des tortionnaires miliciens. Elle tue, enfin, Paul de Gassowki, chef départemental adjoint de la Milice pour les Bouches-du-Rhône, tombe le 28 avril 1943, ouvrant de son nom une bien longue liste. Plongés dans l'engrenage de la violence, quelques résistants commettent de sanglants dérapages. A Voiron, le chef local de la Milice, assassin, tortionnaire et pilleur, est exécuté par un groupe de résistants qui, pris de panique, tuent également sa fille, sa femme et sa grand-mère (20 avril 1944). Ces haines perdurent à la Libération. Une centaine de miliciens cantonnés en Haute-Savoie se rendront ainsi au maquis moyennant la promesse d'une justice équitable. Mais après un procès hâtif, 76 détenus seront passés par les armes au Grand-Bornand le 24 août 1944 — 21 étant relaxés au bénéfice du doute [1].

Ces affaires, toujours affreuses, parfois sordides, sont-elles pour autant signes d'une guerre civile ? En aucun cas. Ces drames, en effet, ne mobilisèrent qu'une minorité de Français et, au rebours des grands déchirements (guerre de Sécession ou lutte entre blancs et rouges en Russie), ne déchaînèrent guère les foules. Les responsables politiques, par ailleurs, évitèrent d'envenimer les choses. L'État français

---

1. Tous ces exemples sont tirés de Pierre Giolitto, *op. cit.* Consulter également Jacques Delperrie de Bayac, *Histoire de la Milice*, Fayard, 1969.

n'encouragea pas les Français à participer au combat. Et le général Koenig, chef des FFI, par un télégramme du 10 juin, intimait de freiner « au maximum la guérilla ». La peur de multiplier les pertes humaines en déclenchant des opérations jugées prématurées et la crainte d'amorcer une insurrection dont les communistes pourraient tirer le plus grand profit incitaient Charles de Gaulle à temporiser — pour écarter le risque d'une guerre civile. Consciente de ses responsabilités, la Résistance dans sa masse n'aurait d'ailleurs sans doute pas emprunté le terrible chemin de la vengeance qui aurait démenti son attachement aux valeurs humanistes et républicaines.

Ainsi, la guerre civile souhaitée par des collaborationnistes ivres de rage n'a pas eu lieu. Certes, quelque 8 000 exécutions intervinrent, hors de toute forme légale, avant le départ de l'occupant. Mais la Libération ne tourna pas au bain de sang complaisamment décrit par les déçus du vichysme. La maturité du peuple français évitait au pays de vivre un nouveau drame.

D'un château à l'autre

Dans la nuit du 19 au 20 août 1944, un détachement de SS cerne l'hôtel du Parc, à Vichy. A 6 h 48, trente-cinq soldats, forçant les portes, s'emparent de Philippe Pétain et obligent le vieillard à les suivre. Une petite foule massée devant la résidence du chef de l'État éclate alors en vivats et entonne, d'une voix fausse, une maigre *Marseillaise* tandis que le cortège, accompagné par six motocyclistes de la garde personnelle du Maréchal, s'éloigne à vive allure vers l'est. Conduit à Belfort — où il retrouve Pierre Laval — Pétain, dûment chaperonné par l'inamovible Renthe-Fink, gagne bientôt Sigmaringen où le vénérable château des Hohenzollern allait abriter les décombres de l'État français. Plébiscité par les foules en 1940, le régime vichyste achevait sa course dans la solitude glacée d'un palais délabré.

Jusqu'à l'ultime moment, pourtant, Philippe Pétain et Pierre Laval avaient tenté de sauvegarder les formes — à défaut de sauver leur pouvoir. Pour réaliser son scénario de politique-fiction, Pierre Laval, le 12 juillet, faisait sortir Édouard Herriot de l'asile — où il simulait depuis juillet 1943 la folie —, et les deux compères, revenus à Paris, évoquaient autour d'un repas le bon vieux temps tout en envisageant de réunir l'Assemblée nationale, sous le regard complice d'Otto Abetz. Devant les réticences de Jules Jeanneney, président du Sénat, refusant de quitter Grenoble pour se prêter à ce simulacre, et la pression des Allemands — qui ne tenaient guère à faciliter la tâche des Alliés —, Pierre Laval renonce et prend à son corps défendant la route de Belfort, le 17 août. Philippe Pétain, après avoir envoyé l'amiral Auphan sonder quelques résistants et dépêché des émissaires auprès des Américains, se résignait également à l'exil, exigeant cependant d'être traité en prisonnier et confiant à l'ambassadeur de Suisse Walter Stucki une protestation officielle à transmettre au Führer. Geste sans conséquence qui révélait, toutefois, que les deux hommes, renonçant à la charge du pouvoir, entendaient désormais préparer leur défense devant la justice des hommes et le grand tribunal de l'Histoire.

Ayant solennellement déclaré qu'ils faisaient la grève de leurs fonctions, abandonnant tout rôle politique, Pierre Laval et Philippe Pétain tentaient donc de justifier leur action. Dès le début août, le chef de l'État, dans un plaidoyer en partie rédigé par Henri Massis, procédait à une défense et illustration de son action. « Vos malheurs ne sont pas sortis de l'armistice mais de la défaite », expliquait-il à ses compatriotes. « Depuis quatre ans, qu'ai-je fait que protéger à tout moment les Français qui ne pouvaient ou ne voulaient quitter le sol national contre les suites d'une bataille que d'autres avaient engagée et perdue ? [...] S'il est vrai que de Gaulle a levé hardiment l'épée de la France, l'Histoire n'oubliera pas que j'ai tenu patiemment le bouclier des Français », avançait-il, polissant l'argumentaire que les zélateurs vichystes allaient reprendre par la suite. Pierre Laval, pour sa part, ne restait pas inactif. A Sigmaringen, jetant sur le papier les premières lignes de ses futures plaidoiries, il revenait inlassablement sur ses défuntes heures de gloire, éveillant un intérêt poli auprès de quelques interlocuteurs — Louis-Ferdinand Céline par exemple. A défaut d'arguments, les cigarettes ne manquaient pas pour nourrir sa pensée puisque le Président, avant son départ, avait raflé, outre l'argenterie de l'hôtel Matignon et vingt millions de francs, des caisses entières de Gauloises, de Bastos et autres Lucky Strike. De quoi tenir le coup [1].

---

1. Pour le récit de ces tractations, cf. Marc Ferro, *op. cit.* (les citations sont extraites de cet ouvrage), et Fred Kupferman, *op. cit.*

Ces ruminations moroses laissaient le champ libre aux
ultras de la collaboration. Car si les ministres dits « passifs »
renonçaient aux ors, plutôt passés, du pouvoir — une posi-
tion que ralliaient entre autres Bichelonne, Gabolde ou Bonnard... —, les « actifs » croyaient leur heure venue et
s'évertuaient à rechercher l'adoubement du Führer. Reçus
le 1er septembre par Adolf Hitler, Doriot, Déat, Darnand,
Marion et Brinon espéraient être investis des plus hautes
fonctions. Dans un premier temps, Fernand de Brinon
emportait seul la mise. Chargé de diriger une Délégation
gouvernementale, il devenait de fait chef du gouvernement
en exil. Charge pour le moins symbolique — encore que la
tutelle des prisonniers de guerre et autres requis du STO lui
incombât alors. Mais cette dévolution ne satisfaisait guère
les ultras et, le 6 janvier, Jacques Doriot créait un Comité
de la libération française, à l'allure plus martiale. Plagiant
éhontément la démarche gaullienne, ce Comité se dotait
d'un émetteur, Radio-Patrie, qui tentait, avec un piètre bonheur, de mobiliser les Français libérés contre leurs sauveurs.
Pour sauver le Reich — et leur tête —, les collaborationnistes mouillaient généreusement leur chemise. Ils envisa-
geaient de créer des maquis, en envoyant des commandos
parachutés sur la France libérée. Ils acceptaient surtout que
soit créée la division Charlemagne. Forte de 7 500 hommes
prélevés sur les débris de la LVF, des franc-gardes mili-
ciennes et des Waffen-SS français, cette formation à l'uniforme allemand — discrètement orné d'un écusson
tricolore — prêtait serment au Führer le 12 novembre 1944
avant d'être aussitôt engagée sur le front de l'Est.

Tous les émigrés ne montraient pas, pourtant, un pareil
activisme. Soumis à un rationnement drastique, les 1 500
réfugiés de Sigmaringen erraient affamés dans les rues de la
ville, refaisant le monde à la pâtisserie Schön, se battant
pour obtenir une chambre dans les hôtels Donau ou Zum
Krone. La ville bruissait de rumeurs et de cancans, les uns
pronostiquant la victoire allemande, les autres s'alarmant
des premières mesures du gouvernement de Gaulle, qui le

9 novembre 1944 passait — sinistre présage — le journaliste Georges Suarez par les armes. Cette atmosphère délétère déteignait sur le château, où ministres passifs et actifs se côtoyaient sans se parler et s'affrontaient sur des sujets dérisoires. Fernand de Brinon reprocha ainsi à Maurice Gabolde, ancien garde des Sceaux, d'avoir emprunté un escalier réservé aux membres de sa Délégation — un crime évidemment inexcusable. Tablant sur le retournement de la situation militaire, petits et gros poissons de la collaboration oscillaient entre la peur et l'espérance, craignant un jour de devoir rendre des comptes, persuadés le lendemain qu'ils reviendraient en maîtres au pays. L'avenir n'apportait pourtant que des désillusions. Avec l'échec de la contre-offensive dans les Ardennes (fin décembre 1944), le moral baissa d'un cran. Le 22 février 1945, deux appareils, sans doute allemands, mitraillaient la voiture de Jacques Doriot qui semblait alors en mesure d'unir, sur son nom, la fine fleur de la collaboration. Le 25 février, enfin, la division Charlemagne, engagée en Poméranie, perdait au bas mot 3 000 hommes dans les combats d'Hammerstein. Les ultimes chimères s'évanouissaient, cédant la place à une priorité plus concrète : sauver sa tête [1].

La marche des Alliés déclenchait en effet le sauve-qui-peut général. Certes, les têtes brûlées de la division Charlemagne combattaient jusqu'au bout dans un Berlin en flammes. Mais les cerveaux plus politiques essayaient d'échapper aux foudres de l'épuration prévisible. Le menu frein, revêtant de vieux uniformes ou endossant des bleus, tenta parfois de se glisser dans les colonnes de requis ou de prisonniers qui rentraient au pays. Mais les chefs, plus repérables, tentèrent de quitter la fournaise allemande pour chercher asile sous des cieux plus cléments. Avec ses hommes, Darnand gagna la République fasciste de Salò — qui tirait ses dernières cartouches. Bucard, Luchaire et Déat rejoignirent l'Italie où ils se cachèrent, parfois avec succès : dissimulé dans un monastère, Déat y mourut en 1955. Et

---

1. Cf. Henry Rousso, *Pétain et la fin de la collaboration*, Complexe, 1984.

Louis-Ferdinand Céline réussit à filer au Danemark. Dans cette diaspora, Laval et Pétain représentaient toutefois deux cas à part. Le Président n'imaginait pas, en effet, échapper aux foudres de la justice, mais il espérait gagner du temps pour préparer sa défense. La Suisse refusant de l'accueillir, il se tourna vers l'Espagne où Franco, magnanime, lui accorda un séjour de trois mois. Le 2 mai, le Président s'envolait pour Barcelone où il était aussitôt incarcéré dans la citadelle de Monjuich. Trois mois plus tard, le Caudillo le livrait à la justice alliée et Laval, après avoir atterri à Linz, en Autriche, était aussitôt remis, le 2 août, aux autorités françaises venues l'attendre au Bourget. Pétain posait un tout autre problème aux autorités françaises. Le 22 avril, en effet, le Maréchal passa en Suisse où la Confédération lui offrit sa légendaire hospitalité. Le général de Gaulle aurait vu d'un œil favorable se pérenniser cet exil qui lui aurait évité de juger, sinon par contumace, une vieille gloire nationale. Le Maréchal, pourtant, refusa de se dérober et fit savoir qu'il exigeait un procès. La France fut donc obligée de recueillir cet encombrant prisonnier. Le 26 avril, le vainqueur de Verdun rentrait au pays, fraîchement accueilli par le général Koenig — qui refusa de serrer la main à son auguste prisonnier. Vichy avait bien perdu la partie. Au temps des affrontements, d'ailleurs, succédait la saison des juges.

Oradour la douleur

Le 10 juin 1944, vers 14 heures, sous la direction du Sturmbannführer Dieckmann, 120 reîtres de la 3e compagnie du 1er bataillon du régiment Der Führer de la 2e SS-Panzerdivision Das Reich, placée sous le commandement du général Heinz Lammerding, un SS qui s'était spécialisé dans les ratissages de partisans en Russie, encerclaient le bourg d'Oradour-sur-Glane, situé à une vingtaine de kilomètres de Limoges.

Après avoir rassemblé la population du village et des hameaux sur le champ de foire, les Waffen-SS séparèrent les hommes des femmes et des enfants, qui furent enfermés dans l'église. Une explosion dans l'église paraît avoir déclenché le massacre : les hommes poussés dans des granges et des garages furent mitraillés tandis que, dans l'église, femmes et enfants étaient achevés, à l'exception d'une survivante. Au soir de cet épouvantable samedi, 642 personnes avaient péri, dont 240 femmes et 202 enfants.

Vichy — comme à son habitude — n'eut aucun geste, même symbolique, pour protester : Xavier Vallat, expliqua même sur les ondes de Radio-Vichy que le massacre, sans doute répréhensible, était la conséquence des actions des mauvais Français qui n'avaient pas obéi au Maréchal, en novembre 1942, provoquant l'occupation de la zone sud.

Les 80 survivants s'enfermèrent dans leur deuil et Oradour devint en Occident le symbole de la barbarie nazie. Les défenseurs de Das Reich — et il y en a toujours eu — alléguèrent qu'Oradour était le centre d'un maquis (mais le plus proche s'était installé à une douzaine de kilomètres) et que des soldats allemands y avaient été tués (ce qui était faux). La disparition du commandant Kämpfe, un des héros de la division, qui aurait été aperçu dans Oradour, paraît avoir été, jusqu'à plus ample informé, le motif qui a déclenché l'expédition sur le bourg. Les représailles ne semblent pas avoir été préméditées, mais on se souviendra que la division SS avait une mission bien spécifique : gagner le lieu du débarquement en terrorisant la population et en détruisant « sans ménagement » les « bandes », autrement dit les maquisards, en particulier ceux de Guingouin, ce qu'ils pratiquaient déjà systématiquement depuis un bon mois.

Un deuxième deuil atteignait les survivants en 1953. Devant le tribunal militaire de Bordeaux s'était en effet ouvert le 12 janvier le procès de 21 rescapés de la division Das Reich[1], des comparses, mais dont 14 étaient français : 2 engagés volontaires et 12 hommes de ce qu'on appelait alors les « Malgré-nous » (quelque 130 000 jeunes Alsaciens enrôlés de force dans la Wehrmacht, selon l'ordonnance du 25 août 1942, dont environ 40 000 seront tués en Russie). Même si tous les inculpés parurent frappés d'amnésie, le tribunal prononça deux peines de mort et des peines de prison et de travaux forcés. Mémoire contre mémoire, l'Alsace alors se mobilisa, prit le deuil, voilant de crêpe ses monuments aux morts, derrière ses élus non communistes et surtout sous l'impulsion de la puissante ADEIF (Association des déserteurs, évadés et incorporés de force d'Alsace) qui rappela que la France avait en 1940 abandonné à son sort une province martyre. Le président du Conseil, René Mayer, ne voulant ni réveiller l'autonomisme alsacien, ni menacer la politique européenne de réconciliation avec la jeune RFA, fit voter d'urgence une loi amnistiant les Malgré-nous, qui furent libérés le 21 février. Quant aux Allemands, il n'y en aura plus en prison en 1958. Le général Heinz

---

1. Jean-Pierre Rioux, « Le Procès d'Oradour », *L'Histoire*, février 1984.

Lammerding, lui, mourra dans son lit, en 1971, sans avoir été le moins du monde inquiété.

C'était au tour du Limousin de s'insurger. L'Association nationale des familles des martyrs d'Oradour-sur-Glane (ANFM) tint cette amnistie pour une insulte intolérable à ses morts, faite au nom de la raison d'État. Jusque dans les années soixante-dix, les ponts furent totalement rompus entre les pouvoirs publics et l'ANFM, au point que deux monuments furent élevés, celui que l'État fit ériger, mais qui resta vide, et l'autre où les familles recueillirent les cendres de leurs morts[1]. Depuis une dizaine d'années, la tension est retombée, le nouveau bourg s'étend et, les arrivants se sentant moins concernés, la vie sociale s'émancipe des règles de deuil, tandis que les ruines elles-mêmes s'effritent et que de nouvelles interrogations se font jour. Dans les rejeux de mémoire, le travail de deuil est-il véritablement terminé ?

1. Sarah Farmer, *Oradour arrêt sur mémoire*, Calmann-Lévy, 1994.

L'effondrement du régime vichyste

« Où est donc l'anarchie qu'annonçait l'ennemi et que même craignaient certains amis ? Il faudra que le monde se réhabitue à l'idée que la France est un pays qui l'étonnera toujours [...] ; les FFI ont stupéfié l'univers. Et maintenant, la résurrection administrative du pays va être un nouveau sujet d'étonnement », s'exclamait le porte-parole officiel du gouvernement, André Gillois, à la Libération. A la stupeur générale, le régime vichyste disparaissait « comme le chat d'Alice au pays des merveilles [1] ». Alors qu'il avait su mobiliser des foules considérables, son effondrement s'accomplissait dans l'indifférence générale ; son chef adulé prenait le chemin de l'exil sans provoquer d'émoi ; l'administration, contrôlée par des ministres à poigne, laissait le nouveau pouvoir s'installer sans même esquisser un baroud d'honneur. La France dans sa masse reconnaissait le Gouvernement provisoire de la République française et fêtait Charles de Gaulle. On était loin de la guerre civile qui devait endeuiller l'Italie et ravager la Grèce.

Le CFLN et la Résistance intérieure, associés plutôt que rivaux, n'avaient pas ménagé leurs efforts pour assurer une restauration pacifique de la légalité républicaine. Dès 1943, des commissions clandestines, associant représentants d'Alger et délégués de la Résistance, avaient esquissé les grandes lignes de la prise du pouvoir et arrêté les noms d'hommes

---

1. Fondation Charles de Gaulle, *Le Rétablissement de la légalité républicaine*, Complexe, 1996 (et notamment C.L. Foulon, « La Résistance et le pouvoir de l'État dans la France libérée », à qui toutes les citations sont empruntées).

sûrs. A chaque département avait été affecté un préfet clandestin que coiffait à l'échelon régional un des dix-sept commissaires de la République. Des assemblées démocratiques équilibraient cette affirmation du pouvoir jacobin. Ainsi, des Comités départementaux de libération (CDL) regroupaient toutes les tendances politiques et morales existant dans les départements — ces conseils généraux provisoires devant, dans l'attente des futures élections, guider et éclairer l'administration préfectorale. A l'échelon national, enfin, le CFLN se muait, le 3 juin, en Gouvernement provisoire.

Les résistants de l'intérieur et les hommes d'Alger avaient donc bien préparé les choses, se défiant d'une improvisation qui aurait pu conduire soit à une tutelle américaine (la fameuse AMGOT), soit à une insurrection communiste. « On ignorait tout mais il fallait avoir pensé à tout », soulignera le successeur de Jean Moulin, Claude Bouchinet-Serreules. Or, phénomène surprenant, les schémas conçus dans la clandestinité furent dans l'ensemble appliqués. A la veille du débarquement, tous les commissaires de la République étaient en place et si quelques catastrophes survinrent, elles furent dans l'ensemble réparées. Le responsable toulousain, Jean Cassou, grièvement blessé le jour même de la Libération, fut aussitôt remplacé par Pierre Bertaux. Et si aucun préfet ne se présenta à Angers, Michel Debré pallia cette carence en s'emparant en personne de la région angevine le 10 août 1944. De même, Quai d'Orsay excepté, les secrétaires généraux investirent leur ministère avant même la reddition de von Choltitz. Dès le 21 août, Yvon Morandat prenait l'hôtel Matignon où les huissiers, toujours stylés, se placèrent aussitôt à ses ordres. Cette transition pacifique se reproduisit à l'échelon local. Sommés de se rendre par quelques FFI en armes, le maire de Rennes et le préfet obtempérèrent sans attendre. Et, dans l'Oise, le préfet de Vichy démissionna sur-le-champ, soulagé de ne pas avoir à traiter avec les communistes[1].

1. Philippe Buton et Jean-Marie Guillon (sous la direction de), *Les Pouvoirs en France à la Libération*, Belin, 1994.

Minutieusement préparée par le pouvoir gaullo-résistant, cette transition de velours s'accomplit sans effusion de sang. De multiples facteurs concoururent à cette réussite. Le discrédit du régime vichyste le privait de tout soutien populaire. La grande peur des ultras les incita à fuir plutôt qu'à résister. En prenant au dépourvu les cadres du régime, la rapidité de l'avance alliée limita les revirements de la dernière heure — sans toujours les éviter, l'exemple de Maurice Papon le confirme. L'unité nationale réalisée au GPRF comme dans la Résistance empêcha de possibles débordements. Surtout, les Français dans leur masse se rallièrent au général de Gaulle dont l'autorité, garantie par un passé sans tache, s'imposa à tous. Le 26 août, Paris sacrait Charles de Gaulle dans la liesse et le calme.

L'épuration extra-judiciaire

Le qualificatif « extra-judiciaire » doit être préféré à celui de « sauvage », car ce dernier ne rend pas compte de la diversité des formes de l'épuration non légale [1]. Par ailleurs, cette variante sémantique n'est pas neutre car, pour les nostalgiques de Vichy, ou tout simplement pour ceux qui ont été choqués par les conditions dans lesquelles s'est déroulée la Libération, cette épuration-là, présentée comme une purge sanglante, mériterait le qualificatif de « sauvage », entre autres parce qu'elle aurait fait des dizaines de milliers de victimes.

Il convient de distinguer trois segments chronologiques. A eux seuls, les deux premiers, celui qui est antérieur au 6 juin, et celui qui court de la date du débarquement à celle de la Libération, concentrent environ 80 % des morts de l'épuration extra-judiciaire. A peine moins du tiers d'entre eux ont été tués entre 1942 et le débarquement. Il s'agissait d'hommes que les résistants considéraient comme dangereux pour le pays ou pour la Résistance : procureurs notoirement répressifs, délateurs, auxiliaires zélés de l'occupant, miliciens, policiers. Ces exécutions, considérées par les résistants comme des actes de guerre patriotiques, ont pu, ici et là, s'accompagner de bavures : ainsi, à Voiron, toute la famille du chef milicien était abattue en même temps que lui. Quant à ceux — et c'est plus de la moitié — qui ont été tués lors des combats de la Libération ou dans les jours qui

---

1. Henry Rousso, « L'épuration en France, une histoire inachevée », *Vingtième Siècle*, janvier-mars 1992.

l'ont précédée, ils ont été le plus souvent considérés comme des traîtres pris les armes à la main. Donnons l'exemple de l'homme que laissa fusiller Maurice Clavel (qui était tout sauf un sanguinaire), un jeune milicien, fait prisonnier à Chartres, qui refusait de s'engager à ne pas reprendre les armes contre la Résistance ou les alliés. Il est indéniable que, à cette époque précise, nombre des « cours martiales » ou « tribunaux » improvisés, sitôt les combats terminés, rendirent une justice souvent sommaire, tel le procès expéditif à l'issue duquel furent exécutés, le 23 août, au Grand-Bornand, en Haute-Savoie, 76 des 98 miliciens auxquels avait été pourtant promise la vie sauve s'ils relâchaient — ce qu'ils avaient fait — les maquisards qu'ils détenaient.

On peut parler précisément d'épuration sauvage à propos de celle qui a doublé les tribunaux légaux après qu'on les eut mis en place. Elle causa le cinquième des morts recensés dans l'ensemble de cette épuration extra-judiciaire : victimes d'expéditions menées par des « maquis noirs » (tel celui de « Le Coz », un ancien repris de justice, opérant dans la région de Loches), de vengeances personnelles, règlements de comptes politiques visant le plus souvent, sous la direction de FTP, des notables vichyssois ; ces dernières exactions ont bien eu lieu un peu partout dans les campagnes françaises, même si leur importance est moindre que ne le suggère Philippe Bourdrel dans *L'Épuration sauvage*. L'ampleur et l'intensité de cette dernière forme de « justice au coin d'un bois », comme l'appelle Peter Novick [1], sont inversement proportionnelles à la rapidité et à la sévérité de l'épuration légale. Lorsque les instances judiciaires traînent pour des raisons diverses, on constate une recrudescence d'exécutions sommaires qui peut se prolonger jusque tard dans l'hiver 1944-1945 [2] ; des condamnés à mort qui avaient été graciés ont été alors, comme à Alès, Montpellier, Béziers, interceptés ou extraits de prison pour être lynchés.

Dès 1947, des libellistes de la droite extrême ont imputé

1. Peter Novick, *L'Épuration française 1944-1949*, Balland, 1985.
2. Jean-Pierre Rioux, *La France de la IVe République*, tome 1, Le Seuil, 1980.

aux « crimes du résistantialisme » jusqu'à 100 000 victimes. Puis Robert Aron, dans son *Histoire de l'épuration*, avance, sans véritablement le justifier, le chiffre de 30 à 40 000 personnes. Les enquêtes menées systématiquement par la gendarmerie puis par le Comité d'histoire de la Seconde Guerre mondiale font état d'un total global s'établissant entre 8 et 9 000 morts (sur 76 départements, le Comité d'histoire dénombre 7 306 morts dont 2 004 avant le 6 juin, 4 025 entre le 6 juin et la Libération, 1 259 après la Libération et 18 à une date indéterminée). Précisons encore que la majeure partie des personnes exécutées sont des policiers, des gendarmes et des auxiliaires avérés des nazis[1].

On ne s'étonnera pas, malgré tout, que l'épuration extra-judiciaire puisse demeurer un objet sensible de controverses : dans un certain nombre de familles, notamment dans les campagnes, ses plaies sont loin d'être refermées. Il s'agit, il est vrai, de la suite dramatique mais logique de cette « guerre franco-française » qu'avaient avivée la répression menée par le régime de Vichy et ses complicités avec l'occupant.

---

1. Olivier Wieviorka, « Les mécanismes de l'épuration », *L'Histoire*, juillet-août 1994.

Les femmes tondues : une mise au pilori sexiste

Jusqu'à très récemment, les historiens ont eu tendance à réduire l'événement des femmes tondues, le tenant pour un phénomène marginal. Sans doute l'acte de tondre les femmes n'est-il pas propre à la France : déjà, des Allemandes avaient subi ce sort pour avoir couché avec des militaires français occupant la Rhénanie, et des Italiennes ont été traitées de la même façon à la Libération. Pourtant, comme l'a bien montré Alain Brossat[1], ce qu'il appelle « le carnaval des tondues » mérite d'autant plus d'être étudié que la mémoire nationale a jeté sur lui un voile bien oublieux.

Le rituel du spectacle expiatoire a ses constantes : cortèges bruyants de femmes et surtout d'hommes promenant à travers villages, bourgs ou villes des femmes portant sur le front, sur la poitrine, voire sur d'autres parties du corps, tracées au goudron ou à la peinture, des croix gammées et des inscriptions explicites : « a dénoncé », « Collabo » et plus souvent encore « a couché avec les boches ». Les victimes étaient presque toujours à demi, parfois totalement dévêtues. Certaines portaient dans les bras leur enfant. Si elles n'avaient pas été immédiatement tondues, elles l'étaient de façon solennelle, sur une estrade placée devant un bâtiment public, et elles restaient ensuite exposées, comme jadis au pilori.

Cette « coiffure 1944 » était infligée à des femmes considérées soit comme des délatrices, soit comme des « collabo-

1. Alain Brossat, *Les Tondues, un carnaval moche*, Manya, 1992.

ratrices à l'horizontale ». Il a été couramment admis, mais trop vite, que ces dernières étaient en majorité des prostituées, ce qui permettait de supposer que les Françaises (en exceptant Arletty ou Coco Chanel, qui avaient pu s'afficher avec un officier allemand) avaient été vraiment peu nombreuses à succomber au charme de guerriers supposés tous blonds. Or, Philippe Burrin[1] peut écrire que « au minimum plusieurs dizaines de milliers de Françaises ont eu des relations avec l'occupant », ajoutant qu'on estime à au moins 50 000 le nombre d'enfants nés d'amours franco-allemandes. Précisons encore qu'il s'agit souvent de femmes de milieux modestes et que, à côté d'un nombre relativement significatif de « demoiselles des P.T.T. », on trouve surtout celles qui, comme elles, ont eu à fréquenter l'occupant en tant que femmes de service.

On affirme volontiers que ces explosions de haine à leur encontre ont été brèves et localisées, et qu'elles étaient menées par des résistants de la onzième heure à qui ce zèle purificateur permettait d'acquérir à bon compte une conduite patriotique. En fait, malgré les instructions officielles, des femmes continuèrent d'être tondues jusqu'à la fin de l'hiver 1944-1945. Et ce furent assez souvent des chefs de maquis ou les responsables des Comités de libération qui patronnèrent ces cérémonies expiatoires.

Ces comportements représentent une sorte de défoulement, après la tension insupportable des semaines qui ont précédé la Libération, ils témoignent de l'exaspération de ceux qui avaient vécu quatre années d'humiliations, qui venaient de subir les ultimes exactions de l'occupant et de ses complices français. Ce qui explique que la virulence populaire fut souvent proportionnelle à la violence des derniers affrontements avec la Wehrmacht ou la Milice. La désignation de boucs émissaires a pris alors une tournure sexuée : au trop classique voyeurisme des mâles, s'est ajouté le sentiment plus ou moins confus que ces femmes, qui

1. Philippe Burrin, *op. cit.*

avaient trahi la France en livrant leurs corps, devaient recevoir un châtiment spécifique à leur sexe.

On n'aura garde d'oublier, malgré tout, que, en ce qui concerne celles qui furent accusées d'avoir dénoncé (et les délatrices avaient été nombreuses), cette humiliation leur permit assez souvent, semble-t-il, d'échapper au peloton d'exécution qui attendait les délateurs. Reste que la mémoire officielle préféra refouler l'existence des « tondues ». Ce sont les écrivains et les cinéastes qui ont su évoquer et reconstituer le parcours des malheureuses ainsi mises au pilori. Citons Marguerite Duras et Alain Resnais, dont l'héroïne tondue de *Hiroshima mon amour* s'explique : « Je devins sa femme dans le crépuscule, le bonheur et la honte. » Et le poème bien connu de Paul Éluard, intégré au recueil *Au rendez-vous allemand*, qui porte précisément en exergue la phrase : « En ce temps-là, pour ne pas châtier les coupables, on maltraitait les filles. On alla même jusqu'à les tondre. » Ses six premiers vers en disent long : « Comprenne qui voudra/Moi mon remords ce fut/La malheureuse qui resta/Sur le pavé/La victime raisonnable/A la robe déchirée... »

Vichy a été jugé

Contrairement à ce qui est encore trop souvent écrit, le régime de Vichy a bel et bien été jugé. Ce qu'on dénomme l'épuration légale, condamnant l'intelligence avec l'ennemi ou la participation active aux organisations du régime, a traduit plus de 125 000 personnes devant des cours de justice. C'est en France que l'épuration fut la plus sévère, si l'on en juge par le nombre des condamnations à mort exécutées. On peut reprocher à cette épuration d'avoir frappé de manière sélective et de demeurer inachevée.

Aussi bien le gouvernement d'Alger (Pucheu est exécuté dès le 20 mars 1944) que les résistants entendaient diligenter une épuration légale qui réponde au désir de justice et à la volonté de changement manifestés par une bonne partie de l'opinion. Elle devint un test politique de première importance : le PCF l'exigeait radicale avec des accents révolutionnaires de justice sociale, alors que de Gaulle, désirant restaurer l'État, voulait que l'ordre républicain fût respecté.

L'article 75 du code pénal permettait, avec quelques ajouts juridiques, de punir le crime le plus grave, celui de trahison, de connivence avec l'ennemi. L'ordonnance du 26 août 1944 institua « l'indignité nationale » qui sanctionnait un « état », le fait de s'être exclu de la nation (ce qui conduisait à la privation des droits civiques), pour avoir participé aux activités du régime de Vichy.

Quatre juridictions spéciales allaient concourir à cette épuration judiciaire :

1. des tribunaux militaires, une formation très classique ;

2. des cours de justice, comportant un magistrat et quatre jurés (dont des femmes) choisis par les Comités de libération, faisaient fonction de cours d'assises ;

3. les « chambres civiques » qui prononçaient soit l'acquittement soit une peine d'indignité nationale ;

4. une Haute-Cour, composée de trois magistrats et de vingt-quatre jurés choisis par les parlementaires de l'Assemblée consultative au sein de deux listes, l'une de cinquante parlementaires qui n'avaient pas voté les pleins pouvoirs à Pétain, l'autre de personnalités de la Résistance. Devaient être traduits devant elle le chef de l'État, les ministres et secrétaires généraux, les gouverneurs, qui avaient été en fonction depuis le 16 juin 1940.

Sans que l'économie générale de cette épuration soit globalement modifiée, il convient, en reprenant les travaux de Henry Rousso[1], d'en réévaluer certaines données. On parvient alors à des estimations assez précises : quelque 300 000 dossiers ont été transmis aux cours de justice, 60 % d'entre eux ont été classés, 124 613 individus ont été jugés par elles, dont 76 % ont été condamnés (plus de 44 000 l'ayant été à des peines de prison) ; 1 500 à 1 600 sentences de mort prononcées par les diverses juridictions ont été exécutées ; environ 50 000 personnes ont été condamnées à des peines d'indignité nationale.

La Haute-Cour, pour sa part, a jugé 100 responsables (dont 15 par contumace), prononcé 42 non-lieux et 3 acquittements, 15 dégradations nationales comme peine principale, 14 peines de prison, 8 de travaux forcés, 18 sentences de mort dont 10 par contumace — 5 seront commuées (dont celle de Pétain), 3 exécutées (celles de Laval, Darnand, Brinon).

On a reproché à l'épuration son côté sélectif. Les journalistes et les intellectuels (dont Robert Brasillach, fusillé le 6 février 1945, est la figure la plus connue) ont été plus durement frappés, parce que leurs écrits suffisaient à étoffer rapidement leur dossier d'instruction. Or, la répression s'est

1. Henry Rousso, « L'épuration en France, une histoire inachevée », art. cité.

assouplie au fil des mois. L'épuration administrative[1] fut, elle, assez rondement menée, puisque plus de 25 000 fonctionnaires ont été sanctionnés, dont la moitié révoqués ou licenciés. Quant aux officiers de l'armée de terre, un sur huit fut dégagé des cadres ou mis à la retraite. En revanche, l'épuration économique fut pour le moins modérée, parce que les comités d'épuration inter-professionnels ont dû travailler lentement et que, les mois passant, les représentants de l'État, redoutant une désorganisation du tissu économique, ont plaidé pour l'indulgence. Il fait peu de doute que la répression a frappé plus durement les humbles, en épargnant largement les puissants.

Albert Camus a écrit que « un pays qui manque son épuration, manque sa rénovation ». L'épuration légale, quelles que soient ses injustices, et bien qu'elle ait laissé presque toujours hors de son champ les victimes de la Solution finale, a en tout cas plutôt bien rempli ses fonctions identitaire et de régulation politique et sociale. C'était ce qu'en attendaient les membres du gouvernement.

1. François Rouquet, *L'Épuration dans l'administration française*, Éditions du CNRS, 1993.

L'accusé Philippe Pétain est condamné à mort

Après avoir prononcé le rituel « Gardes, faites entrer l'accusé », le président de la Haute-Cour invita ce dernier à
décliner nom, prénom, qualités. Et la réponse fut : « Pétain
Philippe, maréchal de France. » Ce lundi 23 juillet 1945
s'ouvrait dans une salle d'audience bondée du Palais de Justice de Paris le procès, symbolique à tous égards, du chef
de l'État français [1].

Repoussant l'asile politique que lui aurait vraisemblablement accordé la Suisse, celui-ci avait préféré répondre de
ses actes devant le peuple français. Incarcéré au fort de
Montrouge le 26 avril, on retint contre lui, après une instruction menée tambour battant, deux chefs d'inculpation
« avoir commis le crime d'attentat contre la sûreté intérieure
de l'État » et « avoir entretenu des intelligences avec
l'ennemi ».

Bien conseillé par maître Isorni, l'inculpé choisit de se
murer dans le silence : « chef de l'État, je ne répondrai plus
à aucune question », après avoir assené à la Cour, il est vrai
une déclaration liminaire qui faisait mouche : il récusait la
compétence d'une Haute-Cour qui ne représentait en rien
ce peuple français qui l'avait supplié de gouverner le pays
il rappelait que le pouvoir lui avait été « confié légitimement », il soutenait que, face à l'occupant, il n'avait jamais
cédé sur l'essentiel, et s'était efforcé d'abord de protéger ses
compatriotes : « L'histoire dira tout ce que j'ai évité. »

1. *Le Procès du maréchal Pétain*, 2 volumes, Albin Michel, 1945. Fred Kupferma, *1944*
1945, le procès de Vichy : Pucheu, Pétain, Laval, Complexe, 1980.

C'était la thèse du bouclier, promise à un bel avenir. Pétain affirma enfin qu'il avait « préparé les voies à la Libération ».

Ensuite, muet, il écouta l'accusation s'engluer en cherchant avant tout à prouver que l'accusé avait été la pièce maîtresse du complot qui avait assassiné la République. Il fut le témoin d'empoignades peu ragoûtantes entre les acteurs de juin 1940. Sans doute finit-on par lui reprocher sa politique de collaboration, la « monstrueuse création des sections spéciales », voire « ces abominables lois raciales », mais l'argumentaire était trop superficiel pour que soit concrètement mise en cause la politique effectivement menée par Philippe Pétain entre 1940 et 1944. Ses conseils avaient pu dans un premier temps avancer une parade qui deviendra un classique du genre : les mesures raciales ou répressives évoquées n'avaient pas été prises par le chef de l'État mais par ce « mauvais génie » qu'était Laval.

C'est de ce dernier que vint le danger. Incarcéré en France le 2 août, cité alors comme témoin, il comprit immédiatement qu'il risquait de porter seul le chapeau et il démontra que Pétain avait approuvé toutes les mesures qu'il avait été amené, lui Laval, à prendre, ce qui mettait à mal la thèse d'un double jeu au profit des Alliés développée par Pétain dans sa déclaration liminaire.

Après quoi les incidents se multiplièrent, d'autant plus que maître Isorni se faisait un malin plaisir de rappeler que le président et le procureur général, à l'image d'une magistrature qui s'était dans sa grande majorité couchée, étaient des pétainistes très récemment repentis.

Le 15 août, après sept heures de délibéré, les trois juges et les vingt-quatre jurés de la Haute-Cour condamnaient l'accusé à l'indignité nationale et à la peine de mort : ils avaient donc estimé à la majorité (à une courte majorité) qu'il y avait lieu d'appliquer l'article 75 punissant le crime d'intelligence avec l'ennemi. La Cour avait également émis le « vœu » que, eu égard au « grand âge de l'accusé », la condamnation à mort « ne soit pas exécutée ». Le surlendemain du verdict, Charles de Gaulle commuait la peine de mort en une détention à perpétuité dans une enceinte fortifiée.

Le président Mongibeaux avait déclaré en préambule : « Le procès qui va commencer est un des plus grands de l'histoire. » La postérité, du moins la mémoire savante, n'a pas avalisé ce jugement, même si elle a estimé qu'il s'était déroulé dans des conditions satisfaisantes [1]. Car ce procès politique fut dans une large mesure tronqué : juges et témoins appartenaient en majorité à ces élites qui, surtout si elles n'avaient pas trop souffert des années noires, demeuraient sous le choc du désastre de 40, et qui d'autre part préféraient interpréter les mesures les plus graves prises par Vichy, celles qui mettaient en œuvre répression et exclusion, comme des retombées de la collaboration d'État, occultant ainsi les logiques spécifiquement vichyssoises.

1. Jean-Pierre Azéma, « Le procès de Philippe Pétain », *L'Histoire*, juillet-août 1994.

Vichy réhabilité ?

Philippe Pétain, sa peine de mort commuée en détention à perpétuité, fut, après deux mois passés dans le fort du Portalet, interné à l'île d'Yeu, où il mourut le 23 juillet 1951. Il avait donc survécu à Darlan, abattu à Alger le 24 décembre 1942, et à Laval exécuté le 15 octobre 1945.

On ne chercha guère à réhabiliter la mémoire de Darlan : l'homme et encore plus ses retournements de veste successifs paraissaient décourager. Récemment, Hervé Coutau-Bégarie et Claude Huan lui ont consacré une biographie aussi bonne qu'indulgente. En revanche, Josée de Chambrun, la fille très aimée de Laval, aidée par son mari, a beaucoup fait pour réhabiliter la mémoire de son père. Elle a notamment réuni entre 1945 et 1955 plus de trois cents témoignages d'acteurs et de témoins, publiés en 1957 sous le titre *La Vie de la France sous l'occupation*. Ils font de Laval un « républicain » et un « criminel de paix » qui s'est sacrifié pour que la France demeure en dehors du conflit et ne soit pas « polonisée ».

Pour la cause du Maréchal[1] fut créée dès novembre 1951 une association posthume, l'Association pour défendre la mémoire du Maréchal Pétain (l'ADMP), dont la cheville ouvrière était maître Isorni qui, lors du procès, avait refusé de plaider les circonstances atténuantes pour mieux défendre l'héritage du « bon Vichy ». Ces nostalgiques inconditionnels de Vichy, rejoints par les pétaino-gaullistes qu'emmenait le colonel Rémy, ont milité pour la révision du

---

1. Henry Rousso, *Le Syndrome de Vichy, op. cit.*

procès (huit fois rejetée) et la translation des cendres du Maréchal à l'ossuaire de Douaumont (mais ils désavouèrent l'action du commando dirigé par Hubert Massol qui enleva le cercueil de Pétain en 1973).

La guerre froide aidant, la défense politico-culturelle du « bon Vichy » allait prendre de l'assurance. Des ouvrages écrits par des acteurs, on retiendra pour être les mieux argumentés ceux de Henri du Moulin de Labarthète, *Le Temps des illusions*, publié à Genève en 1946, et de Yves Bouthillier, *Le Drame de Vichy*, paru en 1951. Mais c'est Robert Aron, un « non-conformiste » des années trente converti au giraudisme qui, avec son *Histoire de Vichy* sortie en 1954, eut un rôle déterminant, en vulgarisant pour le grand public la thèse du double jeu maréchaliste.

A en croire les sondages, la personne même de Philippe Pétain bénéficia presque toujours — sauf en 1945 dans les mois qui suivirent le retour des déportés — d'une image relativement positive. En novembre 1994 encore, selon une enquête de la SOFRES, nombre de Français continuent de lui accorder des circonstances atténuantes : 22 % des sondés lui reprochent bien d'avoir « trahi la France », mais 24 % accordent qu'il « s'est trompé de bonne foi » et 30 % estiment même qu'il « a cherché à sauvegarder les intérêts de la France », alors que 24 % se déclarent sans opinion.

Quelques esprits inquiets affirment volontiers que la France serait menacée d'un retour de flamme du pétainisme. C'est confondre la difficulté qu'éprouvent certains Français à assumer la mémoire des années noires avec un projet politique. Que tous les défilés — ou presque — du Front national comportent des portraits du Maréchal, brandis comme des icônes, et qu'un certain nombre de propositions du programme rédigé par Bruno Mégret s'inspirent de la Révolution nationale, c'est l'évidence même. Mais, pour son fonds de commerce électoral, Jean-Marie Le Pen compte sur des thèmes plus adaptés aux peurs de ses contemporains. Dans la production historique récente figurent quelques ouvrages néo-aroniens, telle la très contestable *Histoire de Vichy* publiée en 1990 par François-Georges Dreyfus. Mais leur audience reste médiocre. Si les nostalgiques ou les défenseurs de l'État français ne font plus recette, cela ne signifie pas pour autant que l'opinion reste insensible à tous les enjeux symboliques qui tournent autour de Vichy. Les trois premiers présidents de la Ve République avaient fait déposer une gerbe sur la tombe de Pétain à une seule reprise et dans l'indifférence. En revanche, François Mitterrand qui, à partir du 11 novembre 1987, avait agi de même, fut contraint d'y renoncer en 1993. Les enjeux de mémoire s'étaient à nouveau déplacés.

Communistes et gaullistes : deux mémoires rivales

« Il y a nous, les communistes et rien. » La formule bien connue de Malraux s'applique au travail de mémoire que les duettistes rivaux et complémentaires vont mener à propos de la France de l'Occupation. Tous deux en appellent aux leçons de l'histoire ; tous deux se réclament d'un patriotisme jacobin intransigeant ; tous deux professent un volontarisme héroïque ; tous deux vont exploiter systématiquement les ressources de la mémoire[1].

Rivaux, ils le sont, puisque pour les uns le démiurge est l'homme du 18 Juin, pour les autres l'acteur décisif fut le parti de la classe ouvrière, devenu au long des années noires le parti des « 75 000 fusillés », l'effet de masse se substituant à la réalité historique. Dans un colloque tenu en 1969, le Parti déniait à de Gaulle le titre de premier résistant, le réduisant à un « émigré ».

Si les deux escamotaient l'attitude des Français sous Vichy, de Gaulle sera le meilleur prestidigitateur. Annulant les actes de l'État français, l'ordonnance du 9 août 1944 stipulait que « en droit, celle-ci [la République] n'avait pas cessé d'exister ». Et de Gaulle avait conforté cette analyse dès que, à peine revenu en France, il s'était écrié à Bayeux, le 14 juin 1944 : « Ce que le pays attend de vous à l'arrière du front, c'est que vous continuiez le combat aujourd'hui comme vous ne l'avez jamais cessé depuis le début de cette guerre et depuis juin 1940. » Toute une majorité d'atten-

---

1. Pierre Nora, « Gaullistes et communistes », in *Les Lieux de mémoires*, III, *Les France*, tome I, Gallimard, 1992.

tistes, même si l'on prenait le terme au moins mauvais sens possible, était ainsi promue au rang d'agents décisifs de la libération nationale. Cette façon d'exorciser le passé est encore plus explicite quand, se rendant en visite officielle à Vichy en avril 1959, de Gaulle déclare : « Nous enchaînons l'histoire, nous sommes un seul peuple, quels qu'aient pu être les péripéties, les événements, nous sommes le grand, le seul, l'unique peuple français. »

Les communistes, de la même manière, ont pratiqué une amnésie sélective, occultant les secrets du Parti, notamment ceux concernant l'année 1940, dans une mémoire aussi fortifiée qu'un bunker. Non que le PCF ait eu la moindre indulgence à l'égard de Vichy, qu'il a combattu continûment. S'il préférait exalter par des récits-témoignages la lutte des militants contre l'Allemand, c'était également pour rompre des lances contre les « revanchards de Bonn ». Et les analyses qu'il faisait de Vichy (y compris dans le colloque tenu en 1969) sont aussi brèves que stéréotypées : l'accent y est mis sur la « trahison de la grande bourgeoisie et des élites » et le régime est analysé en termes de classe : « pour la première fois l'oligarchie financière dispose d'un régime entièrement à sa convenance ». Quelques années plus tard, Roger Bourderon le définira comme une « variante du fascisme », sous-estimant le fait qu'il manquait à ce régime l'une des caractéristiques majeures du fascisme : l'expansionnisme guerrier.

Les gaullistes avaient, eux, occupé le terrain de façon plus efficace. Ils avaient même pu, au temps du RPF, récupérer des « pétaino-gaullistes » : en avril 1950, Rémy, le plus connu des agents de la France libre, écrivait que de Gaulle lui avait dit que les Français avaient besoin de deux cordes à leur arc : de Gaulle, certes, mais aussi Pétain. Et c'est une assertion que le Général mettra quelque temps à démentir. En tout cas, les *Mémoires de guerre* (parus en 1954 et 1956) allaient construire la saga proprement gaulliste. Ces deux volumes offraient aux historiens une mine de documents ; mais le talent du mémorialiste, un souffle épique à peine tempéré par la sécheresse de la prose, construisait un monument gaullien.

Le retour aux affaires du « Général » devait conforter l'avance prise par la mémoire gaullienne et gaulliste. Les avatars de Vichy, ses petitesses, ses retombées sanglantes disparaissent devant ce que l'on put dénommer « l'honneur inventé ». Cette exaltation de la France combattante culminait avec la panthéonisation, en décembre 1964, de Jean Moulin dont Malraux faisait, en chantre talentueux, un personnage totalement gaullien. Ouvrages, films, émissions de télévision célébraient à leur manière cette France glorieuse et gaulliste.

Des deux mémoires qui avaient toutes deux prétendu, jusqu'au début des années soixante-dix, imposer leur hégémonie, la gaulliste avait donc pris une nette longueur d'avance. L'une des raisons en a été formulée avec pertinence en 1972 par Jacques Ozouf : « Ce dont les Français auront été le plus continûment reconnaissants à de Gaulle, c'est de leur avoir procuré les douceurs de l'amnésie. » Les retombées de mai 1968, l'irruption de la mode rétro allaient mettre à mal la saga gaulliste. Mais la mémoire communiste, sapée de l'intérieur et encore plus de l'extérieur, ne pourra occuper sa place.

Le Chagrin et la Pitié ébranle les mémoires convenues

Le 5 avril 1971 finissait par sortir sur les écrans de deux
cinémas parisiens *Le Chagrin et la Pitié*, initialement prévu
pour la télévision française [1]. Malgré la longueur de sa projection (quatre heures et demie) et son titre un peu énigma-
tique (explicité il est vrai par son sous-titre : « Chronique
d'une ville française sous l'Occupation »), ce film fut avec
600 000 entrées un incontestable succès commercial [2]. Il
avait rassemblé la moitié des spectateurs qui avaient plébiscité, en 1966, *La Grande Vadrouille*, le plus fort triomphe
du cinéma français, et une autre vision de la guerre... Ce
succès était symptomatique de l'évolution des esprits.

Réalisé en 1967 par Marcel Ophuls en collaboration avec
André Harris et Alain de Sédouy (les deux premiers ayant
dû quitter l'ORTF après les « événements » de mai 1968),
le film fut bloqué par les patrons successifs des chaînes de
télévision jusqu'en 1981, alors qu'il était entre-temps distri-
bué par une vingtaine de télévisions étrangères.

Pour quelles raisons les téléspectateurs français furent-ils
privés du *Chagrin et la Pitié* ? Ce n'était pas à cause de la
technique — il est vrai neuve pour l'époque — qui confron-
tait bandes d'actualités, documents de l'époque (quarante-
cinq minutes en tout) et interviews, trente ans après les faits
représentés, de témoins et d'acteurs en majorité français.
Non, ce qui était en cause c'était bien le parti pris idéologique, car les auteurs avaient nettement choisi, à travers

---

1. Marcel Ophuls, *Le Chagrin et la Pitié*, Alain Moreau, 1980.
2. Henry Rousso, *Le Syndrome de Vichy*, op. cit.

cette chronique en demi-teinte de la vie quotidienne à Clermont-Ferrand[1], de se lancer dans une entreprise de démystification. Du coup, lors de la sortie sur les écrans, puisque le « père » venait de mourir l'année précédente, on les soupçonna d'avoir surtout cherché à tordre le cou à la légende gaullienne et gaulliste. Dans ce contexte particulier, le discours des images faisait choc. Il leur fallait aussi décaper la bonne conscience de la mémoire française sur cette période, débusquer la veulerie et une certaine mauvaise foi des notables de la France profonde, faire un film sur le courage et la lâcheté face à la double épreuve de l'Occupation et des contraintes d'un régime autoritaire.

Le grand absent du film, c'est la France libre et encore plus Charles de Gaulle. C'est à peine si on l'entrevoit. On comprend qu'en pleine ferveur commémorative, cela ait contribué à la mise à l'écart télévisuelle. En revanche, Duclos et les communistes s'y expliquaient longuement ; Pierre Mendès France y occupait une place de choix. Plus profondément, l'approche, sinon hérétique, du moins non conformiste de ce que les Français avaient à dire sur ces années noires irritait, suscitait réticences, critiques, voire blocages. Les réactions les plus hostiles provenaient de celles et de ceux qui avaient vécu la période : les nostalgiques du pétainisme sans doute, mais également nombre de résistants non communistes qui ne se retrouvaient pas dans l'économie générale du film, ou de personnalités engagées dans les batailles de mémoire. Ainsi Simone Veil s'en montre une adversaire tenace, parce que Ophuls a, selon elle, « montré une France lâche, égoïste, méchante, et noirci terriblement la situation ». Ce point de vue est recoupé par deux historiens américains, John Sweets et Stanley Hoffmann. Ce dernier estime que le jugement implicitement formulé est trop manichéen, ne correspondant nullement, par exemple, à l'image qu'il avait gardée du couple d'enseignants qui l'avait recueilli, lui petit juif, avec sa mère : « Sa douce épouse et lui n'étaient pas des héros de la Résistance, mais s'il existe

1. John Sweets, *op. cit.*

un Français moyen, c'est cet homme-là qui représentait son peuple. »

Malgré ses partis pris et ses insuffisances, la tribu des historiens tient la sortie de ce film, qu'il faut resituer dans la foulée de mai 68, pour une petite bombe culturelle, en tout cas pour un événement dans la mesure où il fut l'acte fondateur de ce que l'on nommera la mode rétro, à savoir pour notre propos une relecture tous azimuts et sans tabou de la France de l'Occupation. Certes, Ophuls ne fut pas le seul à remettre en cause les mémoires convenues et à souligner le poids de l'ambivalence des attitudes durant les années noires, comme en témoignent, pour ne citer qu'eux, les ouvrages de Patrick Modiano, qui écrit *La Place de l'étoile* en 1968, avant de rédiger pour Louis Malle le scénario de *Lacombe Lucien* (1973). Reste que *Le Chagrin et la Pitié*, par ses qualités et les débats qu'il a suscités, fut bien le catalyseur d'une révision qui répondait notamment aux attentes de celles et de ceux qui étaient nés après la guerre.

Les évolutions de la mémoire savante

La mémoire savante, celle des historiens, a considérablement évolué en fonction du rythme d'ouverture des archives publiques et également, bon gré mal gré, de la demande sociale. Après avoir réécrit les avatars de la collaboration, elle s'est de plus en plus intéressée au Vichy vu d'en bas, aux Français sous Vichy. Cette évolution historiographique [1] scande l'après-guerre en quatre temps qui s'étendent chacun sur une décennie, ce qui n'exclut pas les chevauchements.

Les années cinquante sont marquées par l'influence conjointe de deux essayistes de renom : André Siegfried et Robert Aron. Le climat de la guerre froide, avec la montée de l'anticommunisme, accroît leur audience sur une fraction du public cultivé de droite qu'agace la vulgate « résistancialiste ». De l'ouvrage du premier, *De la IIIᵉ à la IVᵉ République* (1948), on a surtout retenu la formule classique : « Il y a donc un Vichy de Pétain et un Vichy de Laval. » C'est ce qu'a repris en l'étoffant Robert Aron dans son *Histoire de Vichy* (1954), qui connut un grand succès jusqu'à la fin des années soixante-dix. Deux thèses implicites s'y superposent : la première affirme que Pétain est parvenu à se jouer de Hitler, notamment en pratiquant un double jeu, et conclut donc que le Maréchal a servi de bouclier aux Français ; la seconde souligne que cette stratégie a été entravée par l'action de Laval, homme de paille du Reich.

L'exploitation méthodique des archives allemandes par

---

1. Jean-Pierre Azéma, « Vichy », in *1938-1948 les années de tourmente, dictionnaire critique*, sous la direction de Jean-Pierre Azéma et François Bédarida, Flammarion, 1995.

Eberhard Jäckel, dans son ouvrage *La France dans l'Europe de Hitler* (1968), mettait en pièces les thèses aroniennes : il démontrait que c'était bien le régime de Vichy qui avait voulu la collaboration d'État, qu'il n'avait pratiqué aucun double jeu et que la politique de Vichy avait servi les intérêts du Reich en guerre. Cette réécriture de la collaboration était effectuée tout aussi méthodiquement par Robert Paxton ; et son livre majeur, *La France de Vichy 1940-1944* (1973), allait faire date, à la fois parce qu'il montrait ce qui liait la politique de collaboration et le projet de Révolution nationale dans une même logique qui partait de la conclusion de l'armistice et parce qu'il soulignait fortement la spécificité du régime et en conséquence les responsabilités qui lui incombaient.

La consultation des archives françaises, autorisée de façon plus libérale, permettait dans les années quatre-vingt d'élargir et d'affiner les recherches — et Dieu sait s'il y en eut ! — dans la foulée de la révolution paxtonienne. Une bonne mise au point est fournie par les actes du colloque tenu en juin 1990 à l'initiative de l'Institut d'histoire du temps présent, publiés sous le titre *Vichy et les Français* (1992). De fait, on est passé progressivement de l'étude de la France de Vichy à la France sous Vichy, on s'est mis à scruter les faits et gestes du Français moyen, l'évolution de son moral, l'« ambivalence » de ses attitudes. A cet égard, l'ouvrage de Pierre Laborie, *L'opinion française sous Vichy* (1990), est primordial. L'accent fut porté, surtout après la publication du *Vichy-Auschwitz* de Serge Klarsfeld (2 vol., 1983 et 1985), sur les modalités de la politique d'exclusion et de répression à l'encontre des juifs de France, pour répondre notamment aux exigences de la mémoire douloureuse de la communauté juive et au désir des citoyens de mieux comprendre.

La production des toutes dernières années a privilégié trois approches. Après que Jean-Baptiste Duroselle eut écrit en 1982 une synthèse décisive (*L'Abîme 1939-1945*) sur les relations franco-allemandes, les historiens ont affiné les recherches sur les attitudes ambivalentes des Français occupés : Philippe Burrin dans *La France à l'heure alle-mande* (1996) soupèse les « accommodements » d'un certain nombre de catégories de Français à la présence de l'occu-pant, et Marc Olivier Baruch répond à une question essen-tielle : comment *Servir l'État français* (1997) ? Deuxième tendance : un retour en force des biographies des acteurs, citons particulièrement le *Darlan* écrit en 1989 par Hervé Coutau-Bégarie et Claude Huan. Enfin, les historiens commencent à s'aventurer sur le terrain des représentations, des enjeux et des rejeux de mémoire, à la suite du livre pionnier de Henry Rousso, *Le Syndrome de Vichy 1944-1987* (1990).

Les historiens confrontés aux rejeux de mémoire

Les Français entretiennent avec la mémoire historique de leur pays des relations passionnées. Lorsqu'il s'agit de la France de l'Occupation, cette passion atteint une intensité et une violence particulières[1]. S'y mêlent le refus et la peur de l'oubli, la volonté de témoigner et celle de savoir. Et le temps, loin d'apaiser les débats, les déplace et en fait surgir d'autres. D'où l'importance que prend le travail des historiens. On en lira ici trois illustrations.

La collaboration d'État, qui avait provoqué, jusqu'aux années soixante-dix, des débats passionnés, n'a plus vraiment de secrets pour l'historien depuis que l'ouvrage de Jean-Baptiste Duroselle (*L'Abîme 1940-1944*) a globalement confirmé les analyses de Jäckel et de Paxton. Nous pouvons notamment affirmer que les hommes de Vichy n'ont mené aucune politique qui puisse correspondre, de près ou de loin, à un double jeu. Ajoutons qu'entre les options défendues respectivement par Pétain, Darlan (dont le proconsulat doit voir son importance réévaluée) et Laval, il n'existe plus qu'une différence de degré et non de nature.

Les enjeux de mémoire continuent, en revanche, à susciter des pseudo-querelles dont *L'Idéologie française*, publié en 1981 par Bernard-Henri Lévy, est l'exemple le plus caricatural. Cet essayiste affirmait notamment que Vichy avait été « un fascisme aux couleurs de la France » et que le pétainisme était la pierre angulaire de la culture française. Le soutien de Jean-François Revel, de Jean-François Kahn et

1. Henry Rousso, *Le Syndrome de Vichy, op. cit.*

de divers journalistes du *Nouvel Observateur* ne put dissimuler sa totale incompétence historique.

Il en fut autrement avec la renaissance, à la fin des années soixante-dix, d'une mémoire juive qui obtenait que, le 16 juillet 1995, le président Jacques Chirac reconnaisse enfin la pleine responsabilité du gouvernement français dans la déportation des juifs (« Oui, la folie criminelle de l'occupant a été secondée par des Français, par l'État français... »). Si, grâce aux travaux de Serge Klarsfeld, cette mémoire a joué un rôle majeur dans les recherches menées dernièrement sur Vichy, elle suscite pour l'historien un certain nombre de difficultés de méthode.

Se pose d'abord un problème de fond, lorsque des essayistes, tels Claude Lanzmann, voire Elie Wiesel, arguant de la spécificité de la Shoah, ne faisant confiance qu'aux témoignages des survivants, récusent toute approche historique positiviste, parce que selon eux elle « banalise » la mise en œuvre de la Solution finale. Pareil postulat est à nos yeux contestable : l'historien n'a pas à démissionner devant l'événement, quelles que soient sa démesure ou sa singularité.

C'est ensuite la dérive de type communautariste qu'a soulevée l'« affaire du fichier juif [1] », lorsqu'on s'est demandé quel sort il fallait réserver à un ensemble de fichiers de juifs arrêtés durant les années noires, mais qui n'était nullement, comme cela a pu être affirmé ici ou là, le fichier du recensement d'octobre 1940. Si les souffrances spécifiques des juifs de France ont bien été occultées dans les années cinquante voire soixante, faut-il que pareils documents, indiscutablement émouvants, bénéficient d'un statut d'exception ? La quasi-totalité des historiens ont déclaré que ces documents faisaient partie de la mémoire nationale et devaient à ce titre être déposés dans les bâtiments des Archives de France. Mais, en 1996, Jacques Chirac céda à la demande formulée par plusieurs personnalités qui disaient parler au nom de la communauté juive et accepta que les fichiers soient trans-

---

1. Le « fichier juif », op. cit.

férés au Centre de documentation juive contemporaine, privilégiant de la sorte une démarche communautariste contestable.

Indépendamment de ces remous, les recherches menées à la suite des travaux féconds de Serge Klarsfeld ont permis de répondre à une question majeure : les Français doivent-ils ou non être considérés comme responsables de la déportation des juifs de France ? Certains ouvrages, et notamment *Vichy et les juifs* de Michaël Marrus et Robert Paxton, ont affirmé que les pratiques de Vichy à l'égard des juifs de France reflétaient purement et simplement l'antisémitisme de la grande majorité de la population française. Les travaux plus récents de l'historien israélien Asher Cohen, *Persécutions et Sauvetages*, tendent à prouver au contraire que les Français moyens se sont efforcés de sauver les juifs des griffes nazies. Et nous faisons nôtre le jugement porté par Serge Klarsfeld à la fin du deuxième volume de *Vichy-Auschwitz* : « Les juifs de France garderont toujours en mémoire que, si le régime de Vichy a abouti à une faillite morale et s'est déshonoré en contribuant efficacement à la perte d'un quart de la population juive de ce pays, les trois quarts restants doivent essentiellement leur survie à la sympathie sincère de l'ensemble des Français, ainsi qu'à leur solidarité agissante à partir du moment où ils comprirent que les familles juives tombées entre les mains des Allemands étaient vouées à la mort. »

« Fonctionnaires par gros temps »

L'expression est empruntée au livre de Marc Olivier Baruch[1], qui analyse les attitudes des fonctionnaires durant les années noires, une des dernières questions qui se posent sur le fonctionnement du régime. On se trouve confronté à deux discours tenus parallèlement quoique contradictoires : les uns se complaisent à décrire des fonctionnaires veules et abouliques, alors que d'autres, s'en tenant à une version lénifiante, affirment que la majorité des serviteurs de l'État ont su faire leur devoir civique. Les seconds ont pu se prévaloir du jugement formulé par Charles de Gaulle le 25 juillet 1944 : « La grande majorité des serviteurs de l'État... pendant les années terribles de l'Occupation et de l'Usurpation, ont avant tout cherché à servir de leur mieux la chose publique. »

C'est par l'attitude face à l'occupant qu'il faut bien commencer. Philippe Burrin[2], en analysant les modalités de la collaboration à la française, a distingué entre raison d'État (incluant les contraintes de l'article 3 de la convention d'armistice), accommodement et engagement complice avec l'occupant. On peut répertorier aussi avec Marc Olivier Baruch les facteurs explicatifs des diverses formes de collaboration administrative : la fascination pour le modèle nazi, l'influence du jeu politique intérieur, la volonté d'affirmer la souveraineté de l'État français, l'ambition, la recherche de l'intérêt personnel. Ajoutons qu'il faut distinguer entre la

1. Marc Olivier Baruch, *Servir l'État français, op. cit.*
2. Philippe Burrin, *op. cit.*

collaboration involontaire, dictée par les réalités de l'Occupation, et la collaboration volontaire, celle qui devance les exigences du vainqueur ou les accueille avec compréhension. Soulignons bien que nul n'était tenu de pratiquer cette dernière. Dans un ouvrage rédigé avec Claude Gruson, François Bloch-Lainé[1] rapporte que, dès la fin de 1940, il a préféré, tout inspecteur des finances qu'il fût, se laisser mettre dans un « placard » administratif plutôt que de suivre Bichelonne, qui deviendra collaborationniste.

Le régime de Vichy, après avoir mené rondement une véritable épuration, bénéficia dans un premier temps de la loyauté d'une fonction publique qui, de surcroît, n'était pas mécontente de pouvoir régner seule, débarrassée de la surveillance des parlementaires et des élus locaux. Elle a accepté de servir l'État, sa raison d'être disent ses défenseurs, mais en tournant le dos à soixante ans d'esprit républicain, et notamment en fermant les yeux sur l'interdiction faite aux juifs de servir l'État. Et on connaît très peu d'actes symboliques de « rébellion », hormis celui du juge Didier du tribunal de première instance de Paris, refusant de prêter serment au chef de l'État, et révoqué sur-le-champ.

Cela dit, le doute a gagné les esprits à partir de 1943. La légitimité du régime, tandis qu'émergeait le pouvoir d'Alger, a été de plus en plus contestée, même si la machine administrative a continué de tourner sans blocage apparent. Le nombre des fonctionnaires qui sont entrés en résistance en tant que tels a été relativement modeste, si l'on prend en compte les chiffres des militants engagés dans les deux instances de la Résistance et cherchant à infiltrer l'administration : le NAP et le Super-NAP. *Resistenz*, ce concept formulé par l'historien allemand Martin Brozat et définissant un mélange d'inertie et d'obstruction, rend mieux compte du dissentiment grandissant au sein des fonctionnaires.

Aux yeux de François Bloch-Lainé, trois griefs peuvent

1. François Bloch-Laîné et Claude Gruson, *Hauts Fonctionnaires sous l'Occupation*, Odile Jacob, 1996.

être retenus dans cet ordre contre les fonctionnaires de Vichy : celui d'avoir favorisé la collaboration avec l'Allemagne, celui de s'être accommodés de l'abolition de la République, celui d'être restés indifférents devant les persécutions. Le premier ne concerne qu'une petite minorité de fonctionnaires, surtout des hauts commis ; les deux derniers ont été le fait du plus grand nombre, du moins jusqu'en 1944. C'est ce qui amène l'historien à formuler un jugement global plutôt pessimiste devant des gens qui ont confondu la conjonction du devoir d'obéissance et du formalisme bureaucratique avec l'éthique de responsabilité, au détriment le plus souvent des impératifs de l'éthique de conviction.

L'histoire secrète des vichysto-résistants

On peut, de manière assez schématique, distinguer quatre grandes familles de résistants : les gaulliens, dont l'acte fondateur est l'appel prononcé par Charles de Gaulle le 18 juin ; les communistes, entrés dans la lutte patriotique dans l'été 1941 : celles et ceux qui n'étaient ni l'un ni l'autre et dont Henri Frenay (*La nuit finira*, 1973) et Claude Bourdet (*L'Aventure incertaine*, 1975) ont su présenter le combat ; enfin, les vichysto-résistants, une catégorie longtemps marginalisée, qui forme pourtant une authentique composante de la Résistance. François Mitterrand a témoigné de l'ambivalence de leurs positions en déclarant à Pierre Péan : « Dans ces périodes troublées, quand on est jeune de surcroît, il est très difficile de faire des choix. Je m'en suis plutôt bien sorti. »

Que faut-il entendre sous ce vocable de vichysto-résistant qui peut, il est vrai, prêter à confusion ? Ils ne font d'aucune manière partie des attentistes qui ont continué de jouer, jusqu'au débarquement, sur les deux tableaux : on doit les classer comme résistants parce que justement ils ont rompu avec Vichy sans la moindre arrière-pensée. Il ne s'agit pas non plus d'expliquer que ces résistants ont, pendant un laps de temps plus ou moins long, continué, pour des raisons notamment tactiques, de ménager le Maréchal, voire ont emprunté à la Révolution nationale tel ou tel de ses thèmes. On appelle « vichysto-résistants » des Français qui ont, dans un premier temps, cru en la Révolution nationale, ont souvent servi le régime, mais sont ensuite entrés en résistance sans esprit de retour. Ils le firent le plus souvent dans les semaines qui suivent le débarquement anglo-saxon en Algérie et au Maroc, et, pour la plupart d'entre eux, en empruntant, comme une sorte de sas, la voie du giraudisme.

Le corps social d'où sont issus le plus grand nombre est l'ex-armée d'armistice. Un certain nombre de ses officiers, sous l'impulsion des généraux Frère, Verneau et Revers, constituèrent l'O.R.A. (Organisation de résistance de l'armée). Il y eut également un certain nombre de fonctionnaires à sauter le pas, à titre individuel. Pour illustrer le cas de ces ralliés à Giraud, puis à de Gaulle, qui avaient auparavant servi fort loyalement l'État français, on peut rappeler celui d'un futur Premier ministre, Maurice Couve de Murville, qui gagna confortablement Alger, en mars 1943, *via* la Suisse, après avoir exercé sans rechigner des fonctions importantes comme directeur au ministère des Finances.

C'est sur François Mitterrand que s'est surtout focalisée l'attention, parce que, jusqu'aux tout derniers mois de sa présidence, il a, sinon dissimulé, du moins arrangé à sa manière la période qu'il avait passée à Vichy (au cours de laquelle il avait été décoré d'une des 2 500 francisques qui furent la récompense des loyaux serviteurs du régime), en déclarant dans *Ma part de vérité* : « Rentré en France je devins résistant sans problème déchirant. »

En fait, le sergent Mitterrand, prisonnier qui avait réussi la belle à sa troisième tentative d'évasion, en décembre 1941, était devenu à la fois maréchaliste et pétainiste, marqué qu'il était par une défaite dont il rendait responsables les hommes politiques, mais aussi par sa captivité. Après avoir trouvé un petit emploi à la Légion des combattants, il devenait en juin 1942 chef de la section presse du Commissariat au reclassement des prisonniers de guerre. Les dérives de Vichy l'amenèrent en février-mars 1943 à entrer en contact avec l'Organisation de résistance de l'armée, puis à fonder, sous les pseudonymes de Morland ou de Monnier, son propre mouvement de résistance, le Rassemblement national des prisonniers de guerre. Il coupe alors toute relation avec

Vichy, mène une vie clandestine, poursuivi par les polices allemande et française, rencontre de Gaulle à Alger en décembre et se retrouve à la Libération secrétaire général du Commissariat aux prisonniers.

François Mitterrand, on le voit, est un vichysto-résistant caractéristique : il a, dans un premier temps, mis sa confiance dans le Maréchal qui manifestait un intérêt incontestable pour les prisonniers et que Mitterrand créditait d'un double jeu au bénéfice des Alliés. Sa conversion au giraudisme accélère son engagement dans la Résistance. Ajoutons qu'à Vichy, il avait évité les compromissions possibles, d'autant qu'il fut continûment allergique à tout antisémitisme. Il ne devint vulnérable que lorsque, bien plus tard, il joua — comme nombre d'autres vichysto-résistants — avec sa propre histoire, avec la chronologie et donc avec les faits*.

---

* Pierre Péan, *op. cit.*

BIBLIOGRAPHIE

POUR EN SAVOIR UN PEU PLUS

Sont sélectionnés ici douze ouvrages permettant au lecteur non historien de s'y retrouver. La liste va des ouvrages les plus synthétiques aux recherches plus spécialisées.

BARUCH, Marc Olivier, *Le Régime de Vichy*, La Découverte, Coll. Repères, 1996 : bref, mais l'essentiel est dit.

AZÉMA, Jean-Pierre, *De Munich à la Libération*, Le Seuil, Coll. Points, 1979, réédité en 1996.

PAXTON, Robert, *La France de Vichy 1940-1944*, Le Seuil, 1973, Coll. Points, 1974, réédité en 1997 : a modifié de fond en comble l'historiographie de Vichy.

BURRIN, Philippe, « Vichy », in Pierre Nora (sous la direction de), *Les Lieux de mémoire, III. Les France*, tome I, 1992 : un essai de grande qualité.

AZÉMA, Jean-Pierre, et BÉDARIDA, François (sous la direction de), *La France des années noires*, 2 volumes, Le Seuil, 1993 : fait le point sur les connaissances actuelles.

AZÉMA, Jean-Pierre, et BÉDARIDA, François (sous la direction de), *Vichy et les Français*, Fayard, 1992 : actes d'un colloque qui fait le point sur les recherches contemporaines.

DUROSELLE, Jean-Baptiste, *L'Abîme 1939-1944*, Imprimerie nationale, 1982 ; Le Seuil, Coll. Points, 1990 : fondamental pour comprendre les rapports franco-allemands.

LABORIE, Pierre, *L'Opinion publique sous Vichy*, Le Seuil, 1990 : décisif.

BURRIN, Philippe, *La France à l'heure allemande*, Le Seuil, 1995 :

pour comprendre l'ambivalence des attitudes de nombreux Français face à l'Occupation.

KASPI, André, *Les Juifs pendant l'Occupation*, Le Seuil, 1991 : une bonne synthèse.

BARUCH, Marc Olivier, *Servir l'État français. L'administration en France de 1940 à 1944*, Fayard, 1997 : stimulant.

ROUSSO, Henry, *Le Syndrome de Vichy 1944-1987*, Le Seuil, 1987, Coll. Points, 1990 : devenu un classique sur la mémoire de Vichy.

RAPPEL BIBLIOGRAPHIQUE

Sont ici répertoriés par ordre alphabétique tous
les ouvrages cités dans le corps du livre.

ALARY, Éric, *La Ligne de démarcation*, PUF, 1995.

AMOUROUX, Henri, *La Vie des Français sous l'Occupation*, Fayard, 1961.

ANDRIEU, Claire, « Démographie, famille, jeunesse », in *La France des années noires* de Jean-Pierre Azéma et François Bédarida, tome 1, Le Seuil, 1993.

AZÉMA, Jean-Pierre, *De Munich à la Libération*, Le Seuil, 1979.

—, *1940 l'année terrible*, Le Seuil, 1990.

—, « La Milice », in *Vingtième Siècle*, octobre-décembre 1990.

—, « Le procès de Philippe Pétain », in *L'Histoire*, juillet-août 1994.

AZÉMA, Jean-Pierre, et BÉDARIDA, François (sous la direction de), *Vichy et les Français*, Fayard, 1992.

—, *La France des années noires*, 2 volumes, Le Seuil, 1993.

—, *1938-1948 les années de tourmente, dictionnaire critique*, Flammarion, 1995.

AZÉMA, Jean-Pierre, et VIEVIORKA, Olivier, *Les Libérations de la France*, La Martinière, 1993.

BARUCH, Marc Olivier, *Servir l'État français, l'administration en France de 1940 à 1944*, Fayard, 1997.

BELTRAN, Alain, FRANK, Robert, ROUSSO, Henry, *La Vie des entreprises sous l'Occupation*, Belin, 1994.

BERI, Emmanuel, *La Fin de la République*, Gallimard, 1968.

BERSTEIN, Serge, et RUDELLE, Odile, *Le Modèle républicain*, PUF, 1992.

BERTIN-MAGBIT, Jean-Pierre, *Le Cinéma français sous l'Occupation*, PUF, 1994.

BERTRAND-DORLÉAC, Laurence, *L'Art de la défaite*, Le Seuil, 1993.

BLOCH, Marc, *L'Étrange Défaite*, Gallimard, 1990 (1re édition 1945).

BLOCH-LAINÉ, François, et GRUSON, Claude, *Hauts Fonctionnaires sous l'Occupation*, Odile Jacob, 1996.

BROSSAT, Alain, *Les Tondues, un carnaval moche*, Manya, 1992.

BURRIN, Philippe, *La France à l'heure allemande 1940-1944*, Le Seuil, 1995.

BUTON, Philippe, et GUILLON, Jean-Marie (sous la direction de), *Les Pouvoirs en France à la Libération*, Belin, 1994.

CALET, Henri, *Le Bouquet*, Gallimard, 1995 (1re édition 1945).

CHEVALIER, Pierre, *Histoire de la franc-maçonnerie française*, tome III, Fayard, 1975.

COINTET, Jean-Paul, *Pierre Laval*, Fayard, 1993.

—, *La Légion française des combattants 1940-1944*, Albin Michel, 1995.

COINTET, Michèle, *Vichy et le fascisme*, Bruxelles, Complexe, 1987.

—, *Vichy capitale 1940-1944*, Perrin, 1993.

COMTE, Bernard, *Une utopie combattante. l'École des cadres d'Uriage, 1940-1942*, Fayard, 1991.

CONAN, Éric, et ROUSSO, Henry, *Vichy, un passé qui ne passe pas*, Fayard, 1994.

COURTOIS, Stéphane, *Le PCF dans la guerre : De Gaulle, la Résistance, Staline...*, Ramsay, 1980.

COUTAU-BÉGARIE, Hervé, et HUAN, Claude, *Darlan*, Fayard, 1989.

—, *Mers el-Kébir*, Economica, 1994.

CRÉMIEUX-BRILHAC, Jean-Louis, *Les Français de l'an 40*, tomes I et II. Gallimard, 1990.

—, *La France libre*, Gallimard, 1996.

DELARUE, Jacques, *Trafics et Crimes sous l'Occupation*, Fayard, 1968.

—, *Histoire de la Gestapo*, Fayard, 1987.

DELPERRIE DE BAYAC, Jacques, *Histoire de la Milice*, Fayard, 1969.

DELPLA, François, *Montoire*, Albin Michel, 1996.

DIOUDONNAT, Pierre-Marie, *L'Argent nazi à la conquête de la presse française : 1940-1944*, Jean Picollec, 1981.

DUCLOS, Jacques, *Mémoires. Dans la bataille clandestine*, première partie : *1940-1942*, Fayard, 1970.

DUPÂQUIER, Jacques (sous la direction de), *Histoire de la population française, de 1914 à nos jours*, PUF, 1995.

DURAND, Yves, *La Vie quotidienne des prisonniers de guerre dans les stalags, les oflags et les kommandos*, Hachette, 1987.

—, *La France dans la Seconde Guerre mondiale 1939-1944*, Armand Colin, 1993.

DUROSELLE, Jean-Baptiste, *L'Abîme, 1939-1944*, Imprimerie nationale, 1982.

ECK, Hélène, « Les Françaises sous Vichy », in George Duby et Michelle Perrot (sous la direction de), *Histoire des femmes*, tome V, Plon, 1992.

ENCREVÉ, André, et POUJOL, Jacques, *Les Protestants français pendant la Seconde Guerre mondiale*, Bulletin de la Société de l'histoire du protestantisme, 1994.

ÉVRARD, Jacques. *La Déportation des travailleurs français dans le IIIe Reich*, Fayard, 1972.

FACON, Patrick, *Le Bombardement stratégique*, Éditions du Rocher, 1995.

FARMER, Sarah, *Oradour arrêt sur mémoire*, Calmann-Lévy, 1994.

FERRO, Marc, *Pétain*, Fayard, 1987.

FOUILLOUX, Étienne, *Les Chrétiens français entre crise et libération 1937-1947*, Le Seuil, 1997.

FRANK, Robert, *Le Prix du réarmement français,* Imprimerie nationale, 1980.

—, « Pétain, Laval, Darlan », in Jean-Pierre Azéma et François Bédarida (sous la direction de), *La France des années noires*, Le Seuil, 1993.

GAILLARD, Lucien, *Marseille sous l'Occupation*, Ouest-France, 1982.

GAY-LESCOT, Jean-Louis, *Sport et Éducation sous Vichy*, Lyon, PUL, 1991.

GERVEREAU, Laurent, et PESCHANSKI, Denis (sous la direction de), *La Propagande sous Vichy 1940-1944*, BDIC/La Découverte, 1990.

GIOLITTO, Pierre, *Histoire de la Milice*, Perrin, 1997.

GIRARD, Louis-Dominique, *Montoire, Verdun diplomatique*, André Bonne, 1948.

GRENADOU, Ephraïm, et PRÉVOST, Alain, *Grenadou, paysan français*, Le Seuil, 1978.

GRIFFITHS, Robert, *Pétain et les Français*, Calmann-Lévy, 1974.

GUIRAL, Pierre, *Libération de Marseille*, Hachette, 1974.

GUIRAUD, Jean-Michel, « Marseille, cité-refuge des écrivains et des artistes », in *Cahiers de l'IHTP*, juin 1988.

HALIMI, André, *Chantons sous l'Occupation*, Olivier Orban, 1976.

HALLS, Wilfred D., *Les Jeunes et la politique de Vichy*, Syros, 1988.

HECKSTALL-SMITH, Anthony, *La Flotte convoitée*, Presses de la Cité, 1964.

HOFFMANN, Stanley, « Le trauma de 1940 », in Jean-Pierre Azéma et François Bédarida (sous la direction de), *La France des années noires*, Le Seuil, 1993.

—, « La droite à Vichy », in *Essais sur la France*, Le Seuil, 1974.

JÄCKEL, Eberhard, *La France dans l'Europe de Hitler*, Fayard, 1968.

JÜNGER, Ernst, *Premier Journal parisien*, Christian Bourgois, 1980.

KASPI, André, « La comédie d'Alger », in *L'Histoire*, n° 88, avril 1986.

—, *Les Juifs pendant l'Occupation*, Le Seuil, 1991.

KLARSFELD, Serge, *Le Mémorial de la déportation des juifs de France*, Paris, 1978.

—, *Vichy/Auschwitz*, 2 volumes, Fayard, 1983-1985.

KUISEL, Richard F., *Le Capitalisme et l'État en France : modernisation et dirigisme au XXe siècle*, Gallimard, 1984.

KUPFERMAN, Fred, *1944-1945, le procès Vichy : Pucheu, Pétain, Laval*, Bruxelles, Complexe, 1980.

—, *Laval*, Balland, 1987.

LABORIE, Pierre, *L'Opinion française sous Vichy*, Le Seuil, 1990.

LACOUTURE, Jean, *De Gaulle*, tome I, *Le Rebelle*, Le Seuil, 1984.

LE CROM, Jean-Pierre, *Syndicats nous voilà !*, L'Atelier, 1995.

LÉVY, Claude, et VEILLON, Dominique, « Propagande et modelage des esprits », in Jean-Pierre Azéma et François Bédarida (sous la direction de), *Vichy et les Français*, Fayard, 1992.

LIDDELL HART, Basil, *Histoire de la Seconde Guerre mondiale*, Marabout, 1985.

LORD, Walter, *Le Miracle de Dunkerque : 4 juin 1940*, Robert Laffont, 1983.

MARRUS, Michaël, et PANTON, Robert, *Vichy et les juifs*, Calmann-Lévy, 1981.

MARSEILLE, Jacques, « L'Empire », in Jean-Pierre Azéma et François Bédarida (sous la direction de), *La France des années noires*, Le Seuil, 1993.

MICHEL, Henri, *Le Procès de Riom*, Albin Michel, 1979.

MILWARD, Alan S., *The New Order and the French Economy*, Oxford, Clarendon Press, 1970.

MONTCLOS, Xavier de, LURARD, Monique, DELPECH, François, BOLLE, Pierre, *Église et Chrétiens dans la Seconde Guerre mondiale*, Lyon, PUL, 1982.

MOULIN, Jean, *Premier Combat*, Éditions de Minuit, 1965.

MOULIN DE LABARTHÈTE, Henri du, *Le Temps des illusions*, Genève, A l'enseigne du Cheval Ailé, 1947.

MUEL-DREYFUS, Francine, *Vichy et l'éternel féminin*, Le Seuil, 1996.

NOËL, Léon, *Le Diktat de Rethondes et l'armistice franco-italien de juin 1940*, Paris, 1944.

NOGUÈRES, Henri, *Le Suicide de la flotte française à Toulon*, Robert Laffont, 1961.

NORA, Pierre, « Gaullistes et communistes », in *Les Lieux de mémoire, III. Les France*, tome I, Gallimard, 1992.

NOVICK, Peter, *L'Épuration française 1944-1949*, Balland, 1985.

OPHULS, Marcel, *Le Chagrin et la Pitié*, Alain Moreau, 1980.

ORY, Pascal, *Les Collaborateurs : 1940-1945*, Le Seuil, 1977.

PAILLAT, Claude, *Le Désastre de 1940*, tome III, Robert Laffont, 1985.

PAXTON, Robert, *La France de Vichy (1940-1944)*, Le Seuil, 1973.
—, « L'État français vassalisé », in Jean-Pierre Azéma et François Bédarida (sous la direction de), *La France des années noires*, Le Seuil, 1993.

PÉAN, Pierre, *Une jeunesse française. François Mitterrand. 1934-1947*, Fayard, 1994.

PERRAULT, Gilles, *Paris sous l'Occupation*, Belfond, 1987.

PESCHANSKI, Denis, « Exclusion, persécution, répression », in Jean-Pierre Azéma et François Bédarida (sous la direction de), *Vichy et les Français*, Fayard, 1992.

POZNANSKI, Renée, *Être juif en France pendant la Seconde Guerre mondiale*, Hachette, 1994.

RÉMOND, René, et BOURDIN, Janine (sous la direction de), *Le Gouvernement de Vichy et la Révolution nationale*, Armand Colin, 1972.

Rigoulot, Pierre, *L'Alsace-Lorraine pendant la guerre 1939-1945*, PUF, 1997.

Rimbaud, Christiane, *L'Affaire du « Massilia » : été 1940*, Le Seuil, 1984.

Rioux, Jean-Pierre, « Le procès d'Oradour », in *L'Histoire*, février 1984.

—, « Politiques et pratiques culturelles dans la France de Vichy », in *Cahiers de l'IHTP*, juin 1988.

—, *La France de la IVᵉ République*, tome I, Le Seuil, 1980.

Rochebrune, Renaud de, et Hazéra, Jean-Claude, *Les Patrons sous l'Occupation*, Odile Jacob, 1995.

Rossignol, Dominique, *Vichy et les francs-maçons*, Lattès, 1981.

Rouquet, François, *L'Épuration dans l'administration française*, Éditions du CNRS, 1993.

Rousso, Henry, *Pétain et la fin de la collaboration*, Bruxelles, Complexe, 1984.

—, *Le Syndrome de Vichy : 1944-1987*, Le Seuil, 1987.

—, « L'épuration en France, une histoire inachevée », in *Vingtième Siècle*, janvier-mars 1992.

—, « L'économie : pénurie et modernisation », in Jean-Pierre Azéma et François Bédarida (sous la direction de), *La France des années noires*, Le Seuil, 1993.

Sadoun, Marc, *Les Socialistes sous l'Occupation : Résistance et collaboration*, Presses de la Fondation nationale des sciences politiques, 1982.

Sauvy, Alfred, *La Vie économique des Français de 1939 à 1945*, Flammarion, 1978.

Simonin, Anne, *Les Éditions de Minuit, 1942-1955*, IMEC Éditions, 1994.

Sweets, John, *Clermont-Ferrand à l'heure allemande*, Plon, 1996.

Tiberj, Vincent, « L'image de la Résistance dans la presse collaborationniste et vichyste », mémoire IEP-Paris, 1995.

Truchet, André, *L'Armistice de 1940 et l'Afrique du Nord*, PUF, 1955.

Veillon, Dominique, *Vivre et survivre en France, 1939-1947*, Payot, 1995.

Viannay, Philippe, *Du bon usage de la France*, Ramsay, 1988.

Vidalenc, Jean, *L'Exode*, PUF, 1973.

Vildé, Boris, *Journal et lettres de prison*, Allia, 1997.

Werth, Léon, *33 jours*, Éd. Viviane Hamy, 1992.

WIEVIORKA, Annette, *Déportation et Génocide. Entre la mémoire et l'oubli*, Plon, 1992.

WIEVIORKA, Olivier, *Nous entrerons dans la carrière. De la Résistance à l'exercice du pouvoir*, Le Seuil, 1994.

—, « Les mécanismes de l'épuration », in *L'Histoire*, juillet-août 1994.

—, *Une certaine idée de la Résistance. Défense de la France. 1940-1949*, Le Seuil, 1995.

Le « Fichier juif », rapport de la commission présidée par René Rémond au Premier ministre, Plon, 1996.

Le Procès du maréchal Pétain, 2 volumes, Albin Michel, 1945.

« Les bombardiers alliés sont passés », in *Le journal de la France*, n° 148, Historia-Tallandier, 1972.

Le Rétablissement de la légalité républicaine (1944), Actes du colloque organisé par la Fondation Charles-de-Gaulle, Bruxelles, Complexe, 1996.

INDEX

Les noms de personnes sont en romain, les noms de lieux en italique

collection tempus
Perrin

Déjà paru

Impression réalisée en France sur Presse Offset par

BRODARD & TAUPIN

GROUPE CPI

La Flèche (Sarthe), le 27-07-2004
pour le compte des Éditions Perrin
76, rue Bonaparte
Paris 6e
N° d'édition : 1913 – N° d'impression : 24996
Dépôt légal : août 2004
Imprimé en France